教科書に
書かれなかった戦争
PART63

朝鮮東学農民戦争を知っていますか？
——立ちあがった人びとの物語

著者：宋基淑《ソンギスク》
訳者：仲村　修
漫画：大越京子
推薦：中塚　明（奈良女子大学名誉教授）

ゆいちゃん

梨の木舎

東学農民戦争って？
——イルトンとオクプニが語る

漫画：大越京子

登場人物紹介

イルトン
この物語に登場する15歳男子。東学農民戦争に参加した。
16歳の友人マンスと何かとはりあってしまう。

オクプニ
イルトンと仲のよい同じ村の女の子。

※1895年10月8日明成皇后は日本公使三浦梧楼の指示を受けた日本人によって惨殺される。「近代外交史上例を見ない暴虐」（大江志乃夫）だった。

悪政って、どんな？
朝鮮王朝は５００年続いた。けれど腐敗して政治は混乱、国は侵略されかけてたのに役人は私腹をこやそうとする者ばかりだった。
趙秉甲は農民に水をひく堰（せき）を作らせて、重税をとりたてたんだ。抗議すれば殺されることもあった。
登場人物紹介
趙秉甲
全羅道の悪徳郡守（地方役人）だった。農民を苦しめたため襲来されるが逃げ…
お父さんは牢に入れられたの！
わたしたちは自分たちや村を守るため趙秉甲を退治し、政府に正当な要求をしたの。
ぼくたち農民の指導者は朝鮮独自の宗教「東学」の信者で、「接主」と呼ばれる地方のリーダーだった。東学は平等思想で農民にとても人気があった。
登場人物紹介
孫化中大接主
金開南大接主
金徳明接主
李芳彦接主
愛称鶏かご将軍
全琫準接主
農民戦争の指導者。愛称緑豆将軍

日本でも農民一揆があったように、ぼくたちも立ち上がったんだ。自分たちの暮らしを守り国を変えるために。
村の広場には農楽隊が歌い踊り、たくさんの見物人に送られて農民軍は出発したよ。最初は全琫準率いる1000人あまりだった。1894年2月、古阜郡で郡守を追い出して役所を占拠した。
輔國安民
農者天下之大本
보국 안민
その戦いの成果が評判になって農民軍は増えていった。しかし弾圧もあちこちでおきていた。
《豆知識》
農楽隊
農民たちが豊作を祝ったり仕事の疲れをいやしたりするのための楽隊。朝鮮全土で発展。
ドンドン
カンカン
ドンタッタ
ケンガリ
（小さいドラ）
楽隊をリードする楽器。甲高い音が出る
チャンゴ（杖鼓）
バチや平手でたたく

漫画資料提供：イ・ヨンチェ

まえがき

東学《トンハク》農民戦争（甲午農民戦争）は、１８９４年、わが国の農民たちが国の政治を正し、国を侵略しようとする清国と日本の軍隊を追い出そうとした戦争です。

朝鮮王朝は５００年も続くうちに政治がとても腐敗して、国がかたむきつつありました。朝廷の大臣たちは官職を売り、金をかせぐのに忙しく、また金で官職を買って地方にくだってきた守令《スリョン》＊たちは、さまざまに悪辣な方法で民の財産をうばうことに没頭しました。そのせいで、国民の90パーセントをこえる農民たちはほとんど飢え死にしかけていました。

全羅道古阜《チョルラドコブ》の郡守《クンス》＊趙秉甲《チョウビョンガプ》はとくべつ悪辣で、民の財産をうばいました。こらえきれなくなった古阜《コブ》の農民たちは全琫《チョンボン》

守令　国王が任命した地方官吏の長

郡守　郡の長。韓国ではいまも町ではなくて郡が行政単位

準《ジュン》*将軍を先頭に郡庁に夜討ちをかけました。しかし、密告者がいて趙秉甲《チョウビョンガプ》をとり逃がしてしまいました。古阜《コブ》の農民たちは白山《ペクサン》にあつまり、朝廷に対して政治を正せと気勢をあげました。すると、同じように苦痛を味わっていた全羅道《チョルラド》の各郡の農民たちも竹槍をもってかけつけ、古阜《コブ》の農民たちに加勢しました。

全羅道《チョルラド》の監司《カムサ》*と朝廷は農民軍を討つべく軍隊を総出動させました。しかし、集まって気勢を上げていた全羅道《チョルラド》の農民軍1万人あまりは、黄土峴《ファントジェ》で監営軍《カミョングン》をけちらし、黄龍江《ファンニョンガン》では朝廷軍を打ち負かしました。農民が新式銃で武装した軍隊を竹槍で負かしたのでした。

農民軍たちはその余勢をかって全州《チョンジュ》の監営《カミョン》*を占領し、さらに漢城《ハンソン》*に攻め込もうとしました。怖気《おじけ》づいた朝廷では外国の清に援助を求めました。清が軍隊を派遣すると、わが国を自分のものにしようとねらっていた日本も軍隊を派遣しました。国をまるごと外国に食われるありさまになったのでした。農民軍の頭領《トウリョン》たちは、シラミを捕まえようとして家を焼くところだった

全琫準　1856～95年。全羅北道泰仁の出身。1890年東学に入信。94年、軍守趙秉甲の虐政に決起した一揆を指導した。最後は密告により捕縛され処刑された。〈緑豆将軍〉の愛称で語り継がれた。

監司　道の知事

監営　道庁

漢城　李氏朝鮮王朝の首都。現在のソウル。

と考えて、農民軍を解散しました。しかし両国の軍隊は引き揚げず、かれら同士で争い、日本軍が清軍を打ち負かして、わが国の朝廷を手中に収めました。

日本がわが国をうばったのはその16年後の1910年ですが、わが国は事実上このときから日本の支配を受けることになったのでした。怒った農民たちは全国で20万人以上が再び立ち上がりました。そのころわが国の人口は600万人程度でした。農民軍は命をかけて戦いましたが、竹槍では日本の軍隊の最新式の武器に太刀打ちできませんでした。農民軍は最南端の海南《ヘナム》まで追いつめられてその多くが死にました。

この戦争で死んだ農民はあわせて3万6000人です。日本人はその後も農民軍に加わったひとびとをすみずみまで探し出して数万人を殺し、その家族までも罪人扱いにしました。

この小説は1992年に書きました。そのときは長編小説『緑豆将軍《ノクトウ》』を書いていたのですが、子どもたちのためにという依頼を受けて書きはじめました。しかし、長編小説に追われて思うようにすすみませんでした。いつか改稿したいと思っていて、今回やっと完成することができました。ほとんど新たに書き下ろした形になりました。

宋《ソン》 基《ギ》 淑《スク》

二〇〇五年五月

東学農民戦争関連地図

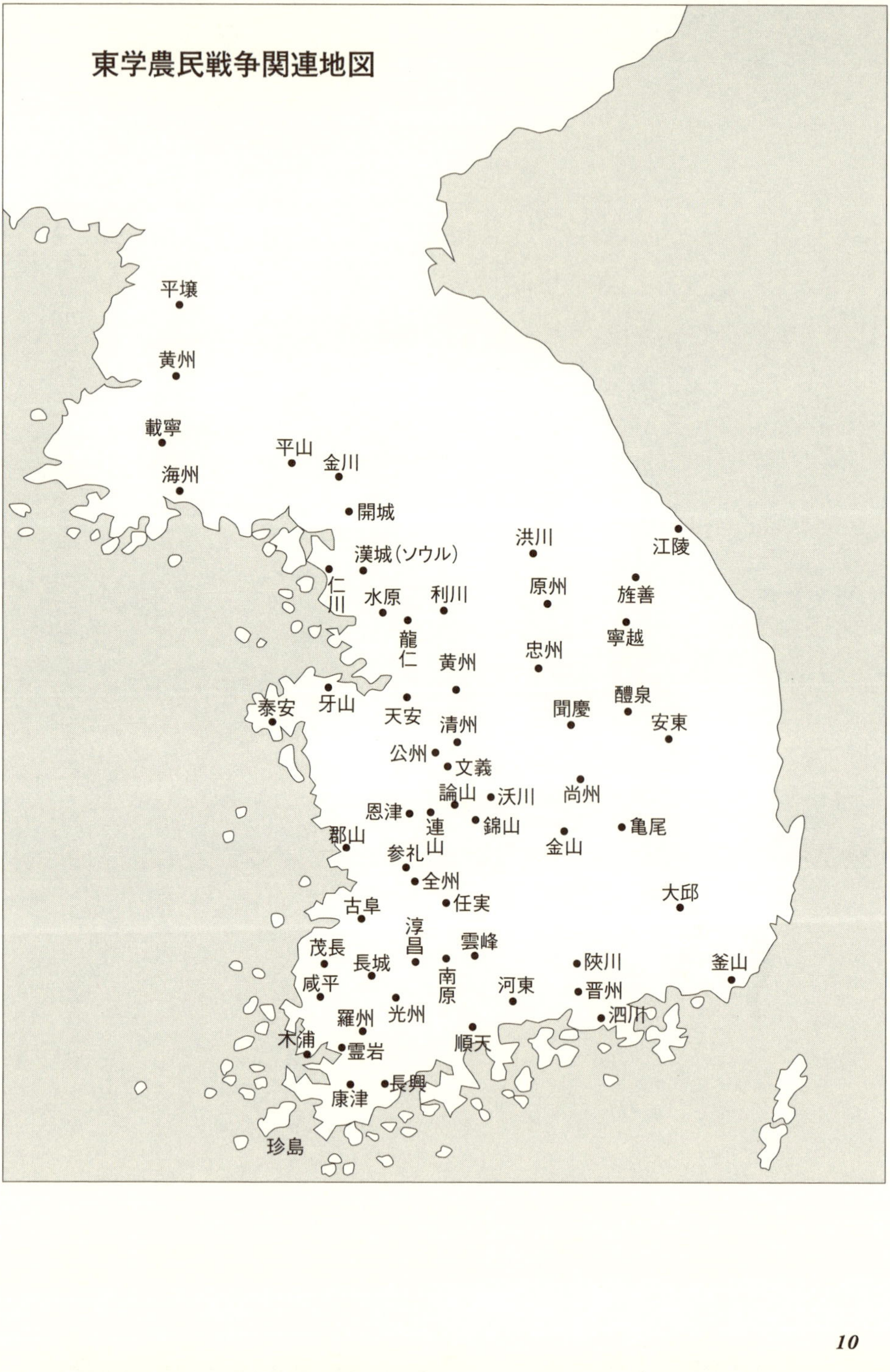
平壌
黄州
載寧
平山
金川
海州
開城
洪川
江陵
漢城（ソウル）
仁川
水原
利川
原州
旌善
龍仁
寧越
黄州
忠州
醴泉
牙山
泰安
天安
聞慶
清州
安東
公州
文義
論山
沃川
尚州
恩津
連山
錦山
亀尾
郡山
金山
参礼
全州
大邱
任実
古阜
淳昌
雲峰
茂長
長城
陝川
釜山
咸平
南原
河東
晋州
羅州
光州
泗川
木浦
霊岩
順天
長興
康津
珍島

全羅道の農民軍の兵士数

（11万5000人。p207参照）

立ちあがった農民は全羅道だけでなく朝鮮全土におよんだ。

※当時は全羅北道、南道の区別はなかった。済州島も全羅道にふくまれていた。

目次

朝鮮　東学農民戦争を知っていますか？——立ちあがった人びとの物語

1　農楽隊

1894年2月15日

十日月がこうこうと輝いています。古阜《コブ》郡瓮東面《クンドンミョン》内のあちこちの部落の農楽隊*がにぎやかにケンガリ*をたたいて、馬項《マルモク》広場に集まっています。いまから100年あまりむかしの1894年2月15日、陰暦でいうと1月10日のことです。

――カカンカンカン、カカンカンカンカン。

これまでそれぞれの部落でおどっていた農楽隊が、正月をすぎた今夜、なぜか馬項《マルモク》広場に集まってきています。農楽隊は広場につくとさっそく円陣をくんでにぎやかに舞いはじめました。10をこえる農楽隊がいっせいに打楽器をたたきだしますから、その音といったら、大地を宙にふわっと持ち上げたような感じがします。打ち手の腕前もたいしたもんです。なにしろ田植えのあいだじゅうほとんど毎日たたきつづけているのですから。

里長《イジャン》*たちは書堂《ソダン》*の奥の部屋に向かっています。里長《イジャン》たちが部屋にあふれると、全琫準《チョンボンジュン》接主《チョプチュ》が口を開きました。

「みなの衆もすでにうわさに聞いていることと思いますが、益山郡守《イクサンクンス》にいったん任命されていた趙秉甲《チョビョンガプ》が、また古阜《コブ》の郡守《クンス》に任命されて本日郡役所にもどってきました」

「あの殺しても足りないやつめ。わしらもそのうわさを聞きました」

農楽隊　村の祭りや農作業のとき演奏する演奏家のグループ。先頭に農旗をたて、そのあとにケンガリ（鉦・リーダー役）、どら（銅鑼）、チャンゴ（杖鼓・長鼓）、太鼓、ピリ（小さい縦笛）などが続く。

ケンガリ　鉦（かね）。小型のゴングで、木槌でたたいて鳴らす（巻頭マンガ豆知識参照）。

里長　部落ごとの世話役。

書堂　各村にほぼひとつずつあり、ひとりの教師（訓長）が教えた、寺子屋形式の私的な教育機関。7～15歳の子女が学んだ。

「あやつを野放しにしておいたら、われわれ古阜《コブ》の者は飢え死にするほかありません。そこで、みんなで寄り合った結果、………」

――カカンカンカン、カカンカンカン。

野外では農楽隊の音がものすごく、全琫準《チョンボンジュン》接主《チョプチュ》の話に耳をかたむけている、里長《イジャン》たちの目はきらきらと輝きだしました。

「わかりました。接主《チョプチュ》さんが先頭に立ってください」

里長《イジャン》たちは鼻息を荒げ、拳を握りしめました。接主《チョプチュ》というのは、東学《トンハク》*という宗教組織の郡代表をさすことばです。

「では、万石洑《マンソクポ》にいってクッ*をあげてから、邑内《ウンネ》*に討ち入りましょう。邑内《ウンネ》*のあっちの人たちは鄭益瑞《チョンイクソ》頭領《トウリョン》がひきいていて、三叉路でおち会うことになっています。さあ、万石洑《マンソクポ》にいきましょう」

――カカンカンカン、カカンカンカン。

農楽隊は「農者天下之大本」（農業は国の根本）と書いたのぼり旗を先頭に万石洑《マンソクポ》に向かいます。おくれてきた農楽隊がぞくぞくと後に続きます。農楽隊のうしろを、それよりもはるかに多くの見物人たちがついていきます。

農楽隊が下松里《ハソンニ》の東の礼洞《イエドン》のまえにさしかかったときでした。農楽隊について歩いていたイルトンは、道端で見物している妹を見つけると人気のないところにつれていきました。

「オクプニをいますぐ家に呼んできてくれ」

イルトンが急がせると、妹はすぐにオクプニをつれてやってきました。イルトンが目を

接　東学の信徒集団の組織の単位。居住地を基礎とした信徒のまとまりである「包」を集めたものを「接」とした。

東学　西学（キリスト教）に対する東方すなわち朝鮮の学のこと。1860年、崔済愚が儒・仏・道の3教を中心に天主教を加味してつくった宗教。地上天国、万人平等主義など平易に説いた教えは下層民衆の間に急速に広まった。

クッ　巫女（みこ）が神様にお供え物をし踊りや歌を奉納して、厄除けや招福をねがい、豊漁や大漁なども祈った。儀式が終われば、お供え物は参加者や見物人にふるまわれた。

邑内　郡役所のある市街地。

まん丸くしたオクプニを庭の片すみに引っぱっていきます。妹は枝折戸《しおりど》に立ってだれか来ないか見張っています。お母さんも見物に出ているので、家にはだれもいないはずです。

「あの農楽隊が、なにをしにいくところか知ってるかい？」

イルトンが息を切らしながらも声をころしてたずねました。

「なにしにいくって？　万石洑《マンソクポ》にクッをあげにいくんじゃないの？」

「うん、クッをあげにいくんだ。だけど、今年はクッだけあげにいくんじゃない。クッが終わったら郡役所に夜討ちをかけて、郡守《クンス》の趙秉甲《チョビョンガプ》をひっ捕えてさらし首にするんだ」

「えっ！」

「趙秉甲《チョビョンガプ》の首をさらしたら、つぎは罪もないのに捕まっているおまえの父ちゃんのような人を牢から助け出す」

オクプニは「ほんとうに？」と、月に照らされた黒い瞳をさらにまん丸くしました。

「まちがいないって。さっき書堂《ソダン》で全琫準《チョンボンジュン》 接主《チョプチュ》が里長《イジャン》たちと話すのを聞いてたんだから。でも、この話はあのみんなが郡役所に着くまでは、だれにもないしょだぞ」

「わかったわ。じゃあ、イルトン、あんたもいっしょに行くの？」

イルトンは「ああ、おれも行くんだ」と、いそいで枝折戸《しおりど》をかけぬけていきました。そのとき、同じ村のマンスも家にもどっていたのか、ちょうど路地から出てきました。マンスは目をぱちくりさせてイルトンとオクプニをかわるがわるながめました。

オクプニのお父さんはなんの咎《とが》もないのに、不睦罪《プルムクチェ》という罪で捕まっているのです。

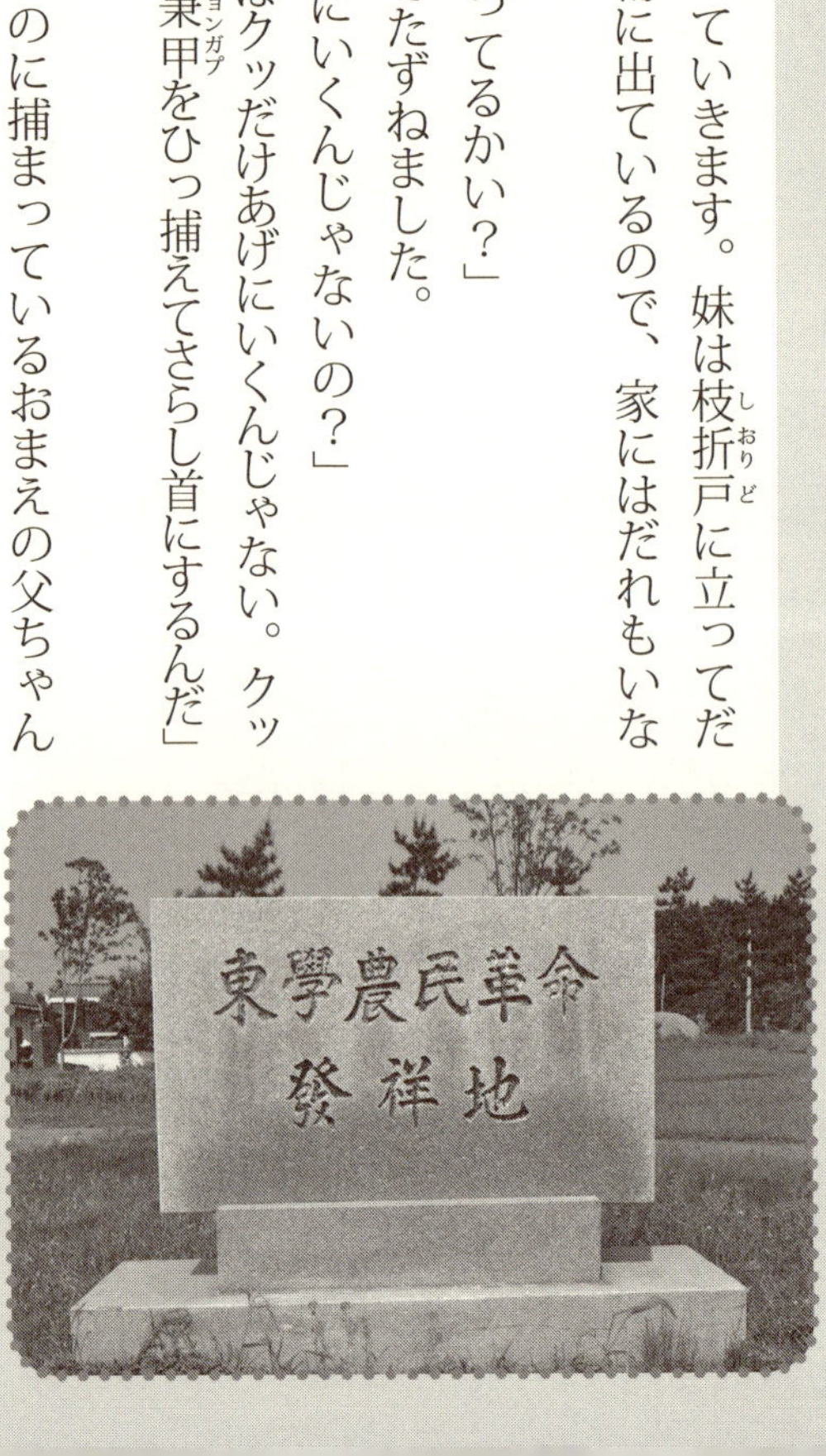

東学農民戦争の跡をたずねる①

「東学農民革命発祥地」の碑・古阜。（写真撮影・信長正義、2010 年。以下全て）

趙秉甲《チョビョンガプ》は、善良な民にこんなありもしない罪をきせて尻たたきの刑にし、金をもってくれば釈放してやりました。不睦罪《プルムクチェ》というのは隣近所と仲良くしないという罪です。ですが、オクプニのお父さんは里長《イジャン》もつとめ、村人たちといちばん仲良く暮らしている人です。いま古阜《コブ》の牢獄はそんなでっち上げの罪人たちであふれかえっています。オクプニのお父さんはひどい尻たたきの刑にあって、片足がまともに動かせないありさまです。しかし、オクプニのお母さんには金を絶対に渡すなといい、屈しようとしません。お父さんの食事や衣服の差し入れをしているお母さんは、あまりの口惜しさに寝込んでしまいました。あしたはオクプニのおばあさんが監獄に食事を運ぶしかありません。

農楽隊は万石洑《マンソクポ》のうえを行ったり来たりして楽しそうに舞いおどっています。「洑《ポ》」というのは河の一部を堰堤でせきとめ水を田んぼにおくりこむ灌漑施設のことです。ここ湖南《ホナム》平野は黄海道《ファンヘド》の載寧《チエリョン》平野とともにわが国ではもっとも広い平野で、大きな2本の河が平野を横切るように流れています。全州《チョンジュ》のほうから西海《ソヘ》（黄海《ファンヘ》）に流れるのが万頃江《マンギョンガン》、そのずっと南方の井邑《チョンウプ》からここの堰堤をとおって黄海《ファンヘ》に流れるのが東津江《トンジンガン》です。

万石洑《マンソクポ》は東津江《トンジンガン》をせきとめペドル平野をうるおす堰堤です。このペドル平野から1年にとれる米が1万石だというので万石洑《マンソクポ》と名づけられました。ペドル平野で農業をするひとびとは堰堤がくずれないようにと、毎年クッをあげています。むかしは陰暦の正月15日にあげましたが、いまは15日になるまえに5日もくりあげて行なっています。

——カカンカンカン、カカンカンカン。

堰堤がとても巨大なので堰堤のうえの道も広くて、農楽隊は2列になってもおどれます。

明るい月明かりのもとで200人ものひとびとが舞い興じるすがたは壮観です。

「ただいま邑内《ウンネ》の鄭益瑞《チョンイクソ》頭領《トウリョン》から連絡が入りました」

全琫準《チョンボンジュン》接主《チョプチュ》が河の土手に車座にすわった里長《イジャン》たちに呼びかけました。

「趙秉甲《チョビョンガプ》は郡役所に役人どもを呼んで、いま宴会のまっ最中だそうです。あの月が半分くらいかたむいたら出発します」

今夜、郡役所に夜討ちをかける仲間は、ここのひとびとのほかにもまだまだいます。さっき名前のあがった鄭益瑞《チョンイクソ》頭領《トウリョン》のひきいるグループと、となりの泰仁《テイン》郡舟山《チュサン》面の崔景善《チェギョンソン》頭領《トウリョン》がひきいるグループです。

「竹槍は下鶴洞《ハハクトン》の竹林で若い衆がつくることになっています。こっちで出発するという合図を送ったら、すぐにとりかかるでしょう。若い衆はいま竹林近くにひそんでいます」

金道三《キムドサム》頭領《トウリョン》がこういいました。

――カンカンカン、カンカンカン、ドン。

音頭取りのうつ「ドン」という太鼓の音で農楽隊の音がぴたっと鳴りやみました。地の底からわきおこったような農楽がやむと、こんどはこの世が地の底にどっぷりと沈んでいくようでした。

「みなの衆、ちょっとお聞きくだされ」

音頭取りが大声をはりあげました。

「わしらは今年も農楽をやって、この堰堤にとりついた鬼どもを足でふんづけ、農楽で

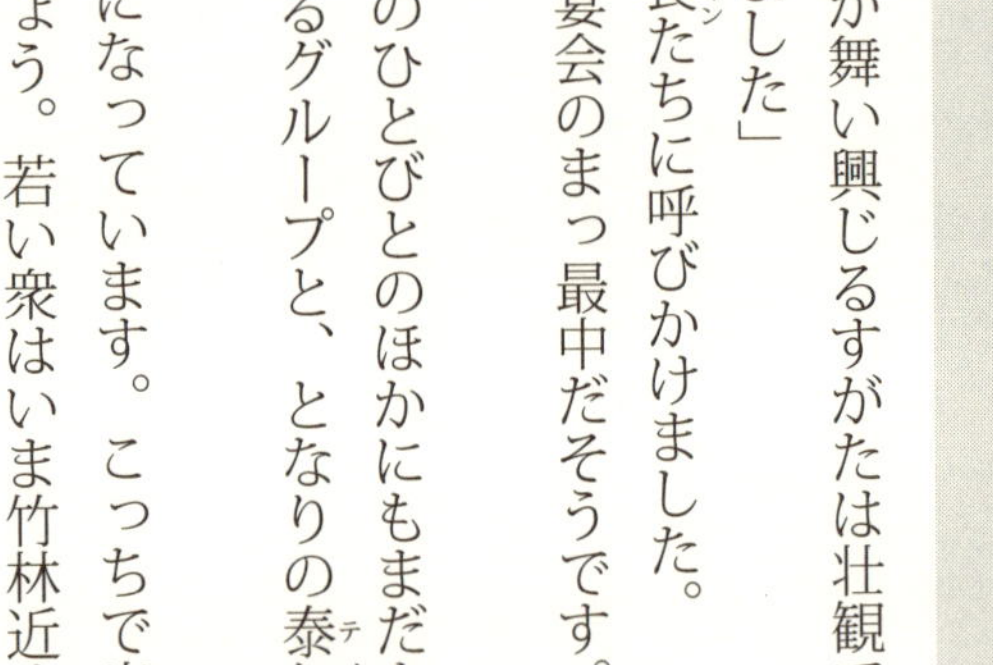

東学農民戦争の跡をたずねる②

万石洑遺址碑・古阜。

たたきつぶしました。鉦《かね》たたきはたたき棒で、新米の嫁ごが糊のきいた5、6月の洗濯物をたたくように。銅鑼《どら》打ちは銅鑼《どら》打ち棒で撞木《しゅもく》が寺の鐘をうつように。チャンゴたたき*はチャンゴのバチで、刑吏が盗人をしごき棒でぶったたくように。太鼓たたきはバチで、作男が斧でたきぎを割るように。小太鼓打ちは小太鼓バチで、刑場の首斬りが剣舞を舞うように。10の姓の10の子孫がみなそろい、心を合わせ足そろえ、たたいて、打って、割って、いざ、徹底的に鬼を追っぱらおうぞ。さあ、たたけ！」

「おおっ！」

——カカンカンカン、トトントントン、ドドンドンドン。

農楽隊は歓声をあげて、楽器も割れよとたたきます。そして堰堤の上を行ったり来たりして軽快に農楽をおどります。

——カカンカンカン、トトントントン、ドドンドンドン。ドン。

また、ぴたっと音がやみました。

「堰堤にとりついた鬼どもよ。千尋万尋の地の底に閉じこもって、2度とこの世に鼻っ面を見せるでない。どうしても出てきたいんなら、都のできそこない大臣どもの屋敷や、郡守《クンス》どもの屋敷に入って、柱を引っこぬいて梁をぶったたくなり、屋根をひっくり返して踊りをおどるなり、とにかく大暴れするんなら、そっちであばれろやい」

——カカンカンカン、トトントントン、ドドンドンドン、ドン。

音頭取りのおどけたあいさつをさいごにクッは終わりました。見物人たちはみなどっと笑いました。

チャンゴ（杖鼓） 伝統音楽の代表的な楽器のひとつ。両面太鼓。農楽など野外でおこなわれるときは肩から紐でつりバチで打つ（巻頭マンガ豆知識参照）。

2　趙秉甲《チョビョンガプ》の首をさらせ

農楽隊や見物人たちは野原に移動し、里長《イジャン》たちは全琫準 接主《チョンボンジュンチョプチュ》をとりまいて土手にならんで立っています。金道三頭領《キムドサムトウリョン》がまえに進み出ました。

「ただいまから全琫準 接主《チョンボンジュンチョプチュ》さまのお話があります。みなの衆、よく聞いて、賛成でしたら力いっぱい拍手をおねがいします」

全琫準 接主《チョンボンジュンチョプチュ》がまえに進みました。十日月がひときわ明るく輝いています。

「雑鬼《チャプキ》*どもを追い払っていただきました。みなの衆、まことにお疲れさまでした」

全琫準 接主《チョンボンジュンチョプチュ》が笑いながらこう切りだすと、みんながついて笑いました。

「あの堰堤にとりついた雑鬼《チャプキ》どもはちゃんとやっつけました。しかし、ほんとうに人間を苦しめる、人間の格好をした雑鬼《チャプキ》がほかにいます。われわれが汗水たらして、農業をするのはなんのためですか？　まず第1にわれわれの家族がその穀物を食って命をつなぐため、つぎにその穀物を売って暮らしをたてるためです。その大事な穀物をのこらずかき集め、罪もないひとびとを捕えて、なんのかんのとでたらめな罪名をつけて体がはれあがるほど鞭打ちの刑にし、足の骨がおれるほどねじり棒*をかまして、われわれの目から血の涙をふきださせる本物の雑鬼《チャプキ》がいます」

雑鬼　人に災いをもたらすさまざまな悪霊、精霊、鬼神。

ねじり棒　両脚をそろえて縄でくくり、その間に棒を差しこんでねじる刑罰に用いる棒。

凛とした声で、ことばのはしばしに力があふれています。しかし、ひとびとはあんまり唐突な話なのできょとんとしています。

そばに立っている里長《イジャン》たちが「そうだ！」とさけびました。

「みなの衆、その雑鬼《チャプキ》はいったいだれですか？　万石洑《マンソクポ》に取りついた雑鬼《チャプキ》は目に見えない雑鬼《チャプキ》ですが、いまいった雑鬼《チャプキ》はほかでもない、邑内《ウンネ》の郡役所に居すわっています。みなの衆、その雑鬼《チャプキ》とはいったいだれですか？」

全琫準《チョンボンジュン》接主《チョプチュ》は拳をふりあげてさけびました。

「趙秉甲《チョウビョンガプ》だ。あいつを退治しよう」

里長《イジャン》たちが同じように拳をふりあげてこうさけびました。ひとびとは目ん玉をむいて全琫準《チョンボンジュン》接主《チョプチュ》や里長《イジャン》たちを見ています。

「あんなすごいことといって大丈夫かな」

肝がちぢみあがりそうです。

「そうです。趙秉甲《チョビョンガプ》です。あの趙秉甲《チョビョンガプ》が郡守《クンス》でいるかぎり、われわれ古阜《コブ》の人間に命の保証はありません。

そこで、今日里長《イジャン》たちが集まって決定しました。われわれが飢え死にさせられないよう、殴り殺されないよう、あの趙秉甲《チョビョンガプ》をひっ捕らえて町の三叉路にさらし首にすべきだと決定しました。ただいまから討ち入って趙秉甲《チョビョンガプ》の首をさらしましょう」

全琫準《チョンボンジュン》接主《チョプチュ》の声は刃のようでした。

「行こう！　趙秉甲《チョビョンガプ》をさらし首にしてしまえ。いますぐ、行こう！」

ひとびとも興奮して叫《さけ》び声をあげました。

「では、いまから出発するぞー。お年よりや子どもたちは行かないでください。若い衆は村のお年よりに楽器をあずけろ。里長《イジャン》の指示にしたがって部落ごとにまとまれ。すぐに出発する」

いきり立った若者たちは息をはずませながら、老人たちに楽器をあずけました。

「イルトン、おまえも行くのか？　まあ、きっと大人たちが止めるだろう。おまえは明日の朝見物にこいよ」

マンスは列のしんがりの自分の、そのうしろに立っているイルトンにいいました。

「おれも行く。行くなっていわれても行くからな」

イルトンがとがった声でいいました。

マンスがイルトンに、大人たちが止めるだろうといったのには、それなりのわけがありました。マンスはこの正月で16歳になり、村のトゥレに入っても大人扱いしてもらえるようになりました。ところが、イルトンは15歳なので1歳ちがいでトゥレに入れません。村人たちがいっときであれ、協働して田植えや草取りの農作業をするトゥレには、ふたつの加入条件があります。ひとつは16歳になっていること、もうひとつは、村のご神木のふもとにある力石をひざの上まで持ち上げられることでした。力石を持ち上げられるというのは、田植えや草取りがそれだけ大変だからです。イルトンもマンスのように力石をひざの上まで持ち上げましたが、年齢が1歳足りないのでトゥレに入れないのでした。

また、16歳というのは兵隊にいく年齢です。二八《イパル》青春《チョンチュン》＊ともいわれる16歳は大人になる

二八青春　（2かける8の）16歳になってむかえた青春時代。

最初の年です。イルトンは大人扱いをしてもらえないため、このごろ気持ちが穏やかでないのです。

しかし、イルトンには、力石を持ち上げたように、戦《いくさ》だって大人と同じように戦う自信があります。体格もマンスとどっこいどっこいですし、空手の技も並ではありません。還《げん》俗《ぞく》*した、馬項《マルモク》出身のおじさんから、村のおない年くらいの子どもたちといっしょに習ったのでした。おじさんは基本の動作をひと通り教えてくれたあとで、得意技をひとつずつつくれと話しました。そんな得意技がひとつあれば、長棒を持ち歩いているのも同じだとい い、その得意技を集中的に練習させました。イルトンはまわしげりで、マンスは2段横とびです。イルトンはいまも毎晩のようにひとり庭にでてその技を練習していますから、まわしげりの足は手のように正確に動かせます。

「ただいまから手ぬぐいを配ります。みなの衆の手ぬぐいは腰につけ、頭はこの新しい手ぬぐいでしばってください。そのさい、ただ頭に巻くのではなく、手ぬぐいを広げて頭をすっぽり包んでうしろで結んでください」

変わった手ぬぐいの結び方です。万一ほかの人たちと入り混じったときも、区別できるようにということのようです。里長《イジャン》が手ぬぐいを配りながらイルトンを見つけました。

「おれにもください。おれもマンスと同じでしょ。背も同じだし力石も持ち上げられたし」

「じゃあ、先頭には立つな。あちこち連絡することが多いから、そっちを頼んだぞ」

イルトンは即座に「はい」と答え、もぎとるように手ぬぐいを受け取りました。かれは

還俗 僧侶が僧籍をはなれて世俗の一般人にもどること。

マンスにむかってにっこりと笑いました。しかし、マンスは笑おうとはしませんでした。さっきオクプニがイルトンの家から出てくるのを見てから、マンスの目つきが冷淡になりました。マンスもこのごろオクプニに気があるようです。

「編み髪《テンギ》はどうしたもんかな?」

大人たちはみんな髷《まげ》を結っているので、手ぬぐいも簡単にくれます。マンスやイルトンはまだ嫁取り*していないので、背中から腰のあたりまで長くゆらゆらと編み髪を垂らしていました。イルトンは編み髪をつかんで娘がするように頭にまいて、手ぬぐいをぐるっと頭にまきました。マンスもそれにならいました。

「みなの衆、ちょっとわたしの話を聞いてください」

そのとき、いきなり全琫準《チョンボンジュン》 接主《チョプチュ》がさけびました。

「ただいま泰仁《テイン》郡舟山《チュサン》のみなさんがわれわれの加勢にきてくれました。拍手でむかえてください」

だれもがびっくりして万石洑《マンソクポ》のほうに目をやりました。３００人あまりのひとびとが押し寄せてきます。みんなはしばらくきょとんとしてから、やっと拍手をはじめました。一行をひきつれてきた崔景善《チェギョンソン》接主《チョプチュ》が古阜《コブ》の信徒たちとにこやかに握手を交わしています。農民軍はいっせいに拍手しました。

「門をあけろ!」

手ぬぐいで顔を隠した10人ほどの若者たちが、天峙峠《チョンチジェ》のふもとの村の金持ちである金氏《キム》

嫁取り 嫁をもらうこと。結婚。

の屋敷の門をたたいています。「門をあけろ！」という声がくり返されます。「だれか」と召使いが門をあけました。

「うごくな！」

若者たちが門を押してなだれこみ、召使いの胸に長棒を突きつけました。召使はびっくりして後ずさりました。20数人の若者たちがどかどかっと前庭にかけこみました。そのとき主の金氏《キム》がなにごとかと舎廊房《サランバン》*のとびらをあけました。

「おとなしく部屋にいろ！」

手ぬぐいで顔を隠した若者たちが、長棒をつきつけてさけびました。金氏《キム》はびっくりしてぴしゃっと戸をしめました。

「竹林で竹を切るようだのう？」

金氏《キム》と話していた男が目をむきました。ふたりはしばし聞き耳をたてました。奥の棟のうらで竹を切る騒がしい音がします。

「こんな夜更けに竹を切るとは。強盗ではなし、となると、あの連中、いま民乱*をおこそうとしているようじゃの」

客が目をむいてささやきました。趙成国《チョソングク》という男です。

「ちかごろ全琫準《チョンボンジュン》一派の動きが怪しいのです。郡役所に押し入るつもりのようです。われわれはこうしている場合ではござらぬ。すぐに郡守《クンス》どのにお知らせいたしましょうぞ」

趙成国《チョソングク》はがばっと立ち上がると、壁にかけてあったカッ*をとってかぶり、裏戸を細くあけてみました。うらの石塀のわきにも、顔を隠した若者が長棒をもって立っています。

舎廊房　主人の起居する部屋で客間を兼ねた。房とは部屋のこと。女性は入れない。

民乱　重税が原因でおこる一揆。朝鮮王朝後期には支配層の乱れにともないよくおこった。

カッ　礼儀を重んじる両班が、人と対面するとき必ずかぶった冠帽。

「金《キム》どの、板の間にでて、だれじゃと大声をあげてくだされ。あなたさまがあやつらといい争うすきにわたしは裏戸からぬけでましょう。郡守《クンス》どののお命がかかっています。今晩郡守《クンス》どののお命を救えば、座首《ザス》*や別監《ピョルガム》*の地位くらいはもういただいたようなもんですぞ」

趙成国《チョソングク》は金《キム》氏の耳元にささやきました。座首《ザス》や別監《ピョルガム》ということばに金《キム》氏の目が輝きました。

「おまえら、いったいなにをしておるのか！」

すぐに金《キム》氏が戸をあけはなって板の間にでて大声をあげました。

「部屋にじっとしておられないのか」と、若者が長棒を突きつけました。

「この強盗どもめ、財産ぜんぶ担いでいくんなら、このわしを殺してからにせい。こやつらめ」

若者は「とっとと部屋に入れ」と、金《キム》氏を部屋に押し込もうとしました。金《キム》氏は板の間にあおむけにどっと倒れこみました。裏手を守っていた若者もこっちにかけつけてきました。しばらく金《キム》氏といい争っています。趙成国《チョソングク》はそのすきに裏戸をすりぬけ石塀をのりこえ、天峙峠《チョンチジェ》を疾風のようにかけ登っていきました。

趙成国《チョソングク》はこの郡の郷庁《ヒャンチョン》の座首《ザス》の地位をねらって、これまで趙秉甲《チョビョンガプ》によく仕えてきました。そんなおりもおり趙秉甲《チョビョンガプ》が益山郡守《イクサンクンス》に発令されてしまったため、「鶏を追いまわしていた犬が屋根を見上げる」*のことわざどおり、がっくりと意気消沈していたところです。

ところが、今日趙秉甲《チョビョンガプ》が古阜郡守《コブクンス》に返り咲いたと聞いて、金《キム》氏の屋敷にかけつけて話し

座首　郷庁の長。その地の徳望の高い人が選ばれる。郷庁は朝鮮王朝時代の地方自治機関。

別監　座首のつぎの位。

鶏を追いまわしていた犬が屋根を見上げる　獲物を取り逃がしたときに、よく用いられる。いまいましい気持ち、残念な気持、がっくりした気持ちを表わす。

こんでいたのです。

留郷所《ユヒャンソ》ともよばれる郷庁《ヒャンチョン》は、その郡の両班《ヤンバン》*たちが民の苦しい生活の事情をさぐり、施策に誤りがあれば郡守《クンス》に建議する、郡守《クンス》の諮問機関でした。ところが、そんな建議をするどころか、郡守《クンス》の手先になって民からむしり取っていたのです。

若者たちが竹槍をひと抱えずつかかえてでてきました。大道にでると、ちょうど農民たちが走ってやってきました。時間がぴったり合いました。農民たちはいい出来だとほめて、1本ずつ竹槍を取っていきます。

「よっし、趙秉甲《チョビョンガプ》、命はもらった」

頭に帽子のように手ぬぐいを巻いたひとびとは竹槍を手にすると、たちまち立派な兵士になった気がしました。農民軍は新しい力がわきおこったかのように、けわしい天峙峠《チョンチジェ》をいっきにかけ登っていきました。

趙秉甲《チョビョンガプ》は悪徳郡守《クンス》として悪名のとどろいた男です。さっきクツをあげた万石洑《マンソクポ》も、趙《チョ》秉甲《ビョンガプ》が昨年わざわざつくった堰堤です。そこには数百年もまえから堰堤があったのですが、趙秉甲《チョビョンガプ》はむかしのまだ使える堰堤をこわし、すぐ下流に新しい堰堤をつくって、本来なかった治水税を取りたてました。肥沃な田んぼからは1マジギ*に米2升、やせた田んぼからは米1升です。こうしてペドル平野から取り立てる米は年間７００石にもなりました。

鳳伊金先達《ポンイキムソンダル》*が大同江《デドンガン》の水を売ったのよりもっとあきれはてたまねだと、隣の郡のひとびとまで激怒しました。

両班　中人・常民・賤民のうえにたつ最上級身分の階層。文官（文班）と武官（武班）を合わせていう。中級以上の官職を独占した。

マジギ　田畑の面積の単位。地方によって異なるが、田では約１５０坪、畑では１００坪程度をいう。

鳳伊金先達　鳳伊は号、先達は本来科挙に合格したが官職にはつけなかった人につけた敬称。エピソードや奇行の多い伝説上の人物。

その上、その堰堤というのはかれが私財を投じてつくったわけではありません。蜂起して押しかけていくペドル平野の農民たちが強制的に働かされてつくったものです。湖南《ホナム》平野で2番目に大きい東津江《トンジンガン》の流れをせきとめる大工事ですから並みの工事ではありませんでした。普請も大変で難儀したこともひとつやふたつではありませんでした。そうやってせきとめた堰堤が農民たちに利益になるどころか、むしろ損害を与えたのです。堰堤をあんまり高くしすぎたために、去年の梅雨時にはペドル平野が洪水になりました。稲が3日間も水につかったためにまともに育たず、そのぶん収穫も減りました。

洪水の上に愚にもつかない治水税まで徴収されて、若い衆たちは趙秉甲《チョビョンガプ》をただではおかないと罵倒したものでした。しかし、老人たちはめっそうもないことだと、頭からおさえにかかりました。これまで、こうした郡守《クンス》の横暴に耐えかねた農民たちが、全国の数十の郡で立ち上がりましたが、指導者の処刑という犠牲で終わったからです。

いまの王様の高宗《コジョン》が即位してから現在までの30年間をとってみても、一揆を指導したひとびとは、ほとんどがひっ捕らえられて絞首刑にされ、あるいは拷問されて半身不随になりました。逃げたひとびとは孤島や、智異山《チリサン》*のような深い山中にひそんでかろうじて命をつなぎました。いま孤島や深い智異山《チリサン》に住むひとびとはたいていそんなひとびとです。

もともと全琫準《チョンボンジュン》接主《チョプチュ》と鄭益瑞《チョンイクソ》頭領《トウリョン》と金道三《キムドサム》頭領《トウリョン》の3人も、そんなふうにこん棒をもって立ち上がったのではなくて、多くの人の署名を集めた嘆願書を趙秉甲《チョビョンガプ》に提出したのでした。嘆願書の代表となるのも大変なことでした。嘆願書の内容が気に入らなくてひっ捕らえられれば、鞭《むち》打ちの刑か、または牢獄暮らしが待っているからです。

智異山　韓国の南部にある小白山脈の主峰。標高は1915メートル。原生林のうっそうと茂った森林地帯には古くから政治的・社会的亡命者が隠棲した。

全琫準《チョンボンジュン》のお父さんの全彰赫《チョンチャンヒョク》も昨年嘆願者の代表になったために、趙秉甲《チョビョンガプ》に鞭打ちの刑にされ1カ月後には亡くなりました。そのとき全彰赫《チョンチャンヒョク》は70歳近い老人でした。

3人は嘆願書が聞き入れられなかったので、名前をつらねたひとびとをもう1度集めて、趙秉甲《チョビョンガプ》をひっ捕らえて邑内《ウンネ》の三叉路に首をさらすことを決めました。ところが、その準備をしているさいちゅうに趙秉甲《チョビョンガプ》が益山郡守《イクサンクンス》に発令されました。3人はやろうとしていたことが果たせなくて失望しました。しかし、人の命にかかわることでしたからほっと安堵もし、今度こそもっとましな郡守《クンス》がくるようにと祈りました。

ところが、耳をうたがうようなうわさが流れてきました。趙秉甲《チョビョンガプ》が全羅道監司《チョルラドカムサ》の金文鉉《キムムンヒョン》*と礼曹判書《イエジョパンソ》*の閔泳駿《ミンヨンジュン》*に対して留任運動をしているというのです。留任運動がいったいどうなるか、だれもが固唾をのんで見守りました。結果は留任運動が功を奏し、趙秉甲《チョビョンガプ》が40日ぶりに本日また古阜郡守《コブクンス》として赴任してきたのでした。

この知らせを聞くと、前回準備していたひとびとはまたすぐに集まり、趙秉甲《チョビョンガプ》をひっ捕らえてさらし首にしようと決議しました。そして、その秘密が漏れるのを防ぐために、そこに出席できなかった里長《イジャン》や一般のひとびとには、今日クッをあげるとだけいって万石洑《マンソクポ》に集めたのでした。

金文鉉　1858年漢城生まれ。78年に科挙に合格した文臣。

礼曹判書　儀式・朝会・科挙などをつかさどる礼曹（省のひとつ）の大臣。曹は6つあり、国務を分担した。

閔泳駿　1852〜1935年。閔氏勢力の総帥。軍部大臣である兵曹判書などをつとめた。

3 逃げた趙秉甲《チョビョンガプ》

「鄭益瑞《チョンイクソ》さんの1隊がついたら、火矢を上げるといってたな?」

天峙峠《チョンチジェ》をこえて進んだ農民軍は、町の入口あたりで息を殺していました。満天の星空では十日月が出口をさがすように山の端に隠れようとしています。

「合図だ!」

綿をまいた小さな火矢が夜空に舞い上がっていきました。つづいてもう1本上がりました。

「いざ、突撃じゃあ!」

農民軍は疾風《はやて》のようにかけだしました。2隊が三叉路でおち合うと、しめし合せたように鄭益瑞《チョンイクソ》の1隊は郡役所の塀を取り囲み、馬項《マルモク》広場からきた1隊は、郡役所の門をけ破って、なかにとびこみました。

「趙秉甲《チョビョンガプ》め!」

農民たちは趙秉甲《チョビョンガプ》の寝起きする奥の棟の門を体当たりで破って入りこみました。灯の消えた居間の戸にも体当たりしました。

「キャアー!」

女の叫び声が闇を切り裂きました。金道三頭領《キムドサムトウリョン》がマッチをすりました。女がひとりいるだけです。

「趙秉甲《チョビョンガプ》はどこに行った？」

「さっき人がきて、いっしょに出て行きました」

女は部屋の片すみにうずくまってぶるぶる震えています。

「さっきだと。どのくらいまえか？」

「煙草を2、3服すうあいだです」

「いっしょに行ったという人間はだれなんだ？　白状しないと命はないぞ！」

「趙成国《チョソングク》さんです」

「なんと、あの野ネズミのような野郎が。あの野郎にどうして漏れたのか？」

だれもが拍子ぬけした顔つきで全琫準《チョンボンジュン》接主《チョプチュ》を見やりました。

「追手をだそう。鄭益瑞頭領《チョンイクソトウリョン》、何組かに分けてあとを追ってください」

全琫準《チョンボンジュン》接主《チョプチュ》がてきぱきと指示しました。鄭益瑞頭領《チョンイクソトウリョン》がかけだしました。

「金道三頭領《キムドサムトウリョン》、役人どもを全員縛りあげてください。崔景善頭領《チェギョンソントウリョン》は50人だけこっちに残して、残りの者は邑内《ウンネ》をぐるりと取り囲んで、だれも逃げ出さないようしっかり見張ってください」

イルトンは牢屋にいって、オクプニのお父さんに会いたかったのですが、抜けることができません。しばらくしてぐるりを見渡すとマンスがいません。いくら捜してもいませんでした。牢屋に行ったに違いありません。

井邑《チョンウプ》の方面に趙秉甲《チョビョンガプ》を追っていったグループが朱川《チュチョン》の三叉路につくころ、夜が白みはじめました。鄭益瑞《チョンイクソ》頭領《トウリョン》が農民軍を集めました。

「趙秉甲《チョビョンガプ》は全州《チョンジュ》に行くはずだ。3手に分かれて全州《チョンジュ》まで追って行こう」

かれは5人ずつ3手に分けて出発させました。

ひとりの若者が全琫準《チョンボンジュン》接主《チョプチュ》に、ほかの者の背負っている荷物を指でしめしました。鄭《チョン》伯賢《ペクヒョン》という若者でした。

「幟旗《のぼり》や貼り紙（壁書）をみんな持ってきました」

「いますぐ貼るものは貼って、立てるものは立ててくれ」

鄭伯賢《チョンペクヒョン》は農民軍をもう4、5人つれて立ち去りました。

邑内《ウンネ》にはものすごい数の見物人たちがつめかけてきました。年寄りや子どもたちまでくりだしてまるで市の日のようです。

「あいつ、吏房《イバン》＊の殷寿容《ウンスヨン》じゃないか？　なんだ、あのざまは？」

「井戸のなかに隠れていたところを、引っぱりだされたんだとさ」

「あっはっは、もともとひどいやつだから、ひどいところに隠れるなあ」

役人を捕まえるグループに加わっていたイルトンは、オクプニのお父さんを見つけると、かけよってぺこりとおじぎをしました。

「おう、イルトンも来ていたのか？　おまえもいっちょうまえになったもんだのう」

長い棒を杖代わりにしているお父さんが「えらいぞ」というようにイルトンの頭をなで

吏房　郡守の秘書。

てくれました。オクプニのお母さんがそばで笑っています。オクプニは今ごろきっと家で気をもんでいることでしょう。娘たちは12～13歳になれば外を出歩けなくなりますから、15歳にもなったオクプニが外出するなど考えられないことでした。

「お体は大丈夫ですか？」

足をちょっと怪我しただけだと、こともなげにいいます。そのときマンスが本物の松葉杖をひと組手にしてもどってきました。親戚の人がいぜん使っていたのを思い出して捜しに行ってみたら、運よく残っていたと、自慢そうにさしだしました。

「やっぱりこっちがずっと楽だな」

お父さんは松葉杖をついて明るい顔になりました。お母さんは、早く家にもどって温かい部屋で養生しなければとせっつきます。お父さんはもうしばらく見物していたいようすですが、お母さんの矢の催促にかてず松葉杖をついて歩きだしました。マンスもついて行きます。家までお送りするようにという指示があったようでした。イルトンはマンスをうらやましそうに見送りました。

「あっ、あの旗！」

あちこちに倡義旗《チャンイギ》*が立てられました。「国を救い民百姓を安んじよう」「貪官汚吏《どんかんおり》*を追放しよう」。旗は赤色、青色、黄色、黒色、白色の5色でした。貼り紙を貼ってまわる人もいます。

倡義旗　国が乱れたときに立ち上がった義兵たちのかかげた旗。

貪官汚吏　私利私欲にはしり私腹をこやす官吏。

2月16日

「古阜《コブ》郡守《クンス》趙秉甲《チョビョンガプ》の罪状」

郡守《クンス》趙秉甲《チョビョンガプ》が古阜《コブ》にきてしでかした大罪を満天下に告げる。事実とちがうことや抜け落ちている悪事があれば、倡義所《チャンイソ》＊に1報あれ。

1 なんら罪のない民百姓を「不孝《プリョ》・不睦《プルモク》・相避《サンピ》＊」などと濡れ衣をきせ保釈金をださせて財産をうばったこと。

2 耕作放棄地を開拓したら、その田畑には3年間税金をかけないという約束を破り、税金をかけて金をまきあげたこと。

3 万石洑《マンソクポ》のしもてにさらに堰堤をつくり用水税として合計700石の米を取ったこと。

4 旱ばつ被害の深刻な北部4村の税金をへらしてほしいと、道庁に嘆願して許可されたにもかかわらず、その事実を隠して金をまきあげたこと。

5 大同米《テドンミ》＊やさまざまな国税として、農民たちから上等米16升分を現金で徴収し、その金で下等米を安く買い、12升分だけを上納し、その差額分をまきあげたこと。

6 年貢米の運搬費用を10余の名目をつけて、年貢米の2倍以上取ったこと。

7 去年の秋古阜《コブ》に防穀令《パンゴンニョン》＊がでて米価がさがったとき、おのれの親戚に数千石買わせて、米価が暴騰したとき売りはらって暴利をえたこと。

8 かつて泰仁《テイン》の県監《ヒョンガム》＊をつとめたおのれの父親の功績碑をたてるのに、郷庁《ヒャンチョン》をそそのかしてなんら関係のない古阜《コブ》民から金を徴収したこと。

倡義所　国が乱れたときにそれを正すために立ち上がった義兵たちの用いた詰め所。

相避　近親相姦。

大同米　大同法によって徴収された米。

大同法　農民たちに重くのしかかっていた、田税・軍役等の負担の弊害を取り除くため、所有地の規模に応じて米や綿布を上納させるという、17世紀におこなわれた税制・財政改革。

防穀令　朝鮮における伝統的な救荒政策

甲午年2月16日　古阜《コブ》農民倡義所《チャンイソ》

「ほほう、腹よりも臍が大きいというが、年貢米よりもそれを運ぶ費用が2倍もかかってたとはな」

「まえからわかってたことじゃねえか、何をそんなにさわぐんだい？」

「まったく、あんまりあきれたからいってみたのさ」

「見ろよ、農民軍をもっと募集するんだって。おれたちも行こう！　だれでもなれるって書いてあるじゃないか」

あっちで高札《コチャル》*を見ていた若者たちがさけびました。

こんなのぼり旗や公示文はまえに用意して隠しておいたのを持ってきたのです。これを持ってきた鄭伯賢《チョンペクヒョン》という若者は、裕福な家の息子で科挙*を受ける準備をする若者でした。ところが、ぐうぜん全琫準《チョンボンジュン》接主《チョプチュ》にであい、世の中を見る全琫準《チョンボンジュン》接主《チョプチュ》の洞察力に感化されて、その場で科挙の準備をなげうって全琫準《チョンボンジュン》接主《チョプチュ》のもとで秘書役をしています。頭脳聡明で文章にもたけていて、こんな公示文もほとんどかれが書きました。当年とって26歳です。

「みんな。三叉路の空き地に行って、朝ごはんを食べてください」

三叉路の空き地には、いつのまにか釜を20数個もすえつけて、飯や汁の炊出しをしています。釜は牛のえさをたく大釜なので、ひとつで１００人分もの飯がたけます。米は郡役

のひとつとされ、凶作による食糧難などを理由に穀物の輸出を禁止するというもの。

県監　県知事。

高札　禁制・命令などを一般のひとびとに知らせるため、人目をひく街頭などに掲示した板のふだ。

科挙　官僚の登用試験のこと。おもに文科と武科の官僚を選抜したが、僧科や雑科（医術・通訳）も行われることがあった。

所の倉庫から持ってきて、味噌・醤油・キムチ、それに干し菜といった汁の具は、役人の家から持ってきました。茶わんや汁わんも同じことです。これまでに集まった見物人たちの人数は農民軍の10倍をこえています。

「朝ごはんは列にならんで受け取ってください」

イルトンは大声でひとびとを整理しました。

「おまえらも列にならべよ！」

イルトンは、母親のそばでぶるぶる震えているふたりの子どもに茶わんをひとつずつ持たして、母親のほうに押しやりました。5歳くらいの女の子はぼろ布で上下をおおっていました。しかし、6歳くらいの男の子は上着だけきて下はちんちんが丸出しでした。はきものはといえば、ふたりとも裸足《はだし》にわら草履をひっかけています。母親の身なりも似たり寄ったりでした。ひたいに豆ほどの黒子《ほくろ》のある男の子は、飯をよそっている場面を見て、唾をごくりと飲みこみました。

こんな家族がいくつもいます。イルトンはこんな子どもたちを残らず集めて列に並ばせます。

「腹いっぱい、食べろよ」

飯をよそう人は、黒子《ほくろ》の兄妹のお茶わんにもごはんを山盛りによそってやります。飯と味噌汁をもらった黒子の家族はあちらにかけていきました。空き地にはわら束をほどいて、やわらかい床がつくってありました。

「ちょっと待ちな。あんたたちのごはんはとっておいて昼と晩に食べよう」

黒子のお母さんは頭にかぶっていた手ぬぐいをほどいて子どもたちのごはんを包むと、わらのなかに隠しました。お母さんは自分のもらってきたご飯を子どもたちに分けてやりました。ふたりの子どもは鼻をずるずるいわせながら、ほっぺたがゆがむほど、ごはんを口いっぱいつめこみました。

「わあ、おいしい！　味噌汁もおいしいね」

かれらはこの正月にも茶礼《タレ》*の膳はむろんのこと、干し菜汁の1杯もまともに飲めなかったようです。イルトンの村にもこんな家がざらにありました。

「アイゴー、おれも巻足袋《カムゲ》をかわかすとするか」

動きづめだったイルトンが、たき火のそばによってわら草履をぬぎました。両足にぐるぐる巻いていた巻足袋《カムゲ》をほどいて、雑巾のようにしぼりました。まっ黒な泥水がでてきました。夜中凍っていた道がとけだすと、わら草履にしみこんだ水を巻足袋《カムゲ》がたっぷり吸いこみます。巻足袋《カムゲ》はぬわなくていいし、洗ってかわかすのも簡単なために、貧しいひとびとはたいてい巻足袋《カムゲ》をまきます。足袋《ポソン》は金持ちがはくものです。

――カカンカン、カカンカンカン。

そのとき向こうのほうから農楽隊のにぎやかな音が聞こえてきました。昨夜楽器をあずかった老人たちでした。10をこす農楽隊が楽しそうに楽器を鳴らしています。

郡役所では40～50人の里長《イジャン》たちが会議をしています。昨夜来なかった里長《イジャン》たちも参加しました。

「これまで新たに農民軍に志願したひとびとが1000人をこえました。いまも志願を

茶礼　先祖の霊をむかえる儀式。日本の盂蘭盆会に相当する。

受け付けています。志願者は昨夜の農民軍よりもかなり多いようです」

鄭益瑞頭領《チョンイクソトウリョン》の話にだれもが驚き顔です。

「いますぐ役人どもの首をはねましょう」

里長《イジャン》たちがさけびます。役人たちは郡守《クンス》の権威を傘にきて、郡守《クンス》よりもっと悪辣だったからです。郡守《クンス》が民の財産をうばったとき、役人たちはその手足になりました。それと同時に自分の財布もふくらませました。かれらは先祖代々役人の職を世襲してきたため、地方役人のなかで金持ちでない者はいません。どの地方でも鯨の背中ほどの瓦屋根ののったお屋敷というのはみんな地方役人たちの家です。田畑も数百マジギあります。

「役人どもが郡守《クンス》よりもひどかったのは事実です。ですが、もともとかれらは郡守《クンス》の手足でした。かれらも処罰を受けなければなりませんが、首をはねるのはあまりにむごいというものです」

金道三頭領《キムドサムトウリョン》がいいます。

「なんとおっしゃるのですか?!　役人どもは郡守《クンス》よりも10倍、20倍もひどく民をいたぶりました。古阜《コブ》三凶とよばれた殷《ウン》一族の3人は、ぜったい首をはねなければなりません」

古阜《コブ》三凶というのは凶悪なことで悪名高い殷《ウン》一族の3人のことで、戸房《ホバン》*、吏房《イバン》、首校《スギョ》*をつとめていました。

しかし、全琫準《チョンボンジュン》接主《チョプチュ》は金道三頭領《キムドサムトウリョン》のことばに同意して、こういいました。

「われわれは本来首をはねるべき趙秉甲《チョビョンガプ》を取り逃がしてしまいました。趙秉甲《チョビョンガプ》を逃がしたのに役人どもの首だけはねれば、虎をしとめそこねた猟師が、イタチを捕まえて憂さ

戸房　戸数とその家族の調査、および課税と徴収にたずさわった地元出身の地方官吏。

首校　地方将校の長。

晴らしをするかっこうになります。首をはねるかわりに鞭の味をしっかり味あわせてやりましょう」

里長《イジャン》たちは歯ぎしりをし息を荒げながらも、それ以上いいつのりませんでした。役人たちは戸房《ホバン》、吏房《イバン》、首校《スギョ》の順に鞭を30回ずつうち、ほかの小役人たちも20回、10回ずつお見舞いして牢獄に送りました。

里長《イジャン》たちは今後官軍に攻めてこられたときの対応策をさまざまに議論しました。

古阜《コブ》から逃げてきた趙秉甲《チョビョンガプ》は、3日後乞食のすがたになって全州《チョンジュ》の監営《カミョン》にあらわれました。

「閣下、わたくしに兵を1000人だけお貸しくだされ。すぐに進撃して全琫準《チョンボンジュン》めの首をあげてまいります」

「そなた、気はたしかか？」

監司《カムサ》の金文鉉《キムムンヒョン》は横目でにらみつけました。

「あんなドン百姓ども、恐るるに足りませぬ。連中など何万集まったところで烏合の衆ですわい」

「馬鹿も休み休みにいわんか！」

金文鉉《キムムンヒョン》はどやしつけました。趙秉甲《チョビョンガプ》をにらみつける金文鉉《キムムンヒョン》の目は炎でぎらぎら燃えています。かれの留任運動の口添えをした自分に対しても、朝廷からきついお咎《とが》めがあるのではないかと気をもんでいるところでした。

この情報はすぐに古阜《コブ》の倡義所《チャンイソ》に届けられました。監営《カミョン》には、以前から全琫準《チョンボンジュン》接主《チョプチュ》と親しくしている良心的な役人もいて、全琫準《チョンボンジュン》接主《チョプチュ》のおくりこんだ偵察兵に伝えられたのでした。

東学農民戦争の跡をたずねる③

全琫準追慕碑・井邑市。

4 監営軍《カミョングン》の奇襲

2月22日

蜂起してから7日目のことでした。

「緑豆《ノクトウ》将軍、万歳！」

全琫準《チョンボンジュン》接主《チョプチュ》が外にでると、群衆は興奮して万歳を叫びました。7日のあいだに全琫準《チョンボンジュン》接主《チョプチュ》は「緑豆《ノクトウ》将軍」と呼ばれるようになりました。それは小さいころのあだ名が緑豆《ノクトウ》だったからです。緑豆《ノクトウ》のように小つぶながらも丈夫でした。将軍は40歳になった今でも、背がわずか150センチメートルくらいでした。だれがいいだしたのか、幼いころのあだ名をとって「緑豆《ノクトウ》将軍」となったのです。

「みなの衆、ありがとうございます。われわれ古阜《コブ》の農民たちは、悪徳郡守《クンス》や悪徳小役人のまえでぺこぺこしていた腰をしゃんと伸ばし、こうして立ち上がりました。趙秉甲《チョビョンガプ》のような盗賊が郡守《クンス》の地位に居すわっているかぎりは、われわれはみんな飢え死にするか鞭打ちにされて死ぬか、むごい死にかたしかないからです。

ところが、この大悪党を取り逃がしてしまいました。もはや趙秉甲《チョビョンガプ》は朝廷で処断すべき男です。われわれはこの男を処断する日まで戦わなければなりません。もし万が一われ

われがここで退けば、これまで他の郡でやられたように、朝廷が逆にわれわれをひっ捕らえて殺しにかかるでしょう。

朝廷が趙秉甲《チョビョンガプ》を処断するか、あるいはわれわれが処断されるか、これはわれわれにかかっています。みなの衆、最後まで戦いますか？ それとも殺されますか？」

全琫準《チョンボンジュン》将軍は拳をふるい、声をはりあげます。

「戦おう。趙秉甲《チョビョンガプ》をやっつけよう」

「緑豆《ノクトウ》将軍、万歳！」

雄叫《おたけ》びが天をつきます。

「そうです。戦わねばなりません。われわれが心もひとつ力もひとつにして戦えば、趙《チョ》秉甲《ビョンガプ》だけでなくこの国の腐りきった官吏たちをのこらず処断できます。なぜかというと、全国の農民たちはわれわれと同じ立場にいますし、われわれと心もひとつ願いもひとつだからです。

そのいい見本があります。泰仁《テイン》郡舟山《チュサン》のひとびとです。かれらはわれわれの郡のひとびとではありませんが、われわれといっしょに立ち上がりました。それに南原《ナモン》の金開南《キムゲナム》接《チョプ》主《チュ》、茂長《ムジャン》の孫化中《ソンファジュン》接主《チョプチュ》、泰仁《テイン》の金徳明《キムドンミョン》接主《チョプチュ》たちも、もし朝廷がわれわれを処断しにやってきたなら、かれらも立ち上がっていっしょに戦うといってくれました。そして古阜《コブ》のひとびとも1000余人があらたに農民軍に志願しました。

では、このたびわれわれといっしょに郡役所に攻めこんだ舟山《チュサン》のみなさん、こちらに出てきてください」

300人の舟山《チュサン》の農民たちはまえに進みでて、崔景善接主《チェギョンソンチョプチュ》が壇に上がりました。会場のみんなは舟山《チュサン》のひとびとと崔景善接主《チェギョンソンチョプチュ》にむかって喊声《かんせい》をあげました。

「崔景善《チェギョンソン》です。さきほど全琫準接主《チョンボンジュンチョプチュ》がおっしゃったように、わしらは古阜《コブ》の人間ではありません。ですが、この郡のことがわしらの郡のことであり、わしらの郡のことがこの郡のことであり、大きくいえば国全体のことでもあります。みなの衆、わしら舟山《チュサン》の人間が支援しているのは、まさにそのためです。朝廷はいますぐ趙秉甲《チョビョンガプ》の首をはねなければなりません。それができないなら、わしらが出かけていって首をはねなければなりません。だれがやるかはともかく、きゃつの首をはねるまでわしらは戦わなければなりますまい。みなの衆、わしのいうとることは間違っていますか？　それとも、まっとうですか？」

崔景善《チェギョンソン》は拳をふるい、声をはりあげました。群衆も「そうだ！」と拳をつきだし喊声《かんせい》をあげました。

「わしらがこうして戦えば、他の郡の農民らも舟山《チュサン》のように力を合わせるでしょう。さっき名前のでた金開南接主《キムゲナムチョプチュ》、孫化中接主《ソンファジュンチョプチュ》、金徳明接主《キムドンミョンチョプチュ》のような全羅道《チョルラド》の大物接主《チョプチュ》たちも、それぞれの郡内の農民らとともに集まってきています。あの人たちが立ち上がったら、ほかの郡の連中はじっとしていられますか？　わしらは孤立してはいません。わしらのうしろには全羅道《チョルラド》の農民らがついとります。そして国中の農民らがついとりますのじゃ。最後まで戦いましょう！」

群衆は「戦おう！」と興奮して喊声《かんせい》をあげました。かれは「最後まで戦いましょう！」ともう1度いってから壇をおりました。

「ありがとうございます。崔景善接主《チェギョンソンチョプチュ》のおことばどおりわれわれはけっして孤立していません。最後まで戦わなければなりません。ところで、ここの市街は問題があります。湖《ホ》南《ナム》平野をはるかに見渡せる馬項《マルモク》のほうがここよりましです。今日われわれは陣地を移します。あちらに陣地を移動し農民軍の陣容を立て直し、戦闘訓練を徹底的にします」

「緑豆《ノクトウ》将軍、万歳！」

全琫準《チョンボンジュン》将軍が話しおわると、群衆が興奮して喊声《かんせい》をあげます。

――カカンカン、カカンカンカンカン。

農民軍は農楽隊を先頭に天峙峠《チョンチジェ》をこえていきます。あれから農楽隊も20余隊にふえ、農民軍も２０００人をこえました。

「農民軍、万歳！」

「緑豆《ノクトウ》将軍、万歳！」

どの村でもひとびとが飛びだしてきて「万歳！」を叫びます。

天峙峠《チョンチジェ》をこえると、瓮東面《クンドンミョン》内の村人たちの「万歳！」の喊声《かんせい》がさらにとどろきました。まるで凱旋兵士たちをむかえるような雰囲気です。

馬項《マルモク》にはもう先遣隊がいって準備をはじめていました。村から天幕をもっていってはり、天幕の大きさにあわせて囲いもつくりました。いっぽう市街でやったように大釜ももっていってずらりと並べ、水をくみ、薪を背負ってはこび、目がまわるほど忙しく動きまわりました。

全琫準《チョンボンジュン》将軍は頭領《トウリョン》たちをひきつれてあちこち見まわりました。手慣れた仕事ですからどこもてきぱきとやっていました。これなら指示もいらないし、よけいなおせっかいもいりません。

「火縄銃をもってきたね。いっぺん性能をためしてみよう」

将軍は郡役所からつれてきた将校に、火縄銃をとってくるようにいいつけました。郡役所の武器庫から使えそうなのをえらんで50丁持ってきたのでした。うらの原っぱに行きました。チゲの棒*ほどに細い火縄銃は長さがひと尋もなく、台尻は手首の太さくらいです。将校はマンスのもってきた市場の店の戸板を土手にたてて射撃の準備をします。マンスはしかけをつくることやこんなことには器用で好奇心いっぱいですから、もうつきっきりです。

将校は親指のひとふしくらいの鉛弾をつめ、そのあとに混ぜた火薬をつめます。竹のなかの薄皮をよってつくった火縄を、火薬につないで着火しました。将校はねらいをつけました。１００メートルほどはなれたところに立った戸板には、ひとの頭ほどの丸印の的がかいてあります。

——ドーン！

頭領《トウリョン》たちはびっくりしておもわず後ろに下がりました。銃声が砲声くらい大きかったのです。耳の底がツーンと鳴ってなにも聞こえなくなりました。戸板にむかっていっせいに歩きだしました。的からはずれたずっと下に弾の当たった跡があって、ゆがんだ弾が地面に落ちていました。

「遠くから撃つと、これくらいの威力しかありません」

チゲの棒　荷を入れた背負子（チゲ）をしょって歩くとき、体の支えにするためにつく杖代わりの棒。

崔景善接主《チェギョンソンチョプチュ》のことばに頭領《トウリョン》たちはうなずきました。音だけなら大砲くらいありましたが、威力はしれていました。接主《チョプチュ》はもう少し近くから撃ってみるようにといいました。もう1度準備して50メートルほどはなれて撃ちました。こんどは的に命中し弾が戸板を撃ちぬきました。

「ごぞんじのように官軍のもっている洋銃は、この火縄銃よりも3、4倍遠くまで飛び、命中率もそれだけ高いです。それに洋銃はこんなふうに銃弾と火薬が別々になっていません。火薬の入っている薬きょうの先に銃弾が差しこんであって、薬きょうの後部には火薬が入っています。引金を引けば、撃鉄が火薬の入った部分を打ち、その瞬間に薬きょうの中の火薬が爆発して弾が飛びだします」

崔景善接主《チェギョンソンチョプチュ》がつづけます。

「洋銃は1発撃って撃鉄を引けば、銃弾がしぜんに装填されるようになっているため、撃つたびに撃鉄を引けば弾がでます。火縄銃を1発撃つあいだに洋銃は10発以上撃てます」

「わしらには銃といったらこれしかないし、性能もこんなざまだし、竹槍で立ち向かうほかありませんぞ」

鄭益《チョンイク》瑞《ソ》頭領《トウリョン》です。しかし、将軍はこんな銃でも役立つことがあるはずだから、志願者をつのって訓練をさせるように命じました。マンスも志願しましたが、幼いからと採ってもらえませんでした。

翌日は馬項《マルモク》に市のたつ日でした。買物客たち、見物客たちがおおぜい押し寄せました。

昼飯どきの炊き出しには市街のときと同じように農民軍より見物客がたくさん集まりました。イルトンが世話したあの黒子《ほくろ》の男の子の家族も来ています。

市はひとびとでごった返しました。酒売り、餅売り、小豆粥《あずきがゆ》売り、飴《あめ》売り、雑貨売り、さらに手相見まで、この世のありとあらゆる商売が集まってきました。酒売りは天幕をはってそのなかで酒を売る者もいれば、ビンに酒をつめて売り歩く者もいました。

飴売りたちは、飴切りばさみで楽しそうにはさみ踊りをおどり、その売り声も板についています。

「おや、あいつはだれじゃ？　監営軍《カミョングン》の将校じゃないか」

市場の入口に立っていた見張りたちの目が丸くなりました。だれかと問いただすと、監《カム》司《サ》の使者として全琫準《チョンボンジュン》将軍に会いにきたといいます。見張りたちはかれを倡義所《チャンイソ》につれていきました。

「わたしは監営《カミョン》の将校の鄭石鎮《チョンソクチン》と申す。監司《カムサ》のご命令を伝えにきました」

鄭石鎮《チョンソクチン》は全琫準《チョンボンジュン》将軍のまえに胸をはってあぐらをかいて、

「乱をおこしたことは国法にそむくこと、即刻解散せよという監司《カムサ》のご命令です。まだ朝廷に報告していないゆえ、ただちに解散するならなかったことにしてやろう、とおっしゃっておられる」

鄭石鎮《チョンソクチン》はごうまんな口ぶりです。

「ん？　わしらに解散しろだと」

将軍がげらげらと笑いました。ほかの頭領《トウリョン》たちももっと大口をあけて笑いました。

「趙秉甲《チョビョンガプ》めのそっ首をたった今こっちによこすならよし。その上で、命令するなり指示するなりしろと伝えてくれ」

将軍は余裕をもっていいました。

「監司《カムサ》のご命令にそむけば、監営軍《カミョングン》が攻めてきますぞ」

「そうでなくとも、こうしておいでを待っているところだ。いのいちばんに監司《カムサ》の首をはねてみせようぞ」

そのときイルトンがおびえた顔つきで倡義所《チャンイソ》にかけこんできました。

「市場のむこうにあやしい連中が10人ほどうろついています」

イルトンが門に立っている頭領《トウリョン》にささやきました。頭領《トウリョン》は農民軍を30人ほどつれてイルトンのあとにつづきます。農民軍は槍先をかれらにむけて取り囲みました。

「どこからきたのか?」

頭領《トウリョン》がまえに進み出てただしました。だんご鼻の男が、「わしらは煙草売りだ」と、まことしやかに答えました。かれらのなかの何人かは長い荷物を背負っています。

「荷物をほどいてみろ」

かれらはさっと顔色を変えました。頭領《トウリョン》がもう1度うながすと、だんご鼻の男が荷物をほどくふりをして、荷物のなかに手を入れました。

「命がおしけりゃ、さがれ!」

だんご鼻の男がキラッと光る剣を抜きながらさけびました。ほかの仲間も剣を抜きました。農民軍たちは驚いてさがります。そのうち農民軍がどんどん集まってきて、いくえにもかれらを取り囲みました。

「われらは監営《カミョン》1の剣客だ。命がおしければさがれ」

だんご鼻の男がきらりと光る剣を手に大声でさけびます。監営《カミョン》1の剣客ということばに農民軍も1歩引きさがります。

「ひとりひとりが相手をしてはならん。遠くから槍を投げろ」

頭領《トウリョン》がうしろにさがって大声でさけびます。農民軍たちは男たちに竹槍を投げかけました。マンスもイルトンも投げました。

「じゃまだ、どけ！　どけ！」

だんご鼻の男がいっぽうに走りながら大声でさけびます。手下どもは刀をふりまわしながらだんご鼻の男のあとにつづきます。農民軍たちは追いかけていって槍を投げつづけました。買い物客がいっぱいでかれらは思うように逃げられません。背中に槍が命中しました。いくらすご腕の剣客でも何十本と飛んでくる槍にはかないません。5、6人がその場にたおれました。

そのとき、倡義所《チャンイソ》にいた鄭石鎮《チョンソクチン》がばっと立ち上がって逃げ出しました。外で聞こえる叫び声に事情を察したようです。

「あいつを捕まえろ！」

鄭益瑞《チョンイクソ》頭領《トウリョン》が大声をあげます。農民軍たちが追いかけて槍を投げかけます。鄭石鎮《チョンソクチン》の背中に槍が命中しました。あっというまに4、5本ささりました。かれはしばらくふらついてから倒れました。市場でも9人捕まえました。

取調べをすると白状しました。11人きたといいますからふたりを取り逃しました。鄭石鎮《チョンソクチン》は、命令の伝達を口実に全琫準《チョンボンジュン》将軍に近づいて命をねらうのが目的だったといいました。

「刺客たちの怪しい動きを見て、知らせてくれたのがこの若者です」

鄭石鎮《チョンソクチン》の手下たちを攻撃した頭領《トウリョン》が全琫準《チョンボンジュン》将軍にいいました。

「なんと。おまえ、イルトンじゃないか。農民軍にきていたのか？」

イルトンは、全琫準《チョンボンジュン》将軍がこの馬項《マルモク》で書堂《ソダン》の先生をしていたころ、3年前まで通っていたのです。勉強がよくできたので将軍にかわいがられました。このごろは通っていませんが、冬季や雨の降る日には顔をだして漢文の素読をします。

「おまえは、わたしのそばで小間使いでもしなさい」

「いえ、ぼくも戦いたいです」

イルトンは即座にいやだといいました。

「ほっ、ほう。小さいころも年上の者とばかり遊んでおったが、いまも同じじゃな」

全琫準《チョンボンジュン》将軍はげらげら笑いました。将軍がこんなに明るく顔をくしゃくしゃにして笑うのは、めったにないことでした。

かたわらでマンスがうらやましそうに見ていました。

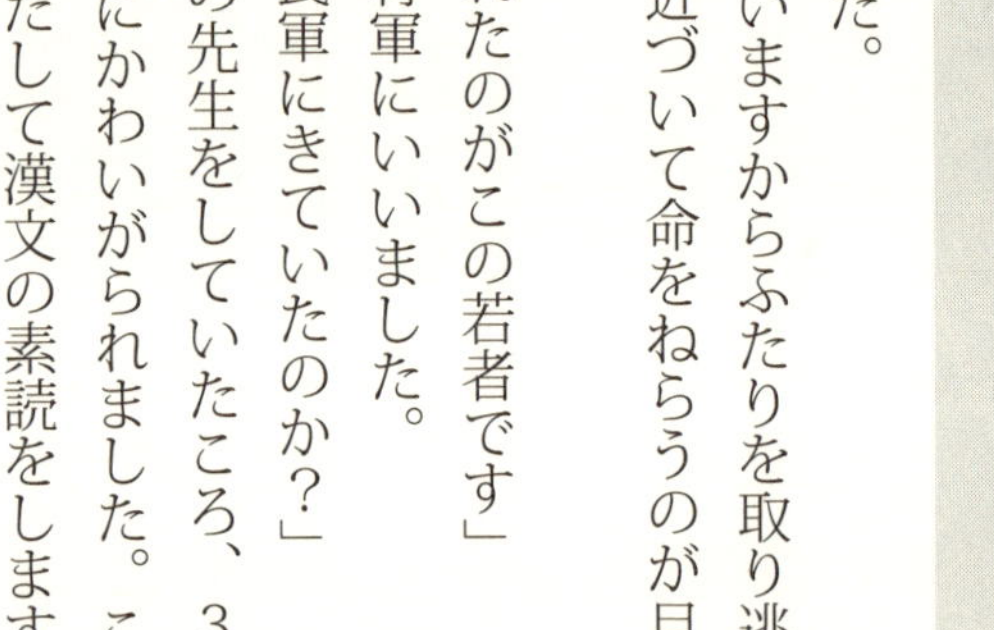

東学農民戦争の跡をたずねる④

東学革命白山倡義碑（白山山頂）・日扶安郡。

5　白山《ペクサン》に陣を移す

3月2日

3月2日、農民軍は陣地をまた白山《ペクサン》にうつしました。白山《ペクサン》は万石洑《マンソクポ》から東津江《トンジンガン》の土手にそって西に20里*ほどくだったところにあります。

馬項《マルモク》は、鄭石鎮《チョンソクチン》事件をきっかけに、いろいろと不利な点が多いことがわかってきました。もし監営軍《カミョングン》から攻撃を受けると、村が近くて村民の被害が甚大だろうという点、それに、やつらに火を放たれれば密集した家が残らず燃え上がってしまうだろうという点などでした。

白山《ペクサン》は標高わずか57メートルの低い山です。しかし広い湖南《ホナム》平野ににょきっとそびえていて、ちょうど運動場のまんなかに鉢をふせたようなかっこうです。湖南《ホナム》平野は南北に200余里、東西に150余里ですが、白山《ペクサン》のてっぺんから四方をのぞめば湖南《ホナム》10郡がすべて見渡せます。東は井邑《チョンウプ》、金溝《クムグ》、古阜《コブ》、西は扶安《プアン》、興徳《フンドク》、北は金堤《キムジェ》、万頃《マンギョン》、咸悦《ハミョル》、臨陂《イムピ》、益山《イクサン》です。

また白山《ペクサン》は交通の要衝でもありました。すぐそばに東津江《トンジンガン》をわたる禾湖《ファホ》の渡しがあります。興徳《フンドク》、高敞《コチャン》、茂長《ムジャン》、霊光《ヨングァン》など全羅道《チョルラド》の西側のさまざまな地域のひとびとと、全州《チョンジュ》や都

里　距離の単位。日本と異なり1里は約400メートル。

にのぼる大街道とを結んでくれる渡しです。このように交通の要衝でしたから市もたちました。この市にはなんと名前がみっつもありました。龍渓里《ヨンゲリ》という村でたつので「龍渓場《ヨンゲジャン》」、白山《ペクサン》のふもとでたつので「白山場《ペクサンジャン》」、泰仁《テイン》、扶安《プアン》、古阜《コブ》のみっつの郡が接するその境界でたつので「郡界場《クンゲジャン》」です。

倡義所《チャンイソ》の天幕は白山《ペクサン》の頂きにはり、一般の農民軍の天幕はふもとの平地にはりました。こっちの天幕はひさし部分の下のへいを部厚くしっかりとつくりました。古阜《コブ》の町中や馬項《マルモク》でしたら近所に村が多くて、夜警の当番でない人間はわが家や民家の客間で寝ましたが、ここは近くに村がほとんどないため、たいてい天幕で泊まらなければならないからでした。床にはわらを厚くしいて真ん中では火がたけるようにし、そのまわりに低い枠をつくりました。

全琫準《チョンボンジュン》将軍は今後警戒をさらにしっかりし、竹槍投げ、竹槍突き、行軍など軍事訓練もしっかりやるように命じました。

「おや、あれはなんの灯りだね？　なんでまたあんなにでかいんか？　白山《ペクサン》のほうだな」

その夜、遠くから白山《ペクサン》をながめたひとびとはびっくりしました。

「ほうよ。あれは白山《ペクサン》じゃ。古阜《コブ》の農民軍が白山《ペクサン》に陣地を移すといってたが、白山《ペクサン》のてっぺんで火をたいとる」

全琫準《チョンボンジュン》将軍は白山《ペクサン》の山頂で大きな篝火《かがりび》をたくようにいいました。夜通しめらめらと燃えあがる篝火《かがりび》は、いまから新しい世の中がくるぞという歓呼の雄叫《おたけ》びのようでもあり、この狂った世の中をたたき直したい者は、みんなここに集まれと手招きしているようでもありました。遠くからこの炎を見たひとびとは、夕方になると古阜《コブ》のこと、全琫準《チョンボンジュン》将軍のことを語らい合い、夜がふけるのも忘れました。

白山《ペクサン》に陣地を移して半月たっても、金文鉉《キムムンヒョン》監司《カムサ》は動こうとせず、ひと月たっても動くそぶりも見せませんでした。かれはいまだに古阜《コブ》蜂起を朝廷に報告していなかったのです。せんだって趙秉甲《チョビョンガプ》が留任運動をしたとき、趙秉甲《チョビョンガプ》は民をよく治めていると、口添えしたためにその問責が怖いこと、それにもっと怖いのは、監営軍《カミョングン》をひきいて農民軍を討てと命じられることでした。

「接主《チョプチュ》様が3人おいでになりました」

金開南《キムゲナム》、孫化中《ソンファジュン》、金徳明《キムドンミョン》の3人の接主《チョプチュ》が倡義所《チャンイソ》に入ってきました。だれもが嬉しそうに迎えました。

全琫準《チョンボンジュン》将軍は蜂起するまえにすでにこれら3人の接主《チョプチュ》と話し合っていました。ですから、蜂起の翌日も古阜《コブ》に来ましたし、ここに来るのは2度目です。

「現場はうまくまわっていますか？　われわれは民心をさぐるために忠清道《チュンチョンド》までいってきた帰り道です。どこの地方の民もこの古阜《コブ》に期待をかけていますぞ」

長身の金開南《キムゲナム》接主《チョプチュ》が太い声でいいました。

「そうです。古阜《コブ》の農民軍がこうして長く持ちこたえているのは、ただ時間を浪費したということではありません。これまで数十年のあいだ蜂起は数限りなくおきましたが、こんなに長く持ちこたえているのはここが初めてです。監司《カムサ》までああしてぶるぶる震えているのもここが初めてです。今農民たちは、われわれ農民もこうして強く出れば、監司《カムサ》までぶるぶる震えあがるんだという事実を知りました。趙秉甲《チョビョンガプ》のような郡守《クンス》ひとりの首をはねるよりも、これは何倍も値打ちのある収穫です」

孫化中《ソンファジュン》接主《チョプチュ》の弁です。

「いまひとびとは毎晩、ここ白山《ペクサン》でめらめら燃える篝火《かがりび》を見て、昼も夜も古阜《コブ》の話や緑《ノク》豆《トゥ》全琫準《チョンボンジュン》将軍の話でもちきりです。もし監営軍《カミョングン》が攻め込んで戦《いくさ》になれば全羅道《チョルラド》ばかりでなくて全国の農民が竹槍をもって駆けつけるでしょう」

金徳明《キムドンミョン》接主《チョプチュ》です。

「それでなくても、とおからず監営軍《カミョングン》が攻め込んできますから、その対策を十分にやっとります。監司《カムサ》は今日明日じゅうに朝廷に報告するでしょうし、報告をしたならば朝廷は間違いなく監営軍《カミョングン》を動員してわれわれを討てと命じるでしょう」

全琫準《チョンボンジュン》将軍です。

「それは全羅道《チョルラド》の接主《チョプチュ》のだれもが望んでいることです。そのときはわしらの郡が郡内の者をひきつれて真っ先に駆けつけてきますぞ。そうなれば現場はうまくいくでしょう。先だっての参礼《サムネ》集会や報恩《ポウン》集会のときの農民たちの気勢がどれほどでしたか。監営軍《カミョングン》が攻めてきたら、かれらがだまっているものですか！」

金徳明《キムドンミョン》接主《チョプチュ》です。

「そうでなくてもこれまでいろんな郡の接主《チョプチュ》がきて、みんな加勢すると約束してくれました。あの遠い長興《チャンフン》の李芳彦《イバンオン》＊接主《チョプチュ》まで来てくださって、ちゃんと約束してくれました」

金徳明《キムドンミョン》接主《チョプチュ》のいう参礼《サムネ》集会や報恩《ポウン》集会というのは、一昨年の秋と昨年の春に東学《トンハク》教徒

李芳彦　音が同じなので、「李邦彦」と表記する場合もある。

たちが参礼《サムネ》と報恩《ポウン》でもった集会のことです。参礼《サムネ》は全州《チョンジュ》のちょっと北に位置し、報恩《ポウン》は忠清道《チュンチョンド》です。

東学《トンハク》という宗教は、西洋人たちが銃剣をひっさげて東洋に攻めこんで西洋の宗教や思想まで広めると、慶州《キョンジュ》の崔済愚《チェジェウ》という人がそれに対抗して、朝鮮民族の精神と思想を守るためにつくった宗教です。東学《トンハク》の教理の根本は「人は天である」（人乃天）というものです。「人は天である」いうことは、人はだれもが天のように尊いものだから、どんな人に接するときも天のように尊く思いなさいという意味です。

この時代、韓国は両班《ヤンバン》・中人《チュンイン》・常民《サンミン》・賤民《チョンミン》と4つの階級のある階級社会でした。両班《ヤンバン》はもっとも高い階級で、朝廷の大臣たちをはじめとして郡守《クンス》や県監《ヒョンガム》のような官職には両班《ヤンバン》だけがつけました。中人《チュンイン》はおもに郡守《クンス》などのしたで仕事をする地方官吏たち、常民《サンミン》はほとんどが農民と漁民たちで、賤民《チョンミン》は召使いや白丁《ペクチョン》*や僧侶たちでした。こんな階級と階級のあいだにはとてもひどい差別がありました。たとえば両班《ヤンバン》のばあい、その子どもたちまでが召使いや白丁《ペクチョン》にむかって「ああしろ、こうしろ」とぞんざいな命令調の言葉づかいをするほどでした。

しかし東学《トンハク》は、両班《ヤンバン》も人であるから天のように尊いし、中人《チュンイン》も常民《サンミン》も賤民《チョンミン》もまた人であるから天のように尊いと考えました。両班《ヤンバン》であれ中人《チュンイン》であれ常民《サンミン》であれ賤民《チョンミン》であれ、すべて天のように尊いし、人間はだれもが平等だということです。常民《サンミン》や賤民《チョンミン》はわれさきに東学《トンハク》に入信しました。常民《サンミン》である農民は全人口の90パーセント以上でしたから、東学《トンハク》の人気はものすごいものでした。

白丁　被差別部落のひとびと。

東学《トンハク》に向かう農民たちの気勢があまりにはげしくなると、朝廷は東学《トンハク》を弾圧するようになりました。東学《トンハク》は「惑世誣民《ホクセムミン》」である、つまり世の中をまどわしひとびとをだますものだとして、その「惑世誣民《ホクセムミン》」罪で教主《キョジェ》の崔済愚《チェジェウ》を処刑しました。教主《キョジェ》がそんな罪名で処刑されると、東学《トンハク》は反逆思想にもひとしい不法無頼の宗教とされ、東学《トンハク》を信じることは同じ罪をつくることになりました。

すると、息を吹き返したのは各地方の郡守《クンス》たちでした。民の財物をうばう口実がなくなって、いろいろと変わった口実をひねりだしていた郡守《クンス》たちは、しめたとばかりに東学《トンハク》教徒たちをねこそぎ捕えて叱責しながら、うらでは保釈金をむしり取っていたのです。

耐え切れなくなった東学《トンハク》教徒たちは、1昨年の秋数千人が全州《チョンジュ》の北にある参礼《サムネ》にあつまって朝廷に教主《キョジェ》崔済愚《チェジェウ》様の罪を許してくれという嘆願をし、また昨年の春は忠清道《チュンチョンド》の報恩《ポウン》にあつまって嘆願をしました。教主《キョジェ》はすでに処刑されましたが、その罪が許されれば東学《トンハク》教徒を弾圧する口実がなくなるからでした。

去年の春の報恩《ポウン》集会のとき、全琫準《チョンボンジュン》将軍をはじめ孫化中《ソンファジュン》接主《チョプチュ》など全羅道《チョルラド》接主《チョプチュ》の何人かは、報恩《ポウン》とはべつに全羅道金溝《チョルラドクムグ》郡院坪里《ウォンピョンニ》でも集会をもちました。報恩《ポウン》にあつまった人数は3万人をこえましたし、院坪《ウォンピョン》に集まった人数も1万人近くになりました。朝廷は御使《オサ》*を派遣し、「解散しろ。もし解散しなければ全員とっ捕まえるぞ」とおどしました。

報恩《ポウン》に集まっていた東学《トンハク》の第2代教主《キョジェ》の崔時亨《チェシヒョン》をはじめとした東学《トンハク》教徒たちは、すぐさま解散しました。しかし全琫準《チョンボンジュン》将軍は命令をきかないで抵抗していると、御使《オサ》は全琫準《チョンボンジュン》逮捕令をだしました。そのときから全琫準《チョンボンジュン》将軍の名前は世の中に知られはじめました。

御使　国王の使者。

東学《トンハク》には接主《チョプチュ》のうえに大接主《チョプチュ》がいて、そのいちばん上に教主《キョジェ》がいます。さっき白山《ペクサン》にきた金開南《キムゲナム》（42歳）、孫化中《ソンファジュン》（34歳）、金徳明《キムドンミョン》（50歳）は大接主《チョプチュ》たちです。いぜんきた長《チャン》興《フン》の李邦彦《イバンオン》（56歳）はただの接主《チョプチュ》です。この5人が農民戦争をひきいる中軸です。大接《チョプ》主《チュ》と接主《チョプチュ》は格がちがうだけで、命令したり服従したりする上下関係はありません。東学《トンハク》に入信して日がながく東学《トンハク》の布教に影響力の大きい人が大接主《チョプチュ》です。全琫準《チョンボンジュン》将軍は東学《トンハク》の接主《チョプチュ》になってまだ2年しかたっていません。

「イルトン、おまえ、歩哨に立っとるのか？」

全琫準《チョンボンジュン》将軍が頭領《トウリョン》たちといっしょに白山《ペクサン》の倡義所《チャンイソ》からおりてきました。イルトンがあいさつをすると、将軍はイルトンを見直したというふうにながめました。下の平地の天幕食堂に昼飯を食べにいくところでした。全琫準《チョンボンジュン》将軍をはじめ頭領《トウリョン》たちは、食事のたびに平地の天幕におりてきて一般の兵士たちとならんで食べました。

「おまえの村の金炳泰《キムビョンテ》さんは、このごろ具合はどうだね？」

「だいぶよくなられたようです。もう少しだけ養生したら大丈夫だといっていました」

「あの先生がきてくれたら頼みたい仕事も多いが、ともかくしっかり養生するように伝えてくれ」

金炳泰《キムビョンテ》さんというのはオクプニのお父さんです。イルトンは歩哨任務があけると、「服を着替えに帰ります」と、村出身の頭領《トウリョン》の許しをもらってわが家に駆けもどりました。

オクプニのまえで将軍の言葉を伝えると思うと、いまからもう胸が高鳴ります。白山《ペクサン》から礼洞《イエドン》まで20里です。

「きょう全琫準《チョンボンジュン》将軍がおらに……」

イルトンはオクプニのお父さんにむかって晴れがましくいいました。お父さんは上機嫌で、

「それでなくても2、3日したら出てみようと思っていたところだよ」

とからからと笑いました。

「お父さんがでたら、うちの村の頭領《トウリョン》はお父さんがやるの？」

オクプニが自慢げに聞きました。

「これ、軽はずみなことをいいなさんな。頭領《トウリョン》がそんなにたいしたもんかね。こんどの一揆がこれからどうなることやら、あたしゃ毎日毎日気が気じゃないよ」

オクプニのお母さんはやきもきと心配顔です。イルトンはあれこれと農民軍の話をひとしきりしてでてきました。

枝折戸《しおりど》をでると、オクプニがついてきてイルトンを呼び止めました。

「これ、巻足袋《カムゲ》よ。よくとりかえてね」

オクプニが巻足袋《カムゲ》をさしだしました。そのとき、むこうのほうから村のおかみさんがやってきました。イルトンはさっと巻足袋《カムゲ》をうしろに隠しました。

「おや、イルトン。帰ってたのかね？」

「はい。全琫準《チョンボンジュン》将軍がオクプニのお父さんに伝言をなさったんです」

オクプニはあわてて家にひっこみ、おばさんは「そう」といって路地のむこうの自分の

家に入りました。イルトンは肝を冷やしました。あのおばさんに巻足袋《カムゲ》をもらうところを見られたからでした。おばさんは口が軽いことで有名でした。ないこともつくって話すので、村人たちともめごとが絶えませんでした。

オクプニが巻足袋《カムゲ》を渡したことも、きっと尾ひれをつけてうわさすることでしょう。オクプニのお父さんはたいていのことには寛大な人でしたが、礼儀や良俗にもとることに関してはとても厳格でした。イルトンはあのおばさんがうわさをたてそうで気がもめました。

扶安《プアン》にイルトンの従姉妹《いとこ》がいて、そのお姉さんのほうが村の若者と薄暗いところで会っていたとうわさになったことがありました。するとそのお父さんはお姉さんをすぐに、とおい群山《クンサン》というところにすむ作男《さくおとこ》*と結婚させてしまいました。

その村にはむかしもっと恐ろしいこともあったそうです。村の若者が薄暗いところで村の娘を抱きしめているのを村の女が目撃してうわさをたてました。怒った娘の父親は、その目撃したという女を叱りつけましたが、ほかにも見たという者がでるにおよんで衝撃を受けてしまいました。父親は何日か食事ものどを通らず寝込んでいましたが、とうとうその娘を連れて智異山《チリサン》かどこかの深い谷間に分け入って、中年の男やもめに娘をくれてやったそうです。

作男　農作業のために雇われているひと。

6　御使《オサ》の李容泰《イヨンテ》

全羅《チョルラ》監司《カムサ》の金文鉉《キムムンヒョン》は、やむなく古阜《コブ》の蜂起を朝廷に報告しました。それまでなにも知らなかった王様の高宗《コジョン》は仰天しました。

「監司《カムサ》が収拾をしようとしたのですが、時をのがしたようにございます」

礼曹判書《イエジョパンソ》の閔泳駿《ミンヨンジュン》がいいました。閔泳駿《ミンヨンジュン》は閔妃《ミンビ》の一族ですから閔妃《ミンビ》の地位をかさにきて、よこしまなことをする人物です。

判書《パンソ》がかつて平壌監司《ピョンヤンカムサ》として赴任したときの話です。平壌《ピョンヤン》に行ったと思ったら、たちまち黄金で子牛をつくって王様に献上したことから「子牛の大監《テガム》*」という異名をとったことがありました。

「小さな郡の民がこれほど持ちこたえられるとは、いったいどういうことか?」

王様が大臣たちに問いただします。

「全羅道《チョルラド》民というのは性格が凶悪だからです。前回報恩《ポウン》に東学《トンハク》教徒らが集まったとき、日本人と西洋人を追い出そうといって、旗を数十本もたてて暴れたのも全羅道《チョルラド》の連中でした」

閔泳駿《ミンヨンジュン》が唾《つばき》をとばします。

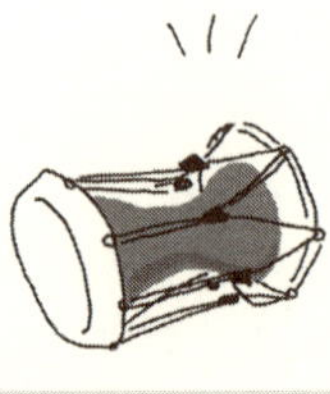

閔妃　1851～95年。京畿道驪州に閔致禄の娘として生まれる。国王高宗の妃になる。73年王子坧（のちの純宗）を産み、大院君派=開化派と権力のうばいあいを繰り広げる。82年の壬午の軍乱のさいには、かろうじて王宮を脱出する。84年の甲申政変では清国軍の力を借りて、袁世凱と結んで政権を維持した。しかし95年、閔妃派の排日政策に対して勢力挽回をあせった日本公使三浦梧楼の指図で惨殺された（乙未政変）。

大監　正二品以上の高級官僚に対する尊称。

「全羅道《チョルラド》民の性格が凶悪だというが、それはまたどういうことか？　壬辰倭乱《イムジンウェラン》＊のとき李《イ》舜臣《スンシン》がなんと申したか。全羅道《チョルラド》の民がいなかったら、国が滅びていただろうといったではないか。そのような民をただ凶悪だといってよいのか？」

王様に問いつめられると閔泳駿《ミンヨンジュン》はことばに窮しました。王様はまた――日本人と西洋人を追い出そうといったこともなにが間違いなのだ――と、口をついて出てきそうでしたが、がまんをなされたようすです。

「これは官の力がそれほど紊乱《びんらん》しておるせいじゃ。古阜《コブ》の郡守《クンス》と全羅道《チョルラド》監司《カムサ》の責任を問い、対策をしっかりたてて1日も早く事態を収拾いたせ」

王様は厳しく命令をくだされました。

大臣たちは引き下がって対策を立てました。趙秉甲《チョビョンガプ》を罷免するとともにとらえて都に護送すること、監司《カムサ》の金文鉉《キムムンヒョン》は3カ月の減給処分に処することとしました。そして古阜郡《コブクン》守《ス》には龍安県監《ヨンアンヒョンガム》の朴源明《パクウォンミョン》を任命し、古阜《コブ》蜂起事件を調査ししずめる按覈使《アネクサ》＊、つまり御使《オサ》には長興府使《チャンフンプサ》＊の李容泰《イヨンテ》を任命しました。

このうわさを聞いた農民軍たちはさらに気勢をあげました。それでも、御使《オサ》がきてどのような出かたをするか緊張もしました。

「なんだと。わしが按覈使《アネクサ》に発令されただと？」

長興府使《チャンフンプサ》の李容泰《イヨンテ》はたちまち顔が蝋《ろう》のように真っ白くなりました。古阜《コブ》の農民軍のうわさを毎日聞いているからです。かれらが竹槍をもって押し寄せてくると思っただけでも、背中に冷や汗がにじみます。ですが、王様の任命ですから、わけもなく拒否することもな

壬辰倭乱　豊臣秀吉の朝鮮出兵・文禄慶長の役（1592～98年）。

按覈使　地方に問題が起きたとき、調査のために国王によって派遣される臨時の官職。

府使　地方行政単位の一つである府の長。

りません。

「どうしてこうも頭がずきずきするのか？」

李容泰《イヨンテ》はきゅうに顔をしかめてふとんに倒れこみました。

「府使《プサ》様、急にどこがそれほどお悪いのですか？」

「なぜか頭が割れそうじゃわい。おお、胸苦しい。腹もむかむかして吐き気もするのじゃ。アイゴー」

李容泰《イヨンテ》は体じゅうが痛いというふうで、いまにも死にそうなかっこうをします。

吏房《イバン》にむかって「医者を呼んでこい」と火のように急《せ》かしました。医者がやってくると、また李容泰《イヨンテ》は死んだふりです。医者は脈をとりました。

「いきなりこんなになられたとは、並みの病気ではござりませぬぞ。まずさいしょに鍼《はり》で治療をし、つぎに薬を煎《せん》じておだしいたしましょう」

医者は指尺*ひとつ分ほどもある長い鍼《はり》をぎゅうぎゅう打ちこみます。李容泰《イヨンテ》はしかめっ面でじっとたえています。

「おい、鍼《はり》をどうして、そんなに打ちまくるのじゃ？」

「恐れ入りましてござります。ですが、痛いとおっしゃられる部位があまりにも多くて、まだまだ打たなければなりません」

「アイゴー、まいった」

医者は鍼《はり》をぎゅうぎゅう打ちまくりました。つぎに医者は漢方薬は煎《せん》じるわ、頭に湿布ははるわ、肩や脚はさするわと大わらわです。李容泰《イヨンテ》は手足を投げ出してうんうんうなっ

指尺　親指と人差し指を用いて、物の長さを図ること、およびそのやり方。

ています。

「そうじゃ。こうしておる場合ではないぞ。足のはやい将校をひとり呼んでまいれ」

李容泰《イヨンテ》は急に体を起こすと、あわてて大声をあげました。ひとりの将校がかけつけてきました。

「そちはただいまから古阜《コブ》にいってこい。暴徒どもがどうしているか、全琫準《チョンボンジュン》めがなにをしているか、つぶさに探ってまいれ。いますぐ出発いたせ」

命令をうけた将校はいそいで馬に乗ります。長興《チャンフン》から古阜《コブ》まで40里あまりの道のりで、いくら馬で早くかけても往復4日はかかります。李容泰《イヨンテ》は毎日ひとりずつ出発させました。

4日後には最初にやった将校が帰ってきました。

「なに、やつらはまだ解散しないで、集まっておるというのか」

「解散ですと？　解散どころか、もっと集まっております。出たり入ったりする人間まで入れると、1万人はゆうにこえると思われます。それに、郡役所から官穀*をありったけ持っていって、毎日白い飯を腹がはちきれるほど食い、農楽もおどってにぎやかなものです。飯は暴徒らばかり食べるのではなくて、近郷の連中もつれだってやってきて食べていきます。そうやって飯も食い、ケンガリもたたいて楽しそうです」

「アイゴー、あっ、いたたっ、いたたっ、いたた、腹がいたっ。腰もいたっ」

李容泰《イヨンテ》は痛そうに大声をあげ、そばにあるやかんに入った煎じ薬をごくごく飲みました。

しかし、李容泰《イヨンテ》が仮病をつかっているといううわさは第1日目からもう広まりました。にせ鍼《はり》をうち、にせ薬を飲んでいるといううわささえ、羽が生えたように広まっていきまし

官穀　年貢米。

た。李容泰《イヨンテ》の仮病は古阜《コブ》の農民軍と全琫準《チョンボンジュン》将軍のうわさをさらに広めることになりました。あっちこっちの郡で農民たちがわれもわれもと立ち上がり気勢をあげましたので、郡守《クンス》や吏房《イバン》たちは夜もおちおち眠れませんでした。

このころ、だれよりもやきもきしていたのは監司《カムサ》の金文鉉《キムムンヒョン》でした。監司《カムサ》は腹心の将校を呼びました。

「御使《オサ》が病気になられて身動きがとれないようじゃ。いったいどうしたものかのう？」

「せんだって、わたくしの申し上げた計略を実行なされてはいかがですか？」

「奇襲をしようというあの計略か。奇襲がもしふたたび失敗したならば、わしの面子《めんつ》*はどうなるのだ？」

「計画をくわしくお聞きのうえで判断ください。まちがいのない計画です」

金文鉉《キムムンヒョン》は乗り気のしない顔つきでしたが、背に腹はかえられず将校の顔を見つめます。

「ただいま白山《ペクサン》には頭領《トウリョン》どもの倡義所《チャンイソ》の天幕と、一般の暴徒どもの天幕がべつべつにあります。倡義所《チャンイソ》の天幕は白山《ペクサン》のてっぺんにありますが、全琫準《チョンボンジュン》は食事をするために頭領《トウリョン》どもをひきつれて、平地にある暴徒どもの天幕におりていっていっしょに食います。3度3度の飯をいつも平地で食います」

「将軍ともあろうものが、下の者たちとひとところで飯を食うのか？」

「飯をべつべつに食えば、頭領たちの膳に1品でも増やしがちですが、それではいかんということのようです」

「たいしたたわけもいるもんじゃ。まっ、それはそうと、どうするというのじゃ？」

面子　体面、自尊心、プライド。

「わたくしめに50人の兵士をお貸しください。あそこの市の日をえらんで、買い物客に変装させ、天幕近くにひそませます。倡義所《チャンイソ》の天幕と平地の天幕とのあいだには、渡しに向かう街道があります。だれでも自由に通れますから、疑われることなく接近できます。全琫準《チョンボンジュン》が暴徒食堂におりてきて飯を食っているすきに、てっぺんの天幕に火をかけます。さすれば、大混乱になりましょうから、それに乗じて全琫準《チョンボンジュン》を討ち取ります」

「警戒が厳しいのに、どうやって火をかけるのじゃ？」

「それはご心配なく。その方法もまえもって考えておきました。ですが、ことをやりおおせるには洋銃が10丁ほどいりようです」

「洋銃？　銃を持ってあそこにどうやって入るのだ？」

「それはご心配なく」

「まことに、自信はあるのか？」

「それはご心配なく。白山《ペクサン》に5、6回潜入して、考えに考えぬいた計略です」

金文鉉《キムムンヒョン》は、まことに大丈夫なのか、と念をおしたうえで、兵士50人と洋銃10丁を与えました。

3月24日

3月24日、白山《ペクサン》に市がたちました。買い物客があとからあとから押しかけてきました。礼洞《イエドン》の村人たちはきょうも白山《ペクサン》のふもとの渡しに向かう道で見張りに立ちました。農民軍はこんな日は道でしっかりと警備に当たり、目を光らせます。

「おい、あの飴売り、どうも怪しくないか？　はさみ踊りもやらないし、売り声もへただし……」

「商売をはじめたばかりなら、あんなもんだろう」

イルトンのことばにマンスは冷たい返事をします。このごろマンスはいつもこんな調子です。――村のあのおばさんが巻足袋《カムゲ》のうわさを立てたんじゃないだろうか――イルトンはそのたびに冷や冷やです。

「もしもし、なんで飴いらんかえの売り声もださないんですか？　鬱陵島《ウルリュンド》のかぼちゃ飴か、群山扶安《クンサンプアン》のもち米飴かわからなきゃ買えないじゃないっすか？」

飴売りが近づいてくると、イルトンはわざとやりこめました。

「へい、飴売りをはじめて日があさいもんで。農民軍のみなさんには特別大きいのを差し上げますから、銭の準備をよろしく」

飴売りはへっへっと笑って、おそまきながらはさみをシャンシャンと鳴らしました。そのとき村の子どもがひとりかけよって、交換用の柄の折れたさじをさし出しました。飴売りは飴の箱を地面におろし、さじもふたにおいて、飴のかたまりにノミをあて、はさみの柄でとんとんとたたいて飴を切りました。

飴を切る手つきもへたくそで、ひとさじ分にしては、ふつうの飴売りよりもたくさんいれてくれるようです。飴売りはきた方角をまたもどっていきました。男は飴を売ることなど上の空で、あちこちをキョロキョロとうかがっています。

「あの飴売りはやっぱり怪しい。おいら、すぐに頭領《トウリョン》のところに知らせてくるよ」

「いや、おらが行ってくるから、おまえはここにいろ」

そのときはマンスも怪しいと思ったのか、あちらにかけ出しました。すぐにオクプニのお父さんの金炳泰頭領《キムビョンテトウリョン》をつれてもどりました。そのうしろには村人が4、5人ついてきました。金炳泰頭領《キムビョンテトウリョン》は何日かまえからこっちにでてきて、礼洞《イエドン》の村の頭領《トウリョン》を引き受けています。

「繁盛してますか？　2文＊だけください」

金炳泰頭領《キムビョンテトウリョン》が葉銭＊をさしだしました。飴売りは頭領《トウリョン》をちらりと見てから、さっきのようにノミをあてて飴のかたまりから飴を切り分けます。やっぱりその腕もへたくそですし、飴もみょうにたくさんくれます。

「もうかってるようだのう」

飴売りが箱をかつごうと腰をおろしたしゅんかんです。金頭領《キムトウリョン》が箱のふたをぱっとめくりました。

「なにをするっ！」

と、飴売りがぎょっとして大声をあげました。

西洋の短銃が3丁入っています。

「うごくな！」

礼洞《イエドン》の農民軍たちが竹槍をかまえました。男を天幕のうしろにつれていきました。

「仲間は何人だ？　正直にいわないと、これだぞ！」

金頭領《キムトウリョン》が竹槍を男の胸元に突きつけました。6、7本の竹槍も男をねらっています。

文　貨幣の単位のひとつ。この上の単位は銭・両。

葉銭　一文銅銭。ひらべったく円型で中央が四角くくりぬかれている。

「50人です」

「おまえのように飴売りに化けたやつは?」

「3人です」

語気あらく問いつめると、男はぶるぶる震えながら答えました。

金頭領《キムトウリョン》がマンスに、「すぐ倡義所《チャンイソ》に知らせてこい」というと、にせ者の飴売りは礼洞《イエドン》の農民軍にまかせて、マンスはどっとかけ出しました。すぐに倡義所《チャンイソ》から頭領《トウリョン》たちがおりてきて、頭領《トウリョン》たちの指示によって農民軍たちが天幕をいくえにも取り囲みました。そうするうちに金炳《キムビョン》泰《テ》頭領《トウリョン》はほかのふたりの飴売りもむこうにおびき出して、あっという間にひっ捕えました。

――カン、カン、カン。

白山《ペクサン》のてっぺんで鉦《かね》が鳴りました。あちこちで逃げ出そうとする男たちが見えます。

「監営軍《カミョングン》だ。とっ捕まえろ!」

あたりはたちまち蜂の巣をつついたようになりました。監営軍《カミョングン》兵士は四方に散りました。万石洑《マンソクポ》のほうの土手には10人逃げました。土手では追いかけっこの競争がはじまりました。追いかける農民軍と逃げる監営軍《カミョングン》の間がしだいにちぢまっていきます。いちばんうしろを走る監営軍《カミョングン》兵士が振り返って短剣をぬきました。農民軍たちは竹槍を投げます。数十本が飛んでいきました。竹槍が3、4本つきささって倒れます。農民軍たちは追いかけつづけます。

そのころ天幕のうしろでは兵士のひとりがイルトンのいるほうに追われてきて、短剣をふりかざしました。村人たちが竹槍を投げつけます。どれもそれてはずれました。男はイルトンにむかって短剣をかまえて近づきました。イルトンは竹槍で短剣に立ち向かおうと、体を1回転させました。右足が兵士のわき腹に入りました。兵士は短剣を落とし、わき腹を手で押さえました。村人たちはイルトンのみごとな技に口をぽかんとあけたままです。監営軍《カミョングン》を4、5人ひっ捕えました。竹槍がつきささって服が血みどろです。大将と兵士ひとりは竹槍があんまりたくさんつきささって死んでしまいました。いっぽう農民軍は死者もいないし、けがをした者も軽くてすみました。

兵士たちをひっぱってきて1カ所に集め、ひざまずかせました。全琫準《チョンボンジュン》将軍がかれらのまえに立ちました。

「ふとどきにも農民軍を奇襲しようなどと、おまえたちの罪がどれほど重いかわかっておるのか？」

「どうか、お助けください。わたしどもは命令に従ったまでです」

兵士たちは今にも泣きだしそうな声をあげました。

「わかっておる。おまえたちも出来そこないの官吏たちのもとで、農民たちのように苦労をする人間たちだ。われわれ農民軍の刃は、出来そこない官吏たちを懲らしめるための刃である。この正義の刃にどうして可哀そうなおまえたちの血を吸わせることができようぞ。もどって監司《カムサ》に伝えよ。監司《カムサ》ともあろう者がこのようなみみっちいまねを2回もしおって、民に恥ずかしくないのか、このわしが猛烈に怒っていたと伝えよ。わかったか？」

男たちは助かったと思って、大声で返事をしました。

このうわさはすぐに世間に広まりました。全琫準《チョンボンジュン》将軍が監営軍《カミョングン》兵士に話したということばは、大変なうわさになりました。

「わしはおまえたち監営軍《カミョングン》を5万人やっつける計画をもっておる男だ。そんなわしが、どうして可哀そうなおまえらの血をこの刃に吸わせようか」といって、豪傑笑いをして、みんなを釈放してやったというものでした。

また、とんでもないうわさも立ちました。全琫準《チョンボンジュン》将軍が忍術を使ったというものです。

「兵士たちをすべてひっ捕らえると、かれらを1列に並べておいて、かれらからうばいとった洋銃を返してやって、自分の胸を撃てと胸をはったそうだ。捕まってきた連中がどうしてあえて将軍を撃てるかね。ところが、撃たなければ皆殺しにするぞと将軍にいわれて、兵士たちはどうやって死のうが、死ぬのはおんなじことだと思ってバンバンと撃った。ところが、これはどうしたことか。まちがいなく胸にむけて撃ったのに、将軍はびくともしなかった。あのお方は人か鬼神か、とぼんやりしていると、将軍がげらげら笑って道袍《トボ》*の袖をふった。すると袖から銃弾が地面にぼとぼと落ちたんだってよ」

このうわさはいくつか尾ひれがついて、ふくらむだけふくらんで、あちこちでうわさされました。

道袍　パジ・チョゴリの上にはおる、袖が広くて長い礼服。現代でも祭祀のときの祭礼服として着られることがある。

7 農民軍解散

2回目の奇襲にも失敗した金文鉉《キムムンヒョン》は、気が気ではありませんでした。2度も世間の笑い者になったこともそうでしたが、それよりも朝廷にいつ知られるかとびくびくしました。

「古阜《コブ》の近在の多くの郡の将校や捕り方たちを総動員しましたならば、その数は少なくないはずでございます。近在の郡守《クンス》たちに、かれらをひきつれて暴徒を討ちとれと命じてはいかがでしょうか」

部下のひとりが言いました。金文鉉《キムムンヒョン》には耳寄りな話です。郡守《クンス》たちが討つのであれば、敗れたとしても郡守《クンス》たちの責任だからです。金文鉉《キムムンヒョン》は10いくつかの郡守《クンス》たちに、将校と捕り手をひきつれて井邑《チョンウプ》に集まれと火のような命令をくだしました。

「ほっほう、監司《カムサ》もそうとう気が狂われたようだわい」

命令をうけた郡守《クンス》たちは鼻でせせら笑いました。自分たちもいつ趙秉甲《チョビョンガプ》の二の舞になりはしないかと、夜もおちおち眠れないありさまです。監司《カムサ》が集まれといった日、井邑《チョンウプ》にはアリの子1匹現れませんでした。

このうわさが伝わると、ぎゃくに奇妙なことがおこりました。たくさんの郡の農民たちが立ち上がって郡役所を占拠し、郡守《クンス》をつるしあげました。とおい順天《スンチョン》では朴洛陽《パクナギャン》接主《チョプチュ》が3000人をひきつれて討ち入り、府使《プサ》の金甲圭《キムカプキュ》に、これまでの悪事をあらためろとやりこめました。府使《プサ》はいうとおりにするからと足が手になるほど命乞いをしてやっとその場を切り抜けました。霊光《ヨングァン》の呉河泳接主《オハヨンチョプチュ》も農民たちをひきつれて郡役所に討ち入り、過ちをあらためろと郡守《クンス》の閔泳寿《ミンヨンス》をどやしつけました。しかし閔泳寿《ミンヨンス》がいうことを聞かなかったので農民たちは郡役所をうちこわし、閔泳寿《ミンヨンス》と役人たちを竹槍でおどしました。閔《ミン》泳寿《ヨンス》は竹槍でつかれて血を流しながらもやっとのことで逃れました。ほかの郡でも一揆がもちあがりました。

「お兄ちゃん、お兄ちゃん」

いつものようにイルトンが着替えに家にもどってみると、妹があわてて兄を呼びました。イルトンはびっくりしました。そうでなくても巻足袋《カムゲ》のことで冷や冷やしながら枝折戸《しおりど》を入ったからでした。

「オクプニが伝えてって」

妹が小声でささやきます。

「このまえの巻足袋《カムゲ》のことだけど、もう心配しなくっていいって。あのつぎの日にね……」

オクプニから巻足袋《カムゲ》の話を聞いたお母さんは、はじめは顔面蒼白になったけれど、しばらくして気持ちを切り替え、すぐに巻足袋《カムゲ》をいっぱい作ったそうです。翌朝農民軍にでている家のうちから貧しい家ばかりえらんで、十数軒の家に巻足袋《カムゲ》を配ってまわり、マンスの家にもマンスの分としてひとつ渡しました。それに、あの口軽女には、つぎの日がちょうどオクプニのおじいさんの祭祀*だったので、台所を手伝ってもらい、そのお礼ということにしてチョゴリの生地を1着分やったということでした。

「へえ、そうだったのか」

イルトンはほっと安堵しました。「十年の胃もたれが消える」とは、こんなときのことを言うことわざだと思いました。そういえば、マンスが家からもどってきたとき、新しい巻足袋《カムゲ》を巻いていました。ですが、このごろマンスのそぶりがまえとちがって、巻足袋《カムゲ》のことがなくてもなにかの気配に気づいているようでした。

イルトンはオクプニの家に立ち寄って、みんな元気にしていると伝えました。オクプニはまえのように笑わないし、ことばもかけてきませんでした。お母さんからそうとうしぼられたようです。

「古阜《コブ》の一揆がいまだ収まらぬとは、どうしたことなのじゃ?」

高宗《コジョン》*は古阜《コブ》の一揆がいまだに収拾されていないという報告を聞かれて、重臣を召集し会議を開きました。

「暴徒の気勢がなみなみではなくて、ほかの郡にも広がりはしないかと心配いたしております」

領義政《ヨンイジョン》*の沈舜澤《シムスンテク》がゆったりうなずきました。

「小さな郡でおきた一揆が2カ月近くも収まらず、むしろほかの郡にまで広がりそうだ

祭祀 儒教式にとり行う法事。

高宗 1852～1919年。在位1863～1907年。興宣大院君の第2子載晃。第25代国王哲宗に実子がなかったため、12歳で即位、第26代国王となる。初めは摂政である父、のち閔妃により牛耳られた。葬儀の日をきっかけにして発生した3・1独立運動は、日本人による毒殺のうわさが広まったことにあるという。

領義政 中央政府の最高行政機関である議政府の長、つまり首相。

とは、そのわけはいずこにあるのじゃ？」

「役人たちが百姓をあまりにも苦しめたからでございます。古阜《コブ》の暴徒の勢いはなみなみではなく、武力で押さえつけようといたしましては、その火の手はさらに高く燃えあがると思われます。あの者らを責めず、なだめなければなりませぬ。また役人たちの綱紀を正さねばならぬと存じまする」

判中枢府事*の鄭範朝《チョンボムジョ》です。

「なぜ国がこんなていたらくになったのか？　首長たちの心得違いが大きいようじゃ。よって、一揆に加わった者どもを処罰せず、温かくなだめ、安心して農作業にはげめるよう処置をいたせ」

暴徒を処罰しないでなだめろということです。こんなことはこれまで1度もありませんでした。このうわさが立つと、王様もそれだけ怖気《おじけ》づいているのだと、みなはよけいに気勢をあげました。

朝廷の方針がきまると、金文鉉《キムムンヒョン》は助かったとにこにこ顔になりました。そのときちょうど古阜《コブ》の郡守《クンス》に発令された朴源明《パクウォンミョン》がやってきました。朴源明《パクウォンミョン》はその当時の郡守《クンス》としては人となりはおだやかだといわれている人物です。

「朝廷の方針がおだやかだったので、今後のことはすべて朴源明郡守《パクウォンミョンクンス》の腕にかかっておるのう」

金文鉉《キムムンヒョン》はそれとなくいいました。

「肩の荷が重いことです。一揆に加わった者を処罰するなとおっしゃいますが、全琫準《チョンボンジュン》

判中枢府事　従一品無任相。

のような指導者も処分しないということでしょうか？」

「そういうことだ。解散したなら全琫準《チョンボンジュン》も罪をとわず、なにごともなかったことにしなされ」

「ところで、李容泰《イヨンテ》御使《オサ》からはなにか知らせがありますか？」

「あの男も朝廷の方針を聞けば、たちまち病気が治るだろう」

金文鉉《キムムンヒョン》はにやりと笑います。

「御使《オサ》が現地においでになれば、わたくしはあらゆる面で御使《オサ》の命令にしたがわなければなりません。息がぴったり合うか、それが心配です」

「朝廷の方針が宥和策に変わったので、その点だけは御使《オサ》も思い通りにならぬはず。よく相談しながらことにあたりなされ」

李容泰《イヨンテ》の話になってから朴源明《パクウォンミョン》の表情によけいに陰りが見えました。李容泰《イヨンテ》がずるくて残忍な男だということは知らない人がいません。しかし、古阜《コブ》の一揆の処理に対して全権をもっている御使《オサ》だけに、古阜《コブ》の処理のやりかたにだれも口を出せません。

朴源明《パクウォンミョン》は古阜《コブ》に入るまえに、古阜《コブ》のあちこちに高札《コチャル》を立てるように命じました。

4月3日

余はあらたに郡守《クンス》に任命された朴源明《パクウォンミョン》である。いまこの郡には一揆がおきておるが、余は一揆をしずめ、民が安寧に暮らしていけるように努めたい。

一揆に加わった者も家にもどりおのが生業《なりわい》に従事するならば、身分の上下にかかわらず罪を問わぬ。これはうえには王様の御命であるし、したには全羅北道監司殿《チョルラプクトカムサ》と余の意志でもある。これまでの政《まつりごと》の過誤はあらゆる郡民とよくよく相談して改めるつもりであるし、また、心労をかけた民をひろく慰労するつもりでもいる。朝廷の意志をふかく斟酌《しんしゃく》し、意にそむくことのなきよう期待する。

甲午年4月3日　古阜郡守《コブクンス》　朴源明《パクウォンミョン》

朴源明《パクウォンミョン》は農民軍の倡義所《チャンイソ》にも同じ内容の書状を送りました。そして、老人たちを慰労する宴会を開くといって、老人たちを郡役所にまねきました。古阜《コブ》のひとびとは、これはなにかの策略ではないかと首をひねりました。しかし、まさか老いぼれに向かってなにかしでかすこともあるまいと、老人たちは宴会に出かけました。

宴席は豪勢でした。牛をほふり、餅をつき、それはそれは心のこもったものでした。朴《パク》源明《ウォンミョン》が老人たちのまえに立ちました。

「これまでさぞかしご心痛が多かったことと思います。高札《コチャル》でもお知らせしたように、朝廷では解散さえすればこれまでのことはいっさいなかったことにすると、いっています。わたしは朝廷の命令にそのまま従いますし、今後のすべてのことを郡民のみなさまと話し合って進めていきます。白山《ペクサン》にいる農民軍に、安心して家に帰るようにと、お年寄りからもよくいって聞かせてやってください」

朴源明《パクウォンミョン》の口ぶりはまことに謙遜でした。

「責任を問わないというが、指導者たちについても責任を問わないということですか?」

「そうです。ですが、ひとつだけ申し上げておきたいことがあります」

老人たちははしを止めて、朴源明《パクウォンミョン》の顔を見つめました。

「罪を問わないという朝廷の方針は、これまでのことについて罪を問わないということでありまして、これからも一揆をつづけるなら、それはあらたに罪をつくるのと同じことです。このことはわたしひとりで処理するわけにはまいりません。何日かすればすぐに御使《オサ》がおいでになります。そのときはわたしも御使《オサ》の命令に従わなければなりません。御使《オサ》は性格が荒っぽい方です。御使《オサ》のおこしまでに解散しなければ、わたしの立場が苦しくなります。この点を深く理解されて、ご老体のほうから農民軍のみなさんにどうか話してください」

老人たちはうなずきました。

「あの男は人間がゆったりしておるようじゃが、李容泰《イヨンテ》とか御使《オサ》とかいうやつはただもんではないようじゃ」

「御使《オサ》のくせに仮病などつかっているところを見たら、なみの悪党ではなかろう」

「そんな悪党なら農民軍がすぐ竹槍を手放せるか？」

「じゃが、その悪党がくるまで竹槍をにぎっていたら、郡守《クンス》がいったように、ことが大きくなりはせんか？　わしらも苗代づくりが目のまえにせまっているというのに、いつまでも竹槍ばかりにぎっておられんぞ」

その夜、白山《ペクサン》の天幕でも大もめでした。頭領《トウリョン》たちも、全琫準《チョンボンジュン》将軍と何人かの頭領《トウリョン》のほかはみんなふもとの天幕におりてきました。

「いま朝廷は朴源明《パクウォンミョン》を先頭にたてて策略をつかっているのだ。われわれが竹槍を手ばなしたら、とたんにわれわれを捕まえるだろう。われわれが役人どもにだまされたのは1度や2度じゃなかろうが」

オクプニのお父さんの金炳泰《キムビョンテ》頭領《トウリョン》です。

「だからといって、百姓もせんと年がら年中こうやって天幕暮らしをしろというんかね」

農民軍は解散しようという派と、持ちこたえるべきだという派とに割れました。話し合いがつづくと、しまいには指や拳を相手の鼻先につきつけたり、どなりあったりしました。夜中になっても意見はまとまりません。

翌朝、全琫準《チョンボンジュン》将軍はみんなのまえに立ちました。

「みなの衆のご意見、しっかりと聞かせてもらいました。頭領《トウリョン》たちもみなの衆と同じ考えです。ですが、朝廷は趙秉甲《チョビョンガプ》を罷免し、監司《カムサ》の金文鉉《キムムンヒョン》も処罰しました。われわれにも解散するなら責任は問わないといっています。朝廷は官吏たちの悪政を認めました。これまで数十年の間、数多くの蜂起がありましたが、朝廷が役人の過ちを認め、こうして折れたのは初めてのことです」

かたすみではすでにざわつきだしました。全琫準《チョンボンジュン》将軍はつづけます。

「これまでこんなことが1度もなかったので、これはわれわれを解散させる策略ではないかと考える人が多いです。わたしたち頭領《トウリョン》も同じように考えました。朝廷が下手《したて》にでたので、われわれにはむしろ大きな問題が生じました。

ことをなすのに大事なのは大義名分ですが、われわれにはこれ以上蜂起をつづける名分、つまりこうこうだから解散はできない、といえる正当な理由がなくなったのです。この点を深く考えてみてください。策略だといいますが、さしあたっては策略だといえる根拠がありません。

まず、いったん撤収しましょう。撤収しておいて、約束を破ってわれわれを捕まえたりしたら、そのときまた立ち上がりましょう。解散をしてもわれわれ頭領《トウリョン》は家にもどりませんし、新しい郡守《クンス》や御使《オサ》に会うつもりもありません。いったん古阜《コブ》をはなれて、かれらがどうでるか見張っておきます。そして、約束を破ればすぐに立ち上がります」

全琫準《チョンボンジュン》将軍の話が終わろうとするころ、一角から叫び声があがりました。

「だめです。やつらはわれわれが竹槍を手ばなしたとたんに、われわれを捕まえるぞ。絶対やつらを信じてはいかん」

「農繁期になるというのに、いつまでこうやって竹槍をにぎっていろというだかね？」

ほかから意見が飛びだしました。

「どちらのいい分にも一理があります。くりかえしますが、われわれが解散したあと、もしわれわれをひとりでも捕まえたら、そのときはまた立ち上がりましょう。捕まえるといっても全員を捕まえることなどできません。そのときは隣の郡どおしはむろんのこと、全羅道《チョルラド》の農民たちが全員立ち上がることでしょう」

賛成する者と反対する者が同時に雄叫《おたけ》びをあげます。しかし全琫準《チョンボンジュン》将軍の話に賛成する者が上回りました。将軍がもう1度なだめると、反対派はやっと静まりました。

「ありがとうございます。では、しばし引き上げて朝廷の出方を見ることにしましょう」

賛成派は拍手をしました。反対派はさすがに拍手こそしませんでしたが、大声をあげはしませんでした。解散が決定した瞬間です。

農民軍たちはすぐに天幕をひっぱがし、かまどをこわし、後始末をしました。1度決まると、反対していたひとびとも不平をいわずてきぱきとことを運びます。


「イルトン、どうしたらいいの?」

イルトンが家にもどってみると、オクプニが泣きっ面です。母親は市場に出かけて留守で、家には妹とオクプニがいました。

「マンスの家から縁談がきたのよ」

イルトンの胸のなかはドキンドキンと音が鳴りました。

「お父さんやお母さんはどうなんだい?」

「なんにもいわないけど、いやではないみたい」

イルトンはがっくりしました。

マンスの家とイルトンの家では、なにからなにまで違いがあります。マンスの家は田畑が12マジギもある上に牛もいるけれど、イルトンの家は、5マジギあるだけで牛もいません。マンスには両親がいるし親戚もしっかりしているけど、イルトンにはお父さんがいないし、親戚だってみすぼらしいもんです。

「わたし、マンスと結婚したくないの。どうしたらいいの?」

「じゃあ、うちでも縁談をもっていってくれといおうか?」

「ええ、そうして」

オクプニの顔が明るくなりました。

8 李容泰《イヨンテ》の横暴

「オッホン、だれもおらぬか?」

これまでうんうんうなっていた李容泰《イヨンテ》が、ひさしぶりに朗朗とした声をあげます。

「医者にしっかり治療してもらったので、すっかりよくなったわい」

李容泰《イヨンテ》は両腕をぱっと広げてみせました。

「王様の厳命をうけながら不意の病に伏せておったとは、これほどの不忠もあるまいて。いまから御使《オサ》の任務を全うしようと思う」

きのうまでうんうんうなっていた人間にしては声がでかくて元気そうです。

「明日出動するのであらゆる準備をぬかりのないようにいたせ。碧沙《ピョクサ》駅《ヨク》*の800人の駅《ヨク》卒《チョル》たちを全員つれていくぞ。明日の卯の刻(7時)に出動いたすゆえ、駅《ヨク》にもそのように連絡し、あらゆる準備をいささかのぬかりもないようにいたせ」

声がひびいて天井が割れそうです。

「明日とおっしゃいましたか?」

明日ということばに吏房《イバン》は魂が抜けたようになって、ただただ李容泰《イヨンテ》を見つめました。

「そうだ。一刻も急ぐのだ」

碧沙　全羅道高敞郡にある町。

春香伝　作者は不明。朝鮮王朝中期に作られたといわれる。舞台は全羅道南原府。父のいない身分の低い娘春香と、身分の命令がくだると、郡役所の中は蜂の巣をつついたようになりました。碧沙駅《ピョクサヨク》はいうまでもありません。碧沙駅《ピョクサヨク》は全羅道《チョルラド》では全州《チョンジュ》の北にある参礼駅《サムネヨク》のつぎに大きな駅《ヨク》です。

駅《ヨク》というのは官庁の公文書《コンムンソ》をあちこちにつたえ、都の官職者たちが地方に出張するとき宿と食事をもてなす施設で、またかれらの乗る馬を世話し管理しているところです。駅《ヨク》卒《チョル》というのはそんな仕事をするひとびとですが、御使《オサ》に武力が必要なときに、かれらに動員をかけたりします。

碧沙駅《ピョクサヨク》の駅卒《ヨクチョル》たちは嬉しくてしかたありませんでした。『春香伝』*で暗行御使《アメンオサ》*の李道令《イドリョン》が悪代官の卞学道《ピョンハクト》をやっつけたとき、駅卒《ヨクチョル》たちが暴れ回ったのを思い出しているようです。駅卒《ヨクチョル》は白丁《ペクチョン》や奴婢のようにこの世の最下層の賤民《チョンミン》です。ですから、いつも蔑まれてきたわけですが、こんなときは思いっきり暴れられるので、「駅卒《ヨクチョル》が御使《オサ》になる」ということわざも生まれたほどです。

李容泰《イヨンテ》の行列はにぎやかでした。華やかな輿《こし》のまえを鼓笛隊が先導し、六角こん棒をわきにはさんだ駅卒《ヨクチョル》が800人も従いました。4日目に行列は長城《チャンソン》をすぎ蘆嶺《ノリョン》山脈の葛峠《カルチエ》*をこえました。

「アイゴー、担ぐのはだれで、乗るのはだれかいな?」

「長城《チャンソン》の葛峠《カルチエ》、長城《チャンソン》の葛峠《カルチエ》とむかしからいうが、ほんにわしの運勢も険しけりゃ峠も険しいもんだわい」

この輿《こし》には李容泰《イヨンテ》が長城《チャンソン》の郡役所で酒の酌をさせた妓生《キーセン》*がのっています。郡ごとに郡役所所属の妓生《キーセン》たちがいますが、李容泰《イヨンテ》はこの官妓が気に入ってつれていくところです。

高い両班の息子李道令は恋仲だったが、悪代官(府使)によって仲を裂かれる。暗行御使になってもどった李道令によって悪代官はこらしめられ、二人は再会し末永く幸せに暮らした。朝鮮王朝時代最高のラブロマンスとして現在もパンソリの人気演目である。

暗行御使　王命による臨時官職で、地方官吏の不正摘発・行政状況の把握を目的とし隠密行動をとった。不正摘発時は身分を明らかにし、罷免権・裁判権も行使した。

葛峠　全羅北道井邑郡笠岩面にある峠。

妓生　宴会や酒席にはべって、歌や舞いで場を盛り上げる女性。楽器や書や詩もよくした。ただし、階層としては賤民。

「くやしかったら出世してみろ」

「出世だと？　駅卒《ヨクチョル》のぶんざいで出世はねえだろう。運勢でも盗めっていうのか？　ほかの盗みはできても運勢だけは盗めんぞ」

駅卒《ヨクチョル》たちは汗をだらだら流しながらも口数はへりません。輿《こし》に乗っていく妓生《キーセン》も楽ではないはずです。

李容泰《イヨンテ》の行列は葛峠《カルチェ》をこえ夕暮れに川原駅《チョンウォンヨク》につきました。李容泰《イヨンテ》の到着とどうじに、4、5人の駅卒《ヨクチョル》が大きな長机ほどあるお膳をはこんできました。この駅は小さい駅《ヨク》なので、御使《オサ》を接待する料理をととのえるのに難儀をしました。50里もはなれた茁浦《チュルポ》まで大急ぎで行って、新鮮な魚を買ってきたほどでした。

「この酒は近在の両班家《ヤンバン》がつくった覆盆子酒《ポクプンジャ》＊にございます。5年物にございます」

駅《ヨク》の長にあたる察訪《チャルパン》がひざをおって恭《うやうや》しく盃を捧げました。

「いっぱいぐっとほしてくださいまし」

妓生《キーセン》があでやかに笑いながら酌をしました。

「ふむ。いい酒を手にいれたものよのう」

李容泰《イヨンテ》はおうように笑いながら盃を飲みほしました。盃が一巡したところに偵察兵がもどってきました。

「武器庫をこわして持ちだしたという武器はぜんぶ返していたか？」

「返していないそうです」

「茁浦《チュルポ》の転運所《チョンヌンソ》＊の蔵をこわして持っていったという３００石の米はどうなっておった

覆盆子酒　覆盆子でつくった果実酒。覆盆子はバラ科の低木で、実は野葡萄に似る。中国・朝鮮が原産。

転運所　年貢米を船便で都に運ぶ役所

か？」

「暴徒どもが食ったうえ、あまった米も山分けしたそうです」

「郡守《クンス》という者がおりながら、そんな管理もせんとなにをしておったのか？」

「郡守《クンス》は一揆に加わった者どもをなぐさめ、郡民たちを安心させるのに忙しいようです。きのうはあの連中を呼んで宴会をもよおし、あしたは郡の有志を呼んで宴会をもよおすそうです。それで御使《オサ》の出迎えにもでられない、よろしくお伝えしてくれと申しました」

「なんだと。あの強盗どもに宴会まで開いてやるとは、そんな腰抜けがどこにおるか。武器も返さず、略奪した官穀も山分けするような強盗どもに宴会とはなにごとか、宴会とは！」

李容泰《イヨンテ》はしだいに腹がたってきて拳で酒膳をどんとたたきました。偵察兵は自分の頭でもたたかれたようにぎくっとしました。

「いざ、馬項《マルモク》に行くぞ！」

翌朝、李容泰《イヨンテ》は火のように急ぎました。邑内《ウンネ》の郡役所でなくて馬項《マルモク》に行こうというので、だれもがうろたえました。郡守《クンス》が迎えにこないので、ひとあわ吹かせようというつもりらしいと、駅卒《ヨクチョル》たちがくっくっと笑いました。

妓生《キーセン》は今日の夕方に古阜《コブ》の邑内《ウンネ》で待つようにと、その場においてきました。

「下に、下に！」

李容泰《イヨンテ》の行列は露払いの声もにぎやかに馬項《マルモク》に近づきました。あちらから、カッとマンゴン*をかぶり道袱《トポ》をはおった男が、あわてふためいてやってきました。

「古阜《コブ》郡瓮東面《クンドンミョン》の村長、ただいま参りました。遠路はるばるご苦労さまでございます」

村長は李容泰《イヨンテ》の輿のまえでおじぎをしました。輿が止まります。

「ええい、早くだせ」

輿のなかでひとり酒をちびりちびりやっていた李容泰《イヨンテ》がどなりました。郡守《クンス》ではなくて村長が出迎えたのがやっぱり気に入らないようです。

村長はおちつきなく輿のかたわらにぴったりとくっついて、輿のとびらにむかってぺこぺこと頭をさげ、同じ言葉をくりかえしています。李容泰《イヨンテ》はふり向きもしないで盃をかたむけています。村長は道がせまくなると小走りになって、窮屈そうに輿にくっついて行きます。しばらくして李容泰《イヨンテ》は村長に目をやりました。

「全明淑《チョンミョンスク》はどこにおるのか？」

「全明淑《チョンミョンスク》とおっしゃいましたか？　はい、ええと、その者は存じません」

全明淑《チョンミョンスク》というのは全琫準《チョンボンジュン》将軍の幼名です。それをどうやって知ったのか、全琫準《チョンボンジュン》将軍をおとしめようとわざとそう呼んでいるようです。村長は輿に押されるたびに水のはられた田んぼを見下ろしました。額からは汗が吹きでています。

「連中は武器をもったまま散ったというが、まことか？」

「いいえ、持ち出した武器は火縄銃50丁です。すべてもとにもどしたと聞いております」

村長は小走りになって答えます。

道幅がせまくなって、村長は輿におされていまにも水田に落ちそうになりながらも、な

マンゴン　カッ（冠帽）をかぶるときのしたにつける髪止めバンド（網巾）。

んとかバランスをとっています。

「茁浦《チュルポ》の倉庫から運び出した年貢米を、連中が山分けしたというが、まことか？」

「はっ、事実のようでございます」

「なにっ、事実のようで、とはなにごとか。それが村長のいうことばか！」

李容泰《イヨンテ》がどなりつけました。輿に押されていた村長が李容泰《イヨンテ》の声にびっくりした瞬間、小走りしていた村長が道路わきの水田にボッチャーンとはまってしまいました。

「アイゴー！」

水田で手足をばたつかせてもがきました。道袱《トポ》のすそがからまって体を思うように動かせません。もうカッもマンゴンもどろどろです。しばらくしてやっと畔《あぜ》にはい上がりました。まるで濡れねずみです。垣根の穴からのぞき見していた村人たちがガッハッハッハと大笑いしました。

「下に、下に！」

村長など知ったことかと行列はますます威風堂堂と進みました。

そのとき、行列にむかって老人がひとり薪を背負ってやってきました。首が曲がってうつむきかげんの老人は、その声にも気づかず、荷車をひく黄牛のように首を地面につっこんだままやってきました。

「ええい、このおいぼれめ！　どなたのまえだと思っておるのか！」

駅卒《ヨクチョル》たちがかけだして六角こん棒で老人の背中をなぐりつけました。老人は薪を背負ったまんま、うしろにのけぞりました。老人はそのときになってやっと、怖気づいた表情であたりを見回しました。

「その男は耳が聞こえん」

あっちの垣根のかげから村人たちが声をはりあげました。駅卒《ヨクチョル》たちは耳の聞こえない老人を道路わきにおしこみ、薪の束までばらばらにこわしました。

「下に、下に！」

李容泰《イヨンテ》の行列はさらに傍若無人です。

行列は馬項《マルモク》につきました。李容泰《イヨンテ》はとおく白山《ペクサン》をのぞみます。白山《ペクサン》の頂きと野原にはられてあった天幕はみんな片づけられています。駅卒《ヨクチョル》たちは手に手に六角こん棒をもってならんで立っています。李容泰《イヨンテ》は酒に酔っぱらって真っ赤な顔をしてみなのまえに立ちました。

「長興《チャンフン》からここまで４００里ある。長い道のりをじつにご苦労だった。しかし、この長い道のりをやってきたのは遊びにきたわけではない。ただいまから本官の話をようく聞き、命令に背くことのないようにいたせ」

李容泰《イヨンテ》はかざりで手にしている皮の鞭を宙で鳴らしました。パーンと耳をつんざくような高い音がしました。

「ここにいた暴徒どもは天下無道の暴徒で、押し込み強盗のようなやつらだ。２カ月も狼藉を働いたにもかかわらず、王様は寛大にもお許しくださった。その海のような恩義もわすれ、国の穀物倉庫もこわし、盗んでいった米も家に持ちかえってしまった」

李容泰《イヨンテ》は口角あわをとばしてわめきちらしました。

「王命をうけた按覈使《アネクサ》である余は、いまからおまえたちに厳しい命令をくだす。家という家をさぐり男という男はみんなひっ捕らえ郡役所に連行せよ。一揆に加わったかどうかはあとで詮議《せんぎ》するので、男という男は全員連行せよ。男が逃げた家では、そのかわりとして家族を連行せよ。抵抗する者はその場で殺してもかまわぬ。わかったか？」

李容泰《イヨンテ》のことばに駅卒《ヨクチョル》たちは「はっ」とさけびました。

「命令にきっちり従う者にはほうびをとらせる。そうでない者は命の保証もないぞ。では、ただいまからとりかかれ。出発じゃあ！」

李容泰《イヨンテ》は厳しい命令をくだしました。

「おい、暴徒どもをひっ捕まえに行こう」

駅卒《ヨクチョル》たちは六角こん棒をもってかけだしました。柏の木よりもかたいオノオレカンバの木*を削ってつくった六角こん棒は長さもあやまき*くらいあって、名前どおり六つの角があります。かれらは家という家をおそい、男という男を手あたりしだいに六角こん棒でぶん殴ってぎゅうぎゅう縛りあげました。まるで猟場にはなした猟犬のようでした。

郡守《クンス》が牛までほふって宴会を開いてくれたため安心しきっていた古阜《コブ》のひとびとには、晴天の霹靂《へきれき》でした。

「みんな逃げてください。李容泰《イヨンテ》が駅卒《ヨクチョル》どもをけしかけて、だれかれなしにひっ捕まえています。老人や女たちまで捕まえます。みんな逃げてください」

だれかが大声をあげて礼洞《イエドン》の路地をかけぬけていきます。田んぼにまくためにかごに堆肥をすくっていたイルトンはびっくりしました。もうあっちから大声が聞こえてきます。

オノオレカンバの木　カバノキ科の落葉高木。材質はとても堅く良質。

あやまき　砧のたたき棒。

「いま出たら捕まる。早くあっちに行って隠れよう」

イルトンは牛小屋の天井にはしごをかけて、お母さんとお姉さんを上げました。かれはチゲ*にすくって入れていた堆肥をぜんぶぶちまけて、チゲとはしごを家のうら手に隠しました。

枝折戸《しおりど》のほうに行ってちょっと路地を見わたして、いそいで屋根裏部屋に上がりました。なかからわら束で出口をふさぎました。外から見れば隠れ部屋があるとは気づきません。すさんだ時代のことで、これまでたいていの家はこうして隠れる場所を作っていました。

路地のさきで叫び声がしました。近づく足音と犬の吠え声がけたたましく聞こえてきます。イルトンの家族は真っ暗な隠れ部屋で息を殺しています。きょう李容泰《イヨンテ》が到着することは知っていましたが、みんなはかれが邑内《ウンネ》に行くだろうと思っていました。イルトンはオクプニの家族が心配です。オクプニのお父さんはさいわい全琫準《チョンボンジュン》将軍といっしょにどこかに隠れています。

「こいつ、さっさとお縄をちょうだいしろ!」

「わしは農民軍にでてないんだぞ。だれにむかってぬかしとるんじゃ!」

となりの主人が大声を上げます。かれは金持ちなので農民軍にでませんでした。

「この無礼なやつめ、だれにむかってえらそうなことを!」

大声とともにごぼっと音がしました。六角こん棒で頭をたたき割ったようです。

「こいつ、人間さまを殺すってか。なら、わたしもやってみな!」

「なに、よっし、やってやろうじゃねえか」

チゲ　背負子。

——ごぼっ！

そのあとその家からなんの音もしません。

「みんな、出てこい。とっとと出てこないと家に火をかけるぞ」

駅卒《ヨクチョル》どもがイルトンの家に集まってさけびまわっています。さっきから吠えていたサプサリ犬*がよけい吠えたてました。サプサリ犬は吠えまくったあと家の裏手に逃げこみました。部屋と板の間のとびらがばんばんと音をたてました。オンドル部屋と板の間を探ってから家の裏手やら物置やらを探るようです。

「ここのネズミどもはもうずらかったようだな」

——ガチャン！

かめの割れる大きな音がしました。連中はかめだけ割って出ていくようです。となりの家ではあれからなんの音もしません。さっき頭をどやした六角こん棒の音が異常でした。ばんという音ではなくてかぼちゃが棒でたたかれた鈍い音でした。頭の骨が割れたような音でした。駅卒《ヨクチョル》どもは家という家に押し入って大暴れをしているようです。イルトンはオクプニの家族がどうなっているのか気が気でなりません。大声と犬の吠え声がこっちに近づきました。路地が静かになりました。そのとき、路地のむこうから悲鳴のような声が聞こえました。

「お母さん！」

オクプニの声です。イルトンはあわててわら束をどけます。お母さんがびっくりしてイルトンをひっつかまえました。イルトンはその手をふりはらって隠れ部屋からとび出しま

サプサリ犬　朝鮮半島在来のむく犬。

した。ふたりの駅卒《ヨクチョル》がオクプニのお母さんを縛りあげてやってきます。さいわい、ほかの連中は路地をでてしまってふたりが最後のようです。

「やい、おまえら、なにをすんだ?」

イルトンが近づいて大声をあげました。

「こいつ、死にぞこないめ」

駅卒《ヨクチョル》どもが六角こん棒をふりあげます。イルトンがその場で体を1回転させました。右足が駅卒《ヨクチョル》のわき腹をつきました。もう1度回転すると、やっぱり六角こん棒をふりあげていたもうひとりの男があごを抱えてしゃがみこみました。駅《ヨク》で馬草《まぐさ》*を刈っていたような連中ですから、イルトンの技にはかないません。

「さっ、はやく逃げてください。うらの畑を通って万石洑《マンソクポ》に走ってください」

イルトンは母娘を路地のむこうに押しやりました。かれは母娘が畑をよこぎって逃げおおせたのを見届けて路地にもどりました。駅卒《ヨクチョル》どもの姿は消えていました。イルトンのお母さんはとなりの夫妻の怪我の手当をしていました。夫妻はさいわい命には別状ありませんでした。意識がとおのいたりもどったりしながら地面に座っています。服は血だらけです。

「はやく逃げなさい。駅卒《ヨクチョル》どもがわしを捕まえにくるよ」

意識のなかった夫妻も、「早く逃げろ」とやっと体を起こして土間のほうに行って座りました。イルトンはお母さんとお姉さんをせきたて、オクプニたちの逃げた方角にかけていきました。オクプニたちは野原のかなたをかけていきました。

馬草 馬のえさにする草。干し草にもする。

「ふう、助かった」

万石洑《マンソクポ》にたどりついたひとびとは、みんな安堵のため息をつきました。マンスの家族たちもどうやって逃げたのかもう来ていました。土手にはあっというまに40〜50人集まりました。

「あっ、あいつら、家に火までかけたぞ」

馬項《マルモク》の近くで火柱があがりました。1軒や2軒ではありません。

「おれたち、茂長《ムジャン》にいってきます。全琫準《チョンボンジュン》将軍様はこんなことを見こして、李容泰《イヨンテ》がのさばったときはみんな茂長《ムジャン》に集まるようにいわれました。おれたちがまた立ち上がる日まで、みんな、しっかり隠れていてください」

イルトンは大声でいいました。イルトンとマンスは農民軍に出ていた10余人のひとびとといっしょに白山《ペクサン》のほうにかけて行きました。みんなは「体には気をつけろ」と声援をおくってくれました。イルトンは手をふりながらかけて行きました。イルトンはオクプニのお母さんを救えて、とても嬉しくなりました。六角こん棒をふり回す駅卒《ヨクチョル》どもを、オクプニのまえでみごとに倒したことを思いかえすと、もう天にも昇る気持ちでした。

「古阜《コブ》のみなさんでしょう。ようこそ」

白山《ペクサン》をちょっとすぎたところで地元の村人たちが喜んで迎えてくれました。鄭伯賢《チョンペクヒョン》秘書がまえに進み出ました。

「頭領《トウリョン》たちが再蜂起を決定しました。全琫準《チョンボンジュン》将軍が金開南《キムゲナム》・金徳明《キムドンミョン》・孫化中《ソンファジュン》接主《チョプチュ》たちと、さっきこの村で決定して茂長《ムジャン》に向かわれました。今度は全羅道《チョルラド》じゅうのひとびとが立ち上がることになりました」

いつ再蜂起するのかとたずねたところ、20日後の26日だといいます。

「えっ、いますぐじゃなくて、どうして20日も先なんですか?」

「全羅道《チョルラド》の50郡がぜんぶ立ち上がるには、それくらい時間がかかります。しかし、ここにきた同志たちにはそれぞれすぐできる仕事があります。全羅道《チョルラド》各郡の東学接主《トンハクチョプチュ》さんに蜂起するという倡義文《チャンイムン》を伝えなければなりません」

鄭伯賢《チョンペクヒョン》が倡義文《チャンイムン》を配ってくれました。マンスとイルトンは井邑《チョンウプ》と長城《チャンソン》と咸平《ハムピョン》の接主《チョプチュ》たちにおくる倡義文《チャンイムン》をもらいました。ふたりはいまきた道をとってかえし井邑《チョンウプ》めざしてひた走りました。

翌日のことです。

「なに? 全琫準《チョンボンジュン》が再蜂起するだと?」

李容泰《イヨンテ》は駅卒《ヨクチョル》たちのうばってきた倡義文《チャンイムン》をよんで真っ青になりました。

「全羅道《チョルラド》の農民たちがみんな立ち上がったら、こりゃ、どえらいことです」

吏房《イバン》のことばに李容泰《イヨンテ》は目をむいて、吏房《イバン》と朴源明《パクウォンミョン》の顔をかわりばんこに見ました。

「全羅道《チョルラド》全体が立ち上がるのは20日後ですが、逃げていた農民たちがきょうにも郡役所を襲撃するといううわさもあります」

吏房《イバン》はおびえた顔つきでいいました。

「わしはいますぐ全州《チョンジュ》にのぼって、監司《カムサ》と相談してこようと思う。捕まえた暴徒どもは朴郡守《パククンス》が思いどおりに処理してくれ」

李容泰《イヨンテ》はいきなり立ち上がったかと思うと、「馬をひけー!」と命じました。駅卒《ヨクチョル》たちが馬をひいてきました。

李容泰《イヨンテ》はあぶみに足をかけてぱっと体をうかせました。ところが、あぶみに足をかけちがえたのか、後ろにのけぞって転げおちました。

「アイゴー」

顔をひきつらせると今度は用心ぶかく鞍にまたがるや、すぐにかけだしました。朴源《パクウォン》明《ミョン》はなげかわしいという表情で後ろ姿をぼんやり見送りました。朴源明《パクウォンミョン》は将校たちを呼んで、捕まえてきた連中をみんな釈放するように命じました。

東学農民戦争の跡をたずねる④

沙鉢通文(東学農民革命記念館資料)・井邑市。

9　農民軍大将　全琫準《チョンボンジュン》将軍

4月26日

とうとう4月26日になりました。

――カンカンカンカン。

白山《ペクサン》の大地にはおびただしい数の農民軍が集まりました。高敞《コチャン》、茂長《ムジャン》、泰仁《テイン》、金溝《クムグ》、井《チョン》邑《ウプ》、そして遠くは順天《スンチョン》、長興《チャンフン》、谷城《コクソン》など20余の郡からきた農民軍が楽しそうに農楽に興じています。ほかの郡の農民軍もなおぞくぞくと到着しています。海南《ヘナム》や光陽《クアンヤン》のような遠方の農民軍たちはきのう着きましたし、先発隊だけ着いたというところもあります。

――カンカンカンカン。

「農者天下之大本」と書かれた農旗《ノンギ》*のあとにはおびただしい旗や幟《のぼり》がつづきます。「権力の亡者どもを追い出そう」「日本人どもや西洋人どもをひとりのこらず追い出せ」「国を建て直し、民が安心して暮らせる国にしよう」

農民軍たちはパジにチョゴリをきて、いぜんの古阜《コブ》のひとたちのように手ぬぐいで頭をすっぽり包んで竹槍を持っています。旅用の風呂敷包みにはわらじが1、2足ぶら下がっています。平地にはいぜんのように天幕が何十と立ちならび、片がわには釜がずらりとな

農旗　農楽隊の先頭に立てる旗。「農業は天下の根本」という意味の漢文を大書してある。

らんでいます。水をくんできたり薪を運びこんだりとひとびとがごったがえしています。前回とちがうのは大地の姿です。茎ののびた麦が穂をだしはじめたことです。稲がそだつ真夏の野づらと同じくいちめんあおあおとしています。

「緑豆《ノクトウ》将軍、万歳！」

いきなり万歳の喊声《かんせい》がとどろきました。白山《ペクサン》のてっぺんの天幕から全琫準《チョンボンジュン》将軍を先頭に金開南《キムゲナム》、孫化中《ソンファジュン》、金徳明《キムドンミョン》、崔景善《チェギョンソン》頭領《トウリョン》たち、各郡の接主《チョプチュ》たちがおりてきました。前回自分の郡で立ち上がり、郡守《クンス》をどなりつけた霊光《ヨングァン》の呉河泳《オハヨン》接主《チョプチュ》、長興《チャンフン》の李邦彦《イバンオン》接主《チョプチュ》、茂長《ムジャン》の宋敬賛《ソンギャンチョン》接主《チョプチュ》、井邑《チョンウプ》の孫如玉《ソンニョオク》接主《チョプチュ》ら40人です。かれらが全員位置につくまで、農民軍たちは拍手をやめず喊声《かんせい》をあげつづけました。

金徳明《キムドンミョン》接主《チョプチュ》が壇に上がりました。会場は静まりました。

「遠路はるばるお疲れさまでした。われわれは傾いていくわが国を建て直し、貧苦にあえぐ民衆をすくおうと、こうして立ち上がりました。今回は趙秉甲《チョビョンガプ》ごとき1郡守《クンス》など問題ではありません。都にせめいって朝廷の大臣の首をまず討ち取り、国を建て直さなければなりません。まだ到着していない郡もありますが、ただいまから、われわれがどうしてこんなふうに立ち上がったのか、その真意を満天下に明らかにする倡義《チャンイ》式をとり行なうことにします。まずはじめに農民軍をひきいる総大将をはじめとする指導者たちを発表します」

農民軍は水を打ったように静まりかえりました。

「われわれ農民軍をひきいる総大将は全琫準《チョンボンジュン》将軍です」

「全棒準《チョンボンジュン》将軍、万歳！」

万歳の叫び声が天をつきました。

「総官領《チョングアルリョン》は金開南《キムゲナム》将軍と孫化中《ソンファジュン》将軍です」

やはり叫び声がわき拍手がやみません。全棒準《チョンボンジュン》将軍はいぜんから将軍と呼ばれていましたが、金開南《キムゲナム》接主《チョプチュ》と孫化中《ソンファジュン》接主《チョプチュ》が農民軍の将軍と呼ばれたのは、これが初めてです。東学《トンハク》教団の呼び名である接主《チョプチュ》が農民軍将軍となった瞬間でした。

「総参謀はわたし金徳明《キムドンミョン》と益山《イクサン》の呉知泳《オジヨン》接主《チョプチュ》のふたりです。農民軍を直接ひきいて陣頭指揮をとる領率長《ヨンソルジャン》は、崔景善《チェギョンソン》接主《チョプチュ》、領率長《ヨンソルジャン》の秘書は鄭伯賢《チョンペクヒョン》さんです」

農民軍はやはり叫び声をあげ拍手を送りました。「総官領《チョングアルリョン》」というのは参謀を格上げしてよぶ呼び方のようで、「領率長《ヨンソルジャン》」は野戦軍司令官にあたるようです。

「われわれの軍隊を農民軍といい、倡義所《チャンイソ》は「湖南倡義大将所《ホナムチャンイテジャンソ》」ということにします。では、わが国をすくおうという「倡義《チャンイ》」の大義を明らかにする倡義文《チャンイムン》を総大将が発表いたします。発表が終わったら大きな拍手でご賛同ねがいます」

金徳明《キムドンミョン》将軍が壇をおりて、かわって全棒準《チョンボンジュン》総大将が上がります。

「全棒準《チョンボンジュン》将軍、万歳！」

「緑豆《ノクトゥ》将軍、万歳！」

万歳の声が天をつきました。万歳、万歳。農民軍たちは竹槍をつき上げて、感極まったように万歳を叫びました。

全棒準《チョンボンジュン》将軍は万歳の喊声《かんせい》がなりやむのを待って口を開きました。

「遠路はるばるほんとうにお疲れさまでした。海南《ヘナム》のようなところからですと、ここまでおいでになるのにまる6、7日はかかったことでしょう。

われわれがここにこうして立ち上がったのは、第1には、われわれが骨が砕けるほど働いても食っていけない政治を正すためです。第2には、わが国を呑みこもうと、目をぎらつかせてねらっている日本と清国に対抗して国を守るためです。こうしたわれわれの大義を満天下に宣言したいと思います」

将軍は手にもってきた巻紙をひらいて朗読をはじめました。

「われわれが大義を唱えてここに至ったのは、けっして本意がほかのところにあるわけではない。民衆を塗炭の苦しみからすくいだし、国を盤石の基盤にしっかりとすえるためである。内には貪欲な官吏どもの首をはね、外には横暴な外敵を追い払おうとするものである。両班《ヤンバン》と富豪に苦しめられる民衆と、方伯《パンベク》や守令《スリョン》のしたでこきつかわれている小吏《ソリ》たちも、われわれと同じく恨みおおい民衆である。いささかのためらいもすてて、たったいま立ち上がろう。もしこの機会をのがせば後悔しても役にたたない。

甲午年4月26日　湖南倡義大将所《ホナムチャンイテジャンソ》」

「緑豆《ノクトゥ》将軍、万歳!!」

拍手の音と喊声《かんせい》が天をつきました。

マンスもイルトンも手のひらが痛くなるほど拍手しました。
お役所からでる高札《コチャル》や公文《コンムン》は漢字だらけで、知識のない農民たちには、聞いてもちんぷんかんぷんでしたが、この倡義文《チャンイムン》はわかりやすいことばなので、農民たちの拍手の音がいちだんと高かったようです。この倡義文《チャンイムン》は後世のひとびとも名文だと感嘆するようなすぐれた文章です。

よけいなかざりや無駄なことばは一言もなく、砂粒から砂金をえり分けるように選びぬかれたことばに満ちています。この倡義文《チャンイムン》も見識がたかく、文章力にすぐれた鄭伯賢《チョンペクヒョン》秘書がかいたものでしょう。

倡義文《チャンイムン》にでてくる「方伯《パンベク》」というのは監司《カムサ》のことで、「守令《スリョン》」は牧使《モクサ》*、府使《プサ》、郡守《クンス》、県監《ヒョンガム》など首長《スジャン》*たちのことです。また「小吏《ソリ》」というのは首長《スジャン》のしたで事務をとる吏房《イバン》、戸房《ホバン》のような土着の地方役人のことです。ですから、朝廷の大臣たちと監司《カムサ》、それに首長《スジャン》だけが民衆の敵であり、地方役人も首長《スジャン》のしたで苦痛をなめているので、農民と同じ立場だということです。「横暴な外敵」というのは日本と清国をさします。

全琫準《チョンボンジュン》将軍がおりると、今度は背の高い金開南《キムゲナム》将軍がやはり巻紙をもって登壇しました。金開南《キムゲナム》将軍が巻紙をひらいて、ちらっとはるかかなたを眺めました。農民軍の部隊がかなたからやってきています。将軍がそっちに向かって拍手をしました。農民軍も喊声《かんせい》をあげ拍手しました。かれらが列に加わると朗読をはじめました。

一、いたずらに人を殺《あや》めたり、器物をこわしたりしない。

牧使　地方行政単位である牧を治めた正三位の文官。

首長　国王に任命される地方官。

東学農民戦争の跡をたずねる⑤

甲午民主倡義文・井邑市。

一、忠誠と孝行をつくし、世の中を正すことだけに全力をあげる。戦《いくさ》の期間中もひとびとがおちついて暮らせるようにする。
一、都を汚している日本人どもを追い出す。
一、国をほろぼす奸臣どもをすべて追い出す。

やはり喊声《かんせい》と拍手につつまれました。つづいて孫化中《ソンファジュン》将軍が書面をもって登壇しました。かれは農民軍が戦のあいだ守らなければならない、こまかな規則を発表するといって、巻紙を朗読しました。降服した者は許してやり、飢えている者には食糧を分けてやること。わけもなく民衆をいじめる者は追放する、などの12項目でした。朗読が終わるとやはり拍手喝采でした。

「これで倡義《チャンイ》式を終ります。われわれは、きょうあすのうちに全州《チョンジュ》に攻め込むわけではありません。監営軍《カミョングン》と朝廷の出方を見ながら対処します。それまで各郡で竹槍投げの練習をしてください。5日間練習をしたあとでどの郡がいちばん上手に投げられるか試験をします。つまり竹槍投げの科挙をやるわけです。壮元《チャンウォン》*をとった郡には綿布が3反、次上《チャサン》*には2反、次下《チャハ》*には1反でます」

会場からどっと笑い声がおこりました。

「そのあと、わらじ編みの科挙も行ないます。両班《ヤンバン》たちは文章の科挙ですが、われわれ農民軍は竹槍で戦う軍隊であり、いつもわが手でわらじを編んではかなければなりませんから、わらじ科挙をします」

壮元　科挙の首席合格者。
次上　科挙の次席合格者。
次下　科挙の3席合格者。

「わらじ科挙？　時代も変わったもんだわい。民草《たみぐさ》も科挙を受けるようになったんだのう」

大きな笑い声があたりに響きわたりました。

——カンカンカンカン。

式が終わると、郡ごとにケンガリをたたきだしました。数十組が夢中でぐるぐる輪をかいてまわります。農楽の音はいつ聞いても浮き浮きと楽しく、ひとびとの心を天まではこんでくれるようです。興にのったひとびとは肩をゆらして踊りだしました。

このとき蜂起した郡は全羅道《チョルラド》の南道《ナムド》も北道《プクト》も同数の17郡でぜんぶで34郡でした。ですから済州島《チェジュド》をのぞいた52郡の半分以上が蜂起したことになります。郡単位で蜂起した地域もあり、珍島《チンド》や莞島《ワンド》のように人数が少ないのでほかの郡に加わったところもありました。少ないといっても100人以上はでているので全羅道《チョルラド》全体が蜂起したといえます。いま集まっている農民軍の数は1万人にちょっと足りないくらいです。郡単位で蜂起したところはつぎのとおりです。

高敞《コチャン》・茂長《ムジャン》・古阜《コブ》・井邑《チョンウプ》・泰仁《テイン》・金溝《クムグ》・金堤《キムジェ》・沃溝《オック》・万頃《マンギョン》・任実《イムシル》・南原《ナモン》・淳昌《スンチャン》・鎮安《チナン》・長水《チャンス》・茂朱《ムジュ》・扶安《プアン》・全州《チョンジュ》・霊光《ヨングァン》・務安《ムアン》・潭陽《タミャン》・長興《チャンフン》・昌平《チャンピョン》・長城《チャンソン》・綾州《ヌンジュ》・光州《クァンジュ》・羅州《ナジュ》・宝城《ポソン》・霊岩《ヨンアム》・興陽《フンヤン》（高興《コフン》）・海南《ヘナム》・谷城《コクソン》・求礼《クレ》・順天《スンチョン》・康津《カンジン》

各郡の頭領《トウリョン》たちはみんな、各郡の東学《トンハク》の長である接主《チョプチュ》たちでした。この時代は貧しい農民たちはほとんど東学《トンハク》に入信していたので、農民軍と東学《トンハク》信者とはべつべつではありませんでした。

全琫準《チョンボンジュン》将軍も古阜《コブ》の接主《チョプチュ》であり、わずか3マジギの田んぼをたがやす貧しい農民でした。全琫準《チョンボンジュン》将軍はいっとき馬項《マルモク》で書堂《ソダン》の訓長《フンジャン》＊として若者たちを教えましたし、漢方薬店を出したりしました。イルトンやマンスとはその書堂《ソダン》で師弟の間柄でした。

将軍は鍼《はり》をうつのがとてもうまくて、町で口のゆがんだひとや足をくじいたひとを見かけたら、その場で鍼《はり》をうって治し、鍼《はり》で治らない病気は特効薬をおしえたり、薬を煎じて飲ませてやりました。

各郡の頭領《トウリョン》たちはみんな、読み書きのできるひとたちでしたが、それでも全琫準《チョンボンジュン》将軍のように底辺の貧しい農民たちとともに暮らすひとたちでした。

「どこからおいですか？」

今日は礼洞《イエドン》の農民軍たちが検問に立つ日です。マンスとイルトンも竹槍をもってわきに立っています。

「任実《イムシル》からきました。急ぎの用事を片づけてきたので、えらくおくれました」

背中の旅荷物にはわらじが2、3足ぶら下がっています。

「ちょっと手を見せてもらいます」

こぎれいな服を着た男をゆびさしました。

「手ですかい？　手にはなんにもありませんが、どうしてそんなことを？」

40代の男が手をさしだしてぶつぶついいました。

訓長　書堂の先生。

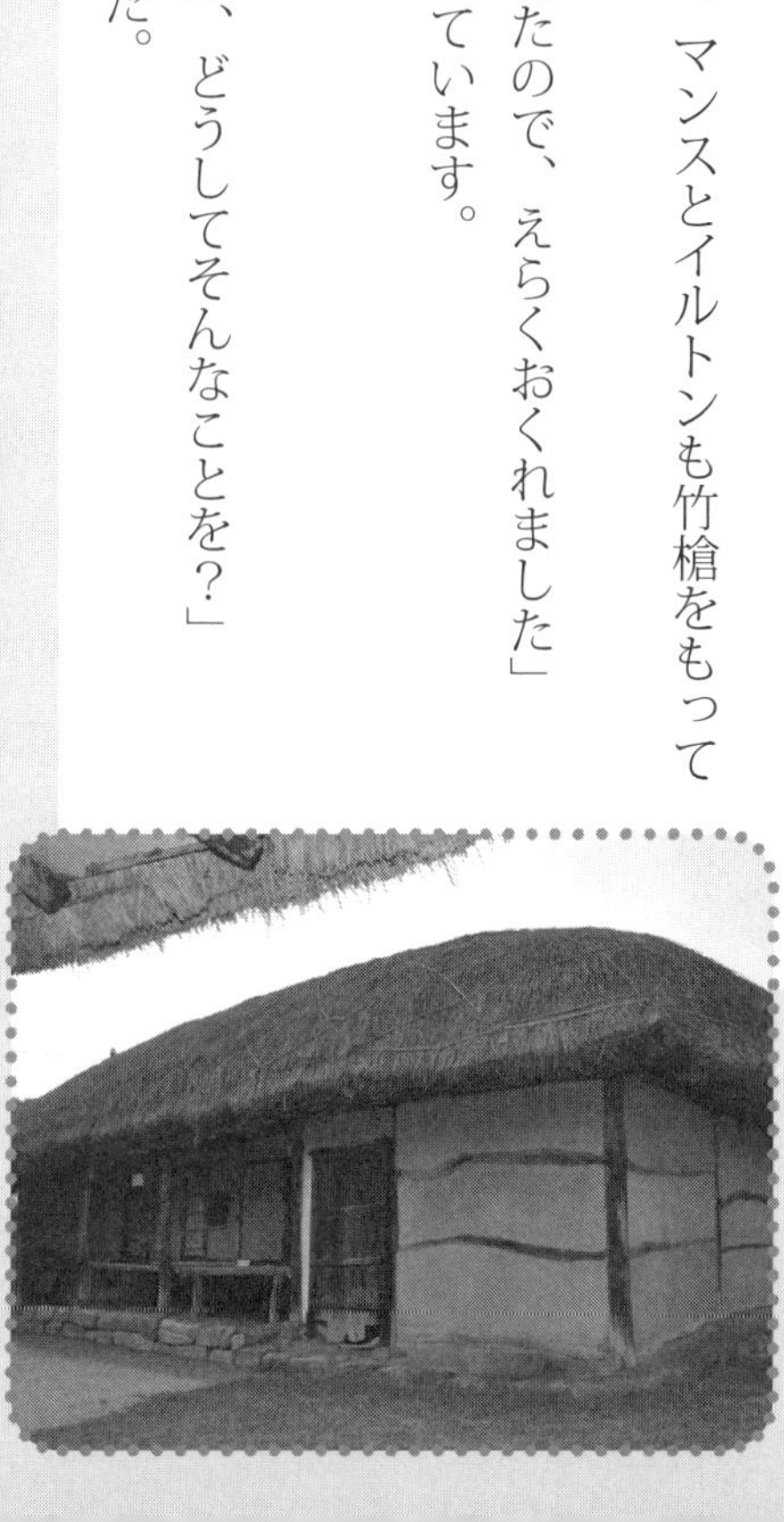

東学農民戦争の跡をたずねる⑤
全琫準旧居（復元）・井邑市。

松の根っこのような百姓の手にくらべると、すべすべして指が細いです。

百姓ではないようです。どんな仕事をしているのかと聞くと、任実《イムシル》の東学《トンハク》の都所《トソ》*で働いている者だといいます。そばから「そうだよ。まちげえねえよ」と助け舟が出されました。こんなふうに検問はそうとうめんどうです。前に監営軍《カミョングン》が煙草売りや飴売りになりすましてしのびこんだからです。

「おや、あっちから忙しいご一行がくるぞ」

マンスの言葉にみんなどっと笑いました。遠くから見ても服が汚いのがわかる乞食《プムバ》たちの1群でした。15人くらいかたまってやってきます。足を引きずった者、腕が1本しかない者、目がひとつしか見えない者、鼻が異様にひん曲がった者たちが垢まみれの汚れた服をきています。ぶらさげたパガジ*も曲がったもの、提灯のようなものといろいろです。

「どういうご一行ですか？　ここはだれも入れないところです。農民軍に入りたいんですか？」

「農民軍に入れるような五体なら、なんでこんな商売をしていますかい？　はるばる忠《チュン》清道《チョンド》からここまで来たんですから、ちょっと通してもらいましょ」

「おたくさんたち、まえも来ましたね。ここが飢饉の救済所だとでも思ってるんですか？」

マンスがひとりの男に厳しい表情で問いただしました。

「このどえらい麦峠《ポリコゲ》*に、おまんまにありつける場所はここしかないからねえ。だから、農民軍が再起したと聞いて、風のようにかけつけてきたんですよ。こんな五体で竹槍を

都所　本部。

パガジ　丸いふくべ（朴）の中身を取り除いて干して乾燥させたあと、半分に切ってさまざまな容器にしたもの。

麦峠　秋に収穫して手元に残っている穀物を食べつくしたあと、春の麦の収穫を待つあいだの春先の食糧窮乏期。

もって戦うわけにもいかんです。夕方にはおもしろい乞食《プムバ》打令《タリョン》*でもひと節歌ってしんぜましょう」
「それなら、その乞食《プムバ》打令《タリョン》がどれくらいのものか、ここでひと節やってみてくれ」
「では、歌いましょ」と、年をくった乞食《プムバ》が垢まみれの真っ黒なパガジを、ちびたさじでカンカンとたたきだしました。

オルシグシグ　チョルシグシグ*
去年の乞食《プムバ》が死にもせず　またまたお目にかかります
ござを背中にしょいまして　ぐるぐるまるめてチャンタリョン
夏のパジは綿入れで　冬のパジはひとえ物
だんなに会えてうれしいが　おのれのすがたがうら悲し
あちらもこちらも農民軍　よくぞりっぱに立ち上がる
オルシグシグ　チョルシグシグ
一のつく字は一片丹心《いっぺんたんしん》*　たとえ死んでも忘られぬ
二のつく字は…

「こんなもんでどうじゃろか?」
マンスが「よし」というと、かれらは通行税をちゃんと払ったつもりになって、足が軽くなりました。

乞食打令　カクソリ打令・チャン打令ともいう。打令は音楽用語で、民謡などのリズムの名称のこと。さまざまな打令があり、たとえばトラジ打令などという。

オルシグシグ　チョルシグシグ　とくに意味のないはやし言葉。

一片丹心　誠心誠意真心を尽くすこと。

このごろマンスは気分がとてもいいようです。小さなことにもよく笑い、どんなことをしても浮《う》き浮《う》きしているようです。イルトンはそのたびに冷や冷やしましたが、くわしいことはわからないので、よけい気がかりでした。

乞食《プムバ》たちの話にもあったようにいまは麦峠《ポリコゲ》なので、白山《ペクサン》に飯を食べにくる人間が前回よりもうんとふえました。たいていの家では食糧がつきはて粥もたけません。倡義所《チャンイソ》は、飯をたくさんたいて、くる人にはだれでも腹いっぱい食べさせるようにといいます。食糧は茁浦《チュルポ》にある朝廷税穀倉庫から持ってきます。

農民たちは去年の秋に取り入れた食糧が、この時期にはみんななくなるので、新しい麦のとれる6月初頭までの1カ月をのりきるのが大変です。麦峠《ポリコゲ》ということばはこの端境期をのりきる困難さを、険しい峠にたとえたことばです。いまはその絶頂ですから、貧しい家では山菜を採ったり木の皮をはいで食事に代えています。こんなとき乞食たちは何をどうやって恵んでもらっているのか、まったく生きているのが不思議なくらいです。

「すぐに全州《チョンジュ》に攻め込むと思ったのに、どうしてこんなにぐずぐずしてるんだね?」

蜂起してから5日目のことでした。

「わしらの武器といえば竹槍しかないのに、全州城《チョンジュソン》の高い城壁をどうやってこえるんだね。監営軍《カミョングン》をこの広い野っ原におびき出してから討とうということだとさ」

「もう苗代《なわしろ》をかかねばなんねえし家に山ほど仕事があるのに、こうしてぶらぶらしていると気持ちがおちつかねえ」

男の目のまえには農作業がちらついているようでした。田んぼに堆肥をやったり、薪をとってきたり、家族のわらじをあんだり、牛や豚の世話やら、やることをかぞえあげたらひとつやふたつではありません。

——ゴーンゴーン、ゴーンゴーン、ゴーンゴーン。

そのとき白山《ペクサン》のいただきで銅鑼《どら》が鳴りました。なにか知らせがあるときに鳴る銅鑼《どら》です。崔景善《チェギョンソン》司令官が壇に上がります。農民軍は白山《ペクサン》のふもとに集まっています。

「みなの衆、今日は最初の日に約束したように竹槍投げの科挙を行ないます。選手はあっちに集まり、見物人は白山《ペクサン》に上がって見物してください」

農民軍たちが白山《ペクサン》に上がると、低い山が人であふれておおわれてしまいました。場所取りをするために、しばらく頭領《トウリョン》たちは「立ってくれ」「座ってくれ」と大声でさけんでいます。

「立てば白山《ペクサン》で、すわれば竹山じゃねえか」

だれかがこういうと、あたりはどっと笑いがわきました。みんな白い服をきて手に竹槍を持っていますから、立てば山いちめんが白くて白山《ペクサン》。そして、すわれば長い竹槍が頭のうえににゅっと見えて竹の山です。

「賞品はまえにいいましたように　1等の郡には綿布3反、2等には2反、3等には1反です」

綿布は手ぬぐいや巻足袋《カムゲ》にすぐに使えます。これまで農民軍は飯さえおわれば槍投げの練習をして郡の代表の5人を選んでいました。

「あっちにはった縄のいちばん遠いところまで飛ばしたら5点、その手前なら4点、その手前は3点、2点、1点です。ですが、いくら遠くに飛ばしても足元の横線をふんだら失格です。では、最初にいちばん遠いところからおいでの海南《ヘナム》の選手のみなさんからどうぞ」

5人の海南《ヘナム》の選手たちがまえに出ました。白山《ペクサン》のふもとでは海南《ヘナム》の農民軍たちがみんな立ち上がって、ケンガリを打ち鳴らして大応援です。

「投げるのは5人がいっせいです。わたしが投げろといったらお願いします。では、かまえて！——」

選手たちは竹槍をかまえました。

「投げろっ！」

竹槍が空中に弧をえがいて飛んでいきます。

——カンカン、カンカン、カンカン、カンカン。

「5点ひとり、4点ひとり、2点ふたり、失格ひとり、計13点！」

「みんなちゃんと投げたのに、失格だったとは？」

海南《ヘナム》のひとびとが残念がりました。第2回を投げました。同じような得点です。3回投げてその合計が総得点です。

つぎの郡の選手たちが投げました。その郡のひとびとはケンガリをたたいて大応援です。どの郡の選手も投げ終えて、のこるは順天《スンチョン》だけになりました。これまでのなかでは茂長《ムジャン》が最高得点です。

「かまえ——投げろっ！」

5本の竹槍がならんで飛ぶと喝采が上がりました。2回目を投げたところ、茂長《ムジャン》にあと2点差にまで追いつきました。3回目の槍が飛びました。順天《スンチョン》のひとびとはケンガリが割れるほどたたき声援をはりあげました。

「やったあ、わしらの茂長《ムジャン》が1等だぞ！」

3点差で茂長《ムジャン》が1等でした。2等は順天《スンチョン》、3等は淳昌《スンチャン》でした。入賞した郡のみんなはいっせいに立ち上がりました。

――カンカン、カンカン、カンカン、カンカン。

入賞した郡のみんなは木綿の布で選手たちをぐるぐる巻きにしました。選手たちを肩にのせてその場を回りました。ケンガリの音と喊声《かんせい》がとどろいて大地もゆれるようでした。

10 監営軍《カミョングン》をおびきだす

「監営軍《カミョン*グン》が攻めてくるのをただ待っているだけでなくて、なにか方策を考えなきゃならんのじゃないですか？　農民たちはこれまでになく浮き足立っています。前回は時間がこっちに有利でしたが、今回は農繁期がせまっているので、事情が逆転してしまいました」

孫化中《ソンファジュン》将軍です。蜂起してからすでに10日たっています。

「院坪《ウォンピョン》あたりに1度進撃してみて、監営《カミョン》の動きを探ってはどうですか？」

金開南《キムゲナム》将軍です。院坪《ウォンピョン》というのは白山《ペクサン》から全州《チョンジュ》に50里ほどいったところにあります。

「院坪《ウォンピョン》は平地ですから、洋銃をもった監営軍《カミョングン》が攻めてきたら、わがほうに不利でありませんか？」

呉知泳《オジヨン》総参謀が首をかしげました。

「ええ、まさにその点を利用しようというわけです。監営軍《カミョングン》が自分たちにそうした有利な点を生かしてわがほうに攻めてきたら、わがほうは逃げるふりをして、それとなくこっちにおびきだして、わがほうの有利な地点で討ちとろうという作戦です」

金開南《キムゲナム》将軍です。

「ふむ、それはいいですな。では、院坪《ウォンピョン》に討ってでて監営《カミョン》の出方をうかがってみましょう」

全琫準《チョンボンジュン》将軍が決断を下しました。

5月5日、農民軍は崔景善《チェギョンソン》野戦司令官の指揮のもとに院坪《ウォンピョン》に進軍しました。1万人ちかい農民軍が農楽をかなで旗や幟《のぼり》をはためかせながら進軍するすがたは壮観でした。院坪《ウォンピョン》はここ白山《ペクサン》から都にむかう街道と、全羅南道《チョルラナムド》から葛峠《カルチェ》をこえて都にむかう街道とが交わる三叉路です。ですから小さな村ですが、大きな市がたちます。

「なに、暴徒どもが攻めてくるとな？」

報告をうけた金文鉉《キムムンヒョン》は気が気ではありません。すぐに朝廷に電信を打ちました。10余万人という暴徒どもの大軍が攻めてくると、大嘘をつきました。電信をうけとると朝廷も蜂の巣をつついたようになりました。ただちに大臣たちを集めて対策を議論しました。

「監司《カムサ》、朝廷が援軍をおくってくれるそうです。これが返信です」

「ふむ、洪啓薫《ホンゲフン》将軍を招討使《チョトサ》*とし、壮衛営《チャンウィヨン》*の兵士たちを800人派遣するとな。よおし、これでやつらもしまいだな。はっはっは」

電信文をよんだ金文鉉《キムムンヒョン》は大口をあけて笑いました。壮衛営《チャンウィヨン》兵は洋銃で武装しており、新式訓練をうけたわが国最強の精鋭部隊です。

「壮衛営《チャンウィヨン》軍は兵士もすばらしいですが、洪啓薫《ホンゲフン》将軍もたいした将軍ではありませんか？」

このことばに金文鉉《キムムンヒョン》はなにも答えませんでした。洪啓薫《ホンゲフン》は今から12年前、軍人たちがおこした壬午軍乱《イモクルラン》*のおり、閔妃《ミンビ》をせおって宮殿を脱出して命をすくった功績で、ちかごろは

招討使　地方でおきた反乱を平定するために設けられた臨時の官職。

壮衛営　朝鮮中央軍所属の前営と左営を合併した軍隊、またはその駐屯地のこと。

壬午軍乱　1892年7月、漢城でおきた軍人の反乱。別技軍という新式の近代的軍隊との差別待遇に怒った旧式軍隊が暴動をおこした。これを利用して興宣大院君が実権を握ろうとしたが、同年8月、清国により押さえられ、大院君は清の保定に幽閉された。

この世に怖いものは何ひとつないという人物です。金文鉉《キムムンヒョン》にはそんな人物がくるのが気に入らないようです。

「朝廷軍がくるのなら、わたしどももこうしてはいられません」

あごがしゃもじのように広い吏員《イウォン》が、目をうっすらあけて監司《カムサ》をしばらくうかがいました。

金文鉉《キムムンヒョン》は、なんのことだという顔つきで男を見やりました。

「朝廷軍が到着するまえに、監営軍《カミョングン》を動員してわれわれがさきに賊軍を全滅させるというのはいかがでしょうか？　朝廷軍がくるといううわさを聞けば、あの百姓どもはまちがいなく怖気《おじけ》づいてネズミのように逃げ出す穴をさがすでしょう」

「うむ、子犬は虎のほえる声を聞いただけで、怖がってぶるぶる震えあがるというからな」

金文鉉《キムムンヒョン》の目がきらりと光りました。

「ですが、われわれの監営軍《カミョングン》は４００人しかおりません。あのおびただしい数の暴徒どもをどうやって討つというのですか？」

ほかの吏員《イウォン》が聞きます。

「兵士は集めればいいのです。ただいま監営《カミョン》では洋銃を９００丁あまり保管しています。その数だけ兵士を集めるのです。監営軍《カミョングン》の洋銃が４００丁、これに９００丁をあわせた１３００丁あれば、竹槍１本でのさばる百姓どもを、いっきにこなごなにできます」

「朝廷軍はいまにもくると思います。時間もないのにそんなに多くの兵士を集めて訓練するなどできるのでしょうか?」

「お言葉ですが、900人の兵士は1日あれば集められますし、銃の扱い方は狙いをさだめて引金を引けばいいとだけ教えます。戦術や戦略は必要ありませんし、とおくから連中にむけてとにかくぶっぱなせばいいのです。1300丁の洋銃にかかったら、竹槍が1万本、いや100万本あっても問題になりません」

しゃくれあごは自信満々です。

「900人をたった1日でどうやって集めるのですか?」

「全州《チョンジュ》をはじめとしてこの近郷の4つ、5つの郡部まであわせたら褓負商《ポブサン》*が1000人以上います。紙すき職人や油売りも300~400人はすぐにでも集められます」

行商人たちは郡ごとに任房《イムバン》という事務所をもち、しっかりした組織をもっています。紙すき職人も油売りも同じです。そんな団体は監営《カミョン》のいうことには無条件に従います。

「うむ、そうだな。やつらを集めて銃の撃ち方を教えるのは、子どもに石投げを教えるより簡単だな。では、この仕事のすべての権限をそちに任せる。まずはじめに兵士集めからとりかかってくれ」

金文鉉《キムムンヒョン》はしゃくれあごにただちに命令しました。

しゃくれあごははじかれたように飛び出すと、将校たちを呼びつけました。

「監司《カムサ》のご命令ですぞ。近郷の行商人たち、紙すき職人たち、油売りたちをあしたの朝までに全員監営《カミョン》に集めろ。全州南門《チョンジュナムムン》や西門《ソムン》の外はいうまでもなく完山《ワンサン》、高山《コサン》、益山《イクサン》まですべて呼びだせ。理由なくこなかった者どもには、行商人の信票《シンピョ》を剥奪《はくだつ》するといい、他の者

褓負商　褓商と負商を合わせた全国的な行商人の総称。負商が穀物、乾魚、日用雑貨等、褓商が織物、衣服、帯紐等を扱った。朝鮮王朝末期、彼らの組織が政治に利用された。とくに1898年、独立協会の運動を彼らの組織〈皇国協会〉がつぶし、1909年には、日韓併合を唱えた〈大韓商務組合〉をつくった。

には刑罰を与えるといえ。では、ただちに命令を実行せよ」

しゃくれあごは烈火のごとく追いたてます。信票《シンピョ》というのは行商人たちの身分証明書のようなものです。将校たちはすぐさま羅卒を四方八方におくりだしました。

翌朝、監営《カミョン》には1000人あまり集まりました。しゃくれあごは行商人のなかから若いやつらばかり600人をえらびだし、油売りや紙すきからは合計300人えらびだしました。そして油売りと紙すきの300人はすでにある南武営《ナムムヨン》部隊に編入させ、700人の部隊に増員しました。行商人たち600人は新部隊をひとつ創設しました。かれらに銃の撃ち方だけ教えて、つぎの日にはもう出動させました。

南武営《ナムムヨン》部隊の隊長は李璟鎬《イギョンホ》で、行商人部隊の隊長は宋鳳輝《ソンボンヒ》でした。こうした情報はちくいち農民軍の倡義所《チャンイソ》に入ってきました。

「わしらの狙いどおりですぞ。では、そろそろわしらも白山《ペクサン》にもどりますか」

ふだんはまったく笑わない全琫準《チョンボンジュン》将軍が余裕ありげに笑っています。洋銃で武装した監営軍《カミョングン》部隊が1300人も出動したというのに、農民軍の頭領《トウリョン》たちはうまくいったというような表情です。農民軍はまっすぐ白山《ペクサン》にもどると、白山《ペクサン》を中心にして陣地をきずきました。

5月8日、監営軍《カミョングン》は軍旗を先頭にしてものものしく進軍しました。夕方には院坪《ウォンピョン》に到着しました。かれらは院坪《ウォンピョン》の住民に晩飯の支度をさせ、どの家も居間いがいはすべて部屋をあけわたせと命じました。かれらはまえもって野営の装備や兵糧を準備していません。

院坪《ウォンピョン》の住民たちはあきれはてました。１３００人もの兵隊たちの食事の支度をしろといわれたのにもあきれましたが、寝ている部屋まであけろといわれたのですから、まるで雷にでもあたった気分です。

「わしらは命がけで暴徒どもをやっつけに行く軍人なんだぞ。おまえら、なにをつべこべいっとるんだ！」

監営軍《カミョングン》は各村のすみずみまで入りこんで、烈火のごとく命じました。かれらは夜には豚をつぶして酒幕《チュマク》＊から酒を持ってこさせて浴びるように飲みます。これがうわさになると、かれらの行くさきざきの村では、村人がまえもって家を空っぽにして逃げ出してしまいました。

すると、そんな村には火をつけるぞとおどすしまつでした。しかたなく村人たちは家にもどってきました。

「酒を飲んだんなら、酒代を払っていきなさいよ」

「なに、酒代を払えだと？　わしらは逆賊どもを討ちに行く軍人なんだ。酒代なんか監司《カムサ》にいってもらってこい」

身なりからすると、褓負商《ポブサン》か油売りのようでした。かれらは着のみ着のままで、軍人らしい点といえば、銃をもっていることだけでした。

「逆賊を討ちに行こうが、盗賊を退治しに行こうが、飲んだ酒代は出さにゃなんねえでしょ」

酒母《チュモ》＊がしたたかに食ってかかりました。

酒幕　食堂・居酒屋を兼ねた宿屋

酒母　酒幕の女主人。

「なんだと。その口ばし、もう1度あけてみろ！」

男は肩にかついだ銃をおろして、撃鉄をガチャンと引きました。酒母《チュモ》はぎくっとなりました。

「ふん、だれが強盗で、だれが逆賊なんだかわかったもんじゃないよ。農民軍たちは行きも帰りも麦畑いちまい荒らさなかったさ」

酒母《チュモ》はとおざかる連中を横目でにらみつけました。

「このあいだまで、荷物をかついで「煙草いらんかね、洗濯石鹸いらんかね」と呼ばわり、路地裏を犬に吠えられながら売り歩いていた連中が、まあ、えらい出世したもんだ」

「御使《オサ》もにせの御使《オサ》がよけいこわいというが、李容泰《イヨンテ》も顔負けだわい」

縁側にすわっていた老人たちがため息をつきました。

5月10日

5月10日、農民軍は白山《ペクサン》から監営軍《カミョングン》がおし寄せてくるのを見つめていました。

「連中は渡し場をこえたら攻撃をはじめるでしょう。さっきいったようにわれわれは連中を黄土峴《ファントジエ》までうまくおびきださねばなりません。時間をはかりながらやりましょう」

全琫準《チョンボンジュン》将軍のことばに頭領《トウリョン》たちがみんなうなずきました。

渡し場についた監営軍《カミョングン》は白山《ペクサン》めがけて銃を乱射しながら、渡し船にのって川をこえてきました。農民軍たちは戦うふりをしながら扶安《プアン》方面に後退しました。

「あいつらめ、あのあわてようを見ろ。カラスの群れのようなもんだ」

監営軍《カミョングン》たちはげらげら笑って、意気揚揚と追ってきます。

「なんで、戦いもせんと逃げまわるんですか？」

マンスが金炳泰《キムビョンテ》頭領《トウリョン》にききました。

「すべて作戦だから、命令通りやるこった」

頭領《トウリョン》はかるく答えて追い越していきました。

イルトンは頭領《トウリョン》の顔をちらりと見ました。とがめるような表情ではありません。頭領《トウリョン》はさいきんイルトンがあいさつしてもかるく受け流すだけで、以前のように温かい態度ではありません。さっきマンスにも同じような態度でしたからちょっと安心しました。

雲のたれこめていた空から雨つぶが落ちだしました。監営軍《カミョングン》は農民軍を深く追わないで、白山《ペクサン》の近くに留まりました。雨足がつよくなったので、監営軍《カミョングン》は農民軍の天幕にとびこみました。扶安《プアン》方面にむかっていた農民軍がもどってきました。監営軍《カミョングン》を左手にみて馬項《マルモク》方面に向かいました。

「連中の群れをみてください。まるでカラスの群れじゃないですか。いっきに全滅させてしまいましょう」

南武営《ナムムヨン》部隊の副官が李璟鎬《イギョンホ》隊長にいいました。李璟鎬《イギョンホ》は1撃をくわえるべく進撃命令をくだしました。かれらは農民軍めがけて銃をうちまくりながらひた走りました。

「あっちの部隊はわしらになんの連絡もしないで、自分らだけ進撃しているぞ」

褓負商部隊の宋鳳輝《ソンボンヒ》隊長が顔をくもらせました。

「あいつらがさきに手柄を立てようという魂胆《こんたん》でしょう。李環鎬《イギョンホ》隊長は自分たちこそ正規軍だと、いつもわしらを馬鹿にしています」

副官が告げ口でもするようにぐちりました。

「よおし、連中を追い越せ。進撃だ!」

宋鳳輝《ソンボンヒ》がさけびました。褓負商《ポブサン》たちは雄叫《おたけ》びをあげてかけだしました。かれらはたちまち李環鎬《イギョンホ》部隊を追い越しました。毎日重い荷物を背負って1日に100里ちかく歩くかれらです。いまは荷物がないのですからそのスピードの速いこと速いこと。農民軍たちはちらちらとふりかえって逃げていきます。

「早く追いついて全滅させてしまえ。連中のあのおんぼろ火縄銃はこんなに雨が降ったら使えん。遠慮なく追いついて思うぞんぶんやっつけろ」

宋鳳輝《ソンボンヒ》が火のようにせきたてました。褓負商《ポブサン》たちは必死に走っていきます。

――バン、バン。

追いかけていた褓負商《ポブサン》たちがいきなり10人ほどたおれました。

――バン、バン、バン。

褓負商《ポブサン》たちがばたばたとたおれ、のこりはくるりと背をむけて逃げ出しました。

農民軍は麦畑に身をひそめて銃を撃ちつづけます。

「どんなもんだ。わしらにも洋銃が100丁くらいはあるんだぞ。かかってきてわしらの鉄砲の味をみてみろ」

農民軍たちは土手に上がってさけびます。かれらは大声を上げつづけ、後ろをふりかえりふりかえり走っていきます。褓負商《ポブサン》たちは10人あまり死に、15人が負傷しました。

「洋銃が100というのは大ウソだ。連中は10人なのに、あの10丁はまえに監営軍《カミョングン》が奇襲にでかけてうばわれた銃だ。進撃！」

かなたで李璟鎬《イギョンホ》がさけびました。部隊が進撃をはじめました。宋鳳輝《ソンボンヒ》部隊があっけにとられたようにその場にとどまっています。

李璟鎬《イギョンホ》部隊が追いかけてくると、南にくだっていた農民軍は大きくふた手に分かれました。1隊は東津江《トンジンガン》に向かい、もう1隊はその反対向きの西側に向かいました。農民軍たちは赤い旗や青い旗をふって、お互いに合図をしあっています。

「おっ、連中はわしらをとりかこむつもりか？　あの大軍に包囲されたら危険です。麦畑のあぜからはってきていきなり槍をつきつけられたら、手もなくやられてしまうでしょう」

「退却しろ！」

副官のことばをきいて李璟鎬《イギョンホ》が退却命令をだしました。東津江《トンジンガン》がわの農民軍たちが今度はさっきとちがった旗をふりました。農民軍たちが行軍をやめました。そのとき西の空の雲間からちらりと夕陽がさしました。

まもなく日が暮れそうです。農民軍はまた赤い旗と青い旗をふりまくりました。またさっきの方角にゆっくり移動しました。ふた手に分かれた農民軍は天台山《チョンテサン》をはさんで同じ方角に行軍しています。

「自分たちのつもりではなにか計略を立てているようじゃが、竹槍をもってたてる策略なんぞ逃げ場をさがすくらいしかできんだろ。さあ、追撃だ！」

李環鎬《イギョンホ》が大声で号令をかけました。

「いや、また待ち伏せしているやつらがいるかもしれません。斥候兵*を送りましょう」

副官が斥候兵を何組か送りました。斥候兵が用心ぶかく前進します。農民軍はふた手ともに南のほうに下がっています。

「やつらを追いかけて、たたきのめせ」

李環鎬《イギョンホ》が腕をあげて命令をくだしました。

「おまえたちも仲間のかたきをとれ！」

宋鳳輝《ソンボンヒ》も進撃命令をくだしました。

ふた手の農民軍は黄土峴《ファントジェ》めざして風のようにかけぬけていきます。ふた手は同じ時刻に黄土峴《ファントジェ》に到着しました。黄土峴《ファントジェ》はすこしもりあがった野山で道もついています。名前はいちおう峠とよばれていますが、じっさいには平べったいはげ山です。

「連中はここで決戦をしようというんだな」

ふたつの監営軍《カミョングン》部隊が動きをとめました。さまよっているようなふた手の農民軍がほとんど同時に黄土峴《ファントジェ》に到着すると、怖くなったようです。日も暮れかけました。

「あのカラスの群れを攻撃するぞ。副官は宋鳳輝《ソンボンヒ》部隊を追い越してあっちを攻撃しろ。わしらはこっちを攻撃する。突撃！」

李環鎬《イギョンホ》が攻撃命令をくだしました。

「ん？　あいつら、わしらのまえを横切るつもりか。けしからん。進撃！」

斥候兵　偵察兵。

宋鳳輝《ソンボンヒ》は頭にきて命令しました。ふたつの部隊は競争でもするかのように黄土峴《ファントジェ》めざしてかけだしました。

「これが最後の後退だ。あの山頂に集まれ」

崔景善野戦司令官《チェギョンソン》が黄土峴《ファントジェ》の東側の平らな台地を指さしてさけびました。農民軍は何枚かの田んぼのわきを通りすぎて山道をのぼりました。山頂にびっしり立って黄土峴《ファントジェ》を見おろしました。黄土峴《ファントジェ》についた監営軍《カミョングン》は、追っていた鶏に屋根まで逃げられた犬のように、いまいましそうに農民軍をながめています。

監営軍《カミョングン》はしばらくざわめいていましたが、行動を開始しました。村に行って天幕もたきぎも持ってきて大きなたき火をはじめました。そばに天幕をはるようすです。農民軍たちはかれらの動きを見おろしています。

「連中はこれまで村の民家に泊まってたけど、今日はあそこに野営をするみたいですね?」

イルトンが金道三頭領《キムドサムトウリョン》に聞きました。村の家はみんな空っぽのようです。

「村でねていて、わしらの襲撃を受けたら皆殺しにあうじゃないか。李璟鎬《イギョンホ》や宋鳳輝《ソンボンヒ》は軍事訓練をちゃんと受けている将校だからな」

「みなの衆、山のうらっかわにおりてください。そっちに夕飯が用意してあります」

崔景善野戦司令官《チェギョンソン》が大声を上げました。山の上のちょっとした平地でたき火があかあかと燃えていました。飯のかごも汁がめもずらりと並んでいます。

「飯は握り飯です。手ぬぐいで受け取ってください。それから汁は器でもらってください」

農民軍は夕飯にはありつけないものと覚悟していましたが、山中で飯にありつけたので嬉しくてたまりません。頭領《トウリョン》たちはまえもってこっちに農民軍の一部を送っておきました。そして夕飯をつくってここに運ばせていたのです。そして、この近辺の村人たちは全員を避難させていました。

東学農民戦争の跡をたずねる⑦

黄土峴につくられた
東学農民革命記念館。

11 黄土峴《ファントジェ》の戦闘

晩飯を食べた農民軍たちは、山頂のあちこちでたき火をかこみました。監営軍《カミョングン》の天幕を眼下にながめながらのんびりとひと休みしています。たき火は頭領《トウリョン》たちがたくようにといったのでした。

「今夜あのやっこさんたちが寝ているとき、夜襲をかけたらどうだね？　まっ昼間は竹槍は洋銃にかなわんが、まっ暗闇なら洋銃なんかどうっていうことないじゃないか」

「そうよ。だから頭領《トウリョン》たちがその腹づもりで監営軍《カミョングン》をこっちまでおびきだしたんだ。さっきあっちこっちうろついたときにゃ、どうしてこんなまねをするんかと思ったけどな。その話を聞いたら、わけがわかってきたぞ」

「さっきあっちこっちうろついたのにも、それなりのわけがあったということか？」

「それはじゃな、わしらがなんの考えもなく、あっちこっちさまよっているように見せかけて、わざとわしらに油断させたのよ。あんなに時間をかけたもうひとつのわけはな、監営軍《カミョングン》が黄土峴《ファントジェ》についたときにはもう日が暮れてしまってどこにも行けないようにと、日暮れどきにあわせたというわけよ。わしらが真夜中にやっこさんたちを包囲して奇襲するには、ここほどいい場所はあるめえ」

「そうはいっても、やっこさんたちなりに準備をするだろが？」

「いいや。やっこさんたちは洋銃の威力を信じきってるから、安心して寝るだろ」

農民軍はだれもが戦術家になってしまったみたいでした。そのころ頭領《トウリョン》たちは頭領《トウリョン》たちで戦術会議をしていました。

「さっきごらんのように李璟鎬《イギョンホ》と宋鳳輝《ソンボンヒ》は手柄をはげしく争っています。ですから、やつらのうちどちらかが、相手部隊をだしぬいてわしらを奇襲するのではないかと思います。やつらが奇襲してくるまえに、先手をうって奇襲をかけねばならんのではないですか？」

崔景善《チェギョンソン》野戦司令官です。全琫準《チョンボンジュン》将軍がうなずきました。

「われわれの最初の計画は、やつらがぐっすり寝入ったころ、奇襲をかけようということでした。ですが、お話のように、やつらの2部隊のうちひとつがわれわれを奇襲するんなら、その部隊は奇襲の準備をしっかりやって目は覚ましているはずです。となると、わしらが奇襲をかけたとき、その部隊は万全の態勢でかかってきますから、われわれが期待するような戦果を上げることはできません」

「そうです。では、どうしたらいいのでしょう？」

孫化中《ソンファジュン》将軍です。頭領《トウリョン》たちはみんな全琫準《チョンボンジュン》将軍を見つめました。

「こうしましょう。部隊をふたつに分け、ひとつはやつらの奇襲にそなえて、やつらの通り道の両側に潜伏します。もうひとつは上にあがってまわりこみ黄土峴《ファントジェ》を包囲します。ふたつがそんなふうに布陣しておいて、やつらが奇襲してきたら、奇襲防衛部隊がやつらを討ち、包囲部隊は寝ているほうの部隊を討ちます。火矢で合図をおくり合って、同時に攻撃をしましょう」

「ええ、それがいいです」

頭領《トウリョン》たちはだれも「ええ」といって大きくうなずきました。

「われわれは人数が多いので、包囲を何重にもしましょう。大人数が一重包囲していて、きゃつらとぶつかったとき、われわれの竹槍で同士討ちするはめになりかねません。何重にも包囲しておいて、きゃつらがひとつ囲みをぬけて逃げれば、つぎの包囲陣が討ち、また逃げられればそのつぎの包囲陣が討つ手はずにしましょう。地形によっては三重、四重、五重まで包囲しましょう」

頭領《トウリョン》たちはみんなうなずきました。

「それから、われわれは手ぬぐいを今までのようにしっかり結ばなければなりません。雲がかかってこんなに暗い夜ですから、戦闘中に敵味方がわからなくなったら頭をなでて区別するしかありません。それにもうひとつ、ここの丘の頂上のたき火をこのままたきつづけて、黄土峴《ファントジェ》に聞こえるように大声でしゃべるようにしましょう」

頭領《トウリョン》たちはうなずきました。全琫準《チョンボンジュン》将軍の指示にしたがって頭領《トウリョン》たちはめいめいの部隊にもどりました。

「イルトンとマンスはどこだ?」

金炳泰《キムビョンテ》頭領《トウリョン》は小声でささやくようにふたりを呼びました。ふたりは「ここにいます」といってそっと近づきました。

「おまえたちは直接に戦をやるんでなくて、ほかにやることがあるぞ。あの上で戦になったら、あそこで生き残った連中がこっちに逃げてくるはずだ。やつらをわれわれがここで討ちとれば、その悲鳴をきいて、あとをついてきたやつらがあっちの坂道のほうに逃げる。おまえたちはあの坂道に隠れておって、『こいつら、よっし、槍で串ざしだ！』とさけべ。おまえたちはそうやってずっとそれだけさけんでいろ」

「えっ、おれたち、兎の山追いみたいに大声をあげるだけでいいんですか？」

マンスがたずねると、村の大人たちがみんな笑いました。ふたりは坂道にいって用意をしました。農民軍たちはみんな村ごとに小隊をくみ行軍もいっしょなら、食事も戦闘もいっしょでした。

北斗七星の柄がずいぶんまわりました。夜がふけてきたようです。漆黒の闇のなかで遠くの村の灯りだけがちらちらまたたいています。灯りはこっちの事情を知っているかのようにまたたたいて、見る者の胸をしめつけました。さっき農民軍たちののぼっていった山には、小さなたき火がいくつか燃えていて、ときどき笑い声も聞こえました。笑い声がとてものんびりと、そしていたずらっぽく聞こえました。礼洞《イエドン》のみんなの今の持ち場は、たき火の山頂と黄土峴《ファントジエ》のあいだの谷間のみっつめの包囲網です。

「灯りだ！」

そのときかなたから灯りが近づいてきました。綿を巻いた松明《たいまつ》をもやしているようで、丸い火のかたまりがふたつものぼってきました。

「それ、やっつけろ。やっつけるんじゃ！」

上から叫び声が聞こえます。あっという間に雄叫《おたけ》びと悲鳴が闇夜を切りさきました。まるでひとびとでひしめきあう市場に爆弾でも落ちたような感じです。雄叫《おたけ》びと悲鳴がいりまじってぐらぐら煮えたぎっているようです。悲鳴も長く尾を引くのもあります。ときに銃声が上がります。ときおり聞こえる銃声は戦をやめさせようとする銃声のようでもありました。雄叫《おたけ》びや喊声《かんせい》がしだいにこっちに近づいてきました。ですが、真っ暗闇でなにも見えません。

「ギャー!」

ついに礼洞《イエドン》の持ち場で悲鳴が上がりました。尾を長く伸ばす悲鳴がいくつも聞こえてきました。

「よっし、こいつら、槍で串ざしだ!」

マンスとイルトンが大声を上げます。

「アイゴー、こっちにもいるぞ」

こっちに逃げてきたやつらがびっくりしてくるりときびすを返して逃げ出します。礼洞《イエドン》の大人たちが陣をしいているところは畔が高くて、思い切り走っていたやつらが畔からころがり落ちて気絶したようでした。

マンスとイルトンは大声を上げつづけます。雄叫《おたけ》びと悲鳴はしだいに下におりていきます。礼洞《イエドン》の持ち場でも雄叫《おたけ》びがやみだしました。マンスとイルトンもさけぶのをやめました。

悲鳴の声がしだいにくだっていきます。尾を長く引く悲鳴は遠くから聞こえてくるほど悲惨です。

天には星ひとつなく、かなたの村の灯りだけがちらちらまたたきます。あの下のほうでも悲鳴が途絶えました。

耳を澄ますと、あちこちからか細い呻《うめ》き声が聞こえてきました。地の底にしみこむような呻《うめ》き声は、命がそうして消えかけているすがたです。あたりが静まって村の灯りだけがちらちら点滅しています。

――コケコッコー。

遠くで一番鶏が時をつげました。1羽が鳴くと何羽もつづいて鳴きだします。あっちこっちの村で鳴きかわします。尾を長く引く鳴き声はひとびとになにかを訴えているようです。

夜がしらじらと明けてきました。監営軍《カミョングン》の死体が見えてきました。死体が秋の稲束のようにころがっています。竹槍に3、4カ所さされた死体は、鉄砲の弾にあたった死体よりむごたらしいものでした。白い服が血だらけです。田んぼの高い畔の下には死体が折り重なっています。

「遺体をかついでいって、1カ所に集めてくれ」

金炳泰《キムビョンテ》頭領《トウリョン》が黄土峴《ファントジェ》のほうから歩いてきて指示しました。あっちで頭領《トウリョン》会議をやってきたようです。農民軍たちは死体の手足をつかみあげて運びました。

「こりゃ、なんだ?」

死体の手をつかんでもちあげていたマンスがびっくりしました。死体のわきに銀の指輪やくしが落ちています。

「ふところをさぐってみろ。やつらめ、白山《ペクサン》にくるまえの村で泊まったとき盗みをやったな」

金炳泰《キムビョンテ》頭領《トウリョン》のことばに、みんなはいっせいに監営軍《カミョングン》兵士たちのふところを探りだしました。銀の指輪や宝石のくしやサンゴの細工物などが出てきました。

「ふん、監営軍《カミョングン》を名のっておきながら、こりゃなんのまねじゃい！」

だれもが舌打ちしました。

「アイゴー、こいつは生きてるぞ」

死体のポケットを探っていたイルトンがびっくりして後ずさりしました。みんな竹槍をつきつけました。

「どうか、助けてください。わしらは引っぱられてきました。どうか、命だけはお助けください」

やつは手をすり合わせます。体に血もついていないし、1カ所も傷がありません。おそらく逃げていて田んぼの畔に頭をつっこんで、いままで死んだふりをしていたのでしょう。

「逃がしてやれ。生きているやつは放免することになった」

「このやろう、運のいいやつだ。とっとと消えろ」

ひとりが尻をけっとばしました。男は、放免されるのが信じられないというふうに、ちらちら後ろをふりかえりながら去っていきました。

ちかくで集めた死体だけでも100体をこえました。死体を1カ所に集めてみると、さらにむごたらしい感じがしました。山の少し上でもそれくらい集めましたし、黄土峴《ファントジェ》では

300体をこえそうです。黄土峴《ファントジェ》の死体はもっと悲惨です。夢うつつにあわてて起きだして何度も刺されたようです。

李環鎬《イギョンホ》も死にました。かれは竹槍で4、5カ所も刺されていました。監営軍《カミョングン》は3分の2ほど死んだようです。農民軍のほうの死者は10人あまりでした。

——バーン。

みんなびっくりしました。洋銃を拾い上げたひとりが誤発させたようです。

「銃に気をつけてください。あとで銃の扱い方を教えます」

崔景善《チェギョンソン》野戦司令官がさけびました。洋銃はひろった者の所有になります。1000丁はありそうです。実弾もほとんど使っていない弾薬箱を、そっくりいただきました。

農民軍に集まれという指令です。高い丘には全琫準《チョンボンジュン》将軍をはじめとして頭領《トウリョン》たちがずらりと並んでいます。朝から見物人たちもたくさん押し寄せてきました。

「みなの衆、われわれは監営軍《カミョングン》をほとんど全滅させました。力いっぱい万歳をさけびましょう。万歳！」

崔景善《チェギョンソン》野戦司令官がまっさきにさけびました。

「万歳！　万歳！」

——カカンカンカン、ドドンドンドン。

農民軍たちは竹槍とうばいとった洋銃を天につきあげながら万歳をさけびます。見物人たちももっと大きな声で万歳をさけびました。

「万歳！　万歳！」

死体を見てこわばっていた表情も明るくなりました。

全琫準《チョンボンジュン》将軍がまえに進み出ました。

「ごらんのようにわれわれは昨夜大勝利をおさめました。国を正し民を塗炭の苦しみから救う第1歩を、われわれはこうして力強くふみだしました。この隊列で都まで攻め入って、腐りきった大臣たちを断罪し、外敵どもを追っぱらいましょう！」

「追っぱらおう！　追っぱらおう！」

農民軍たちが竹槍をかかげ声をはり上げました。見物人たちもいっしょにさけびました。

「われわれは今日大勝利しましたが、これは第1歩にすぎません。われわれの進む道ははるかかなたにあります。いまも洪啓薫《ホンゲフン》が朝廷軍をひきいてこっちに向かっています。やつらは今日あたり群山港《クンサン》に到着します。われわれはいよいよやつらと戦う番がきたのです。

今回の勝利がなにより値打ちがあるのは、洋銃を1000丁以上もうばいとり、実弾をそっくりそのまま確保したことです。すぐにも洪啓薫《ホンゲフン》軍と戦わねばならないわれわれが、ひと晩でこれほどたくさんの武器を確保できたのは、天が助けてくださったおかげです。国のために命を投げうったわれわれの熱情に天が感動して、監営軍《カミョングン》の手をかりてこの多くの武器をわれわれにくださったのです。われわれはこの武器があれば朝廷軍も恐ろしくありません。これだけの武器があるうえに天まで助けてくださるのですから怖いものはなにもありません。われわれは今こっちに向かっている朝廷軍を討ち砕いて都に突進します。腐った朝廷を正し、日本の賊どもを追っぱらうまで、身命を賭《と》して戦いましょう」

全琫準《チョンボンジュン》将軍が拳をにぎりしめてさけびました。

「戦おう！　戦おう！」

「緑豆《ノクトウ》将軍、万歳！」

農民軍たちは興奮して喊声《かんせい》をあげました。崔景善《チェギョンソン》野戦司令官がまえに進み出ました。

「ありがとうございます。将軍のおおせのとおりいよいよ朝廷軍と戦う番です。これから射撃の練習と竹槍投げ、槍つきの訓練を徹底的にやりましょう。われわれはただいまから井邑《チョンウプ》にむけて出発します。朝食兼昼食は井邑《チョンウプ》でとります。ここにある死体は家族が引き取りにくるまで2、3日あのままにしておきます」

――カカンカンカン、カカンカンカン。

ケンガリの音が鳴りだしました。ケンガリの音は気味悪い死体をみて沈鬱だった雰囲気をいっきに変えてくれました。農民軍はこんな戦場でも楽器を真珠の宝物のように大切に持ち歩きました。

そのとき全琫準《チョンボンジュン》将軍が長興《チャンフン》の李芳彦頭領《イバンオントウリョン》と潭陽《タミャン》の金重華頭領《キムジュンファトウリョン》を呼びました。

「朝廷軍と戦うには、いぜん話していたあの武器が必要でしょう。おふたりは長興《チャンフン》と潭《タ》陽《ミャン》の農民軍の1部をつれて潭陽《タミャン》にいって、あの武器を作ってきてください」

李芳彦頭領《イバンオントウリョン》と金重華頭領《キムジュンファトウリョン》はうなずきました。ほかの頭領《トウリョン》たちに「いずれまた」とあいさつをしていそいで潭陽《タミャン》に向かいました。

――カカンカンカン、カカンカンカン。

農民軍は楽器を打ち鳴らして井邑《チョンウプ》の町へ進軍しました。色とりどりの旗や幟《のぼり》が春空にひらひらとまいました。

「農民軍、万歳！」

「緑豆《ノクトウ》将軍、万歳！」

通りという通りに町のひとびとがくりだして、のどがはりさけるほど万歳をさけびました。洋銃をかついだ農民軍兵士たちは肩をそびやかしました。農民軍は井邑《チョンウプ》の郡役所を占領しました。郡守《クンス》や役人たちは逃げだし、なかは空っぽでした。農民軍は褓負商《ポブサン》の事務所である任房《イムバン》に火をかけました。ここの褓負商《ポブサン》たちが監営軍《カミョングン》に加わっていないことはわかっていましたが、褓負商《ポブサン》部隊が全州《チョンジュ》から白山《ペクサン》にくるあいだに悪どいまねをやりまくったため、こうして警告したようです。

農民軍たちは井邑《チョンウプ》で朝食兼昼食を食べて、いまきた道をもどっていきました。全州《チョンジュ》に向かわないで古阜《コブ》の町中をとおって興徳《フンドク》を占領し、さらに西にむかって高敞《コチャン》を占領しました。どの郡も郡守《クンス》や役人は逃げだしていて、空き家に入るようにたやすく占領しました。高《コ》敞《チャン》ではふだんさんざんむごいことをしている大長者殷大静《ウンテジョン》の屋敷を焼き討ちにしました。お金持ちだからとあんまりのさばったので見せしめに懲らしめたのでした。

12　農民軍は南方に

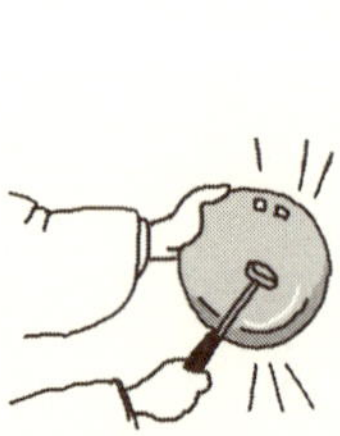

「わあ、ありゃ新式の軍隊じゃないか」
「あれが大砲かい？」
「大砲ってあんなかっこうなんだな」
群山《クンサン》のひとびとは市内を行軍する兵隊たちをみて目を丸くしました。黒い軍服に黒い帽子をかぶった兵隊たちが、肩に長い洋銃をかついで、軍靴の音も高く足並みをそろえて進みます。銃の先にはぎらぎら光る銃剣が装填されていました。

足先を一分の乱れもなくそろえて整然と歩くことからして、監営軍《カミョングン》とは大ちがいで軍規が厳しいのでした。なにごとかと思って路地から飛び出してきたひとびとは後ずさりをし、犬たちもちょっと下がって吠えたてました。

新式大砲も4門ありました。両側に車輪のついた大砲を、3、4人の兵士で引いていきます。空をむいた大砲の穴には、犬の頭がすっぽり入りそうでした。

仁川《インチョン》を軍艦で出発した洪啓薫《ホンゲフン》部隊８００余人の兵隊たちは群山《クンサン》港に到着し、いまから全州《チョンジュ》にむかうところです。群山《クンサン》から全州《チョンジュ》までは2日かかります。

「こりゃ、農民軍はえらい目にあうぞ。竹槍1本がたよりの連中があんな洋銃や大砲にかなうと思うかい？　農民軍は、監営軍《カミョングン》が出動しただけでも、院坪《ウォンピョン》からまた白山《ペクサン》に退却したというからね」

「うちの小父《おじ》さんも農民軍に出てるけど、困ったことになったぞ」

大砲は徐邦傑《じょほうけつ》という清国の将軍が17人の部下とともに持ってきたものです。かれらは、わが国に来ている大使待遇の袁世凱《えんせいがい》*が、農民軍の状況をみるために送りこんだのでした。清国と日本は朝鮮を呑みこむために、おたがいに火花を散らす争いをしているところです。

洪啓薫《ホンゲフン》部隊は日暮れになると、ひろびろとした山間の地に天幕を設営しました。そこで野営をするみたいです。

「アイゴー、あの兵隊さんたちも生きて帰られるかどうだか、わからんわさ」

酒幕《チュマク》の井戸に水をくみにきた兵隊たちをみて、酒母《チュモ》のおばあさんが独り言をつぶやきました。

「なんだと。わしらが生きて帰られるかどうかわからんというのは、どういうことだ？」

水をくんでいた兵隊が手を止めて酒母《チュモ》にたずねました。

「いや、その、きのうの夜古阜《コブ》の黄土峴《ファントジェ》というところで、数千人の監営軍《カミョングン》が皆殺しにあったそうだよ」

「監営軍《カミョングン》が皆殺しにあったとは、どういうことだね？」

「全琫準《チョンボンジュン》将軍が妖術をつかって数千人の監営軍《カミョングン》をいっきに片づけてしまっただね」

「なにい？　妖術をつかって数千人の監営軍《カミョングン》をいっきに片づけただと？　そんな話って

袁世凱　1859～1916年。李鴻章の配下、朝鮮総理交渉通商事宜、すなわち、朝鮮における清国の代表。辛亥革命に乗じて中華民国大統領につき、さらに帝位を狙うが、あえなく失敗し、失意のうち死去した。

あるか！　ばあさん、バカげた話はたいがいにしないと、ただじゃおかねえぞ」

兵隊たちが目をむきました。

「あの山の端をとおる連中が見えるかね？　あの人たちが運よく生き残って、あそこから逃げてきたんだよ。ついさっき、あの人たちから聞いた話さ」

「普段着を着ているのに、あれが兵隊だというんかね？」

「あの連中は褓負商《ポブサン》なんだよ。着の身着のままでむりやり引っぱられていったのさ」

兵隊たちは目を丸くして、あのおばあさんの話はほんとうかと、縁側にすわっている老人たちにたずねました。

「ああ、ほんとうじゃよ。わしらもさっきいっしょに聞いたでな」

「銃で武装した監営軍《カミョングン》を、妖術でいっぺんに数千人も殺したなんて、そんなバカげた話があるか。連中をとっ捕まえて処刑せんといかんぞ」

兵隊たちは目を大きく見開いて、かなたをにらみつけました。しかし連中はもう山の向こうに消えたあとでした。

晩飯のすんだ兵隊たちは、ひとり、ふたりとこっそり宿営をぬけ出して、あちこちの酒幕《チュマク》に入ります。酒幕《チュマク》にはのんべえたちがとぐろを巻いて、黄土峴《ファントジェ》の話でもちきりです。

「洋銃で武装した兵隊たちを術をつかって皆殺しにしたっていうんだが、いったいどんな術だったんかねえ？」

兵隊たちが聞きたがりました。

「きのうの夜どんな術をつかったかは知らんが、全琫準《チョンボンジュン》将軍が白山《ペクサン》で術をつかったと聞いたから、こんども術をつかったにちげえなかろう」

「白山《ペクサン》ではどんな術をつかったんだね？」

「あのときは監営軍《カミヨングン》が50人洋銃を持って白山《ペクサン》に奇襲をかけたけど、全員農民軍にとっ捕まったよ。全琫準《チョンボンジュン》将軍はその監営軍《カミヨングン》兵士たちを1列にならべて、その洋銃で自分の胸を撃てと命じて胸をつきだしたってよ……」

全琫準《チョンボンジュン》将軍が上衣の袖をぱっぱったとはたいたら、銃弾がぽろぽろ落ちてきたという場面では、老人は将軍の袖からおちた銃弾を1発ひろったと、その銃弾まで見せたのだった。

「そのとき全琫準《チョンボンジュン》将軍は、おれには5万の官軍をいっぺんにやっつける妖術があるといって、ワッハッハッと大笑いしたそうですぞ」

兵隊たちはおびえた目つきで見つめ合うと背中を向けました。

「わしらも命を大事にしたいんなら、道はひとつしかないな」

「脱営しようというのか？　そんなことして捕まったら、どうなると思う？」

兵隊たちは戦争中や戦場にむかうとき脱営したら、たちまち銃殺刑です。

「しかし、みすみす死ぬとわかっていながら、自分の足で歩いて死地に行けるもんか。率直にいって、罪もない農民軍と戦うのさえ気がとがめるというのに、術にかかって死んだんじゃあ、あの世でまともな鬼神にもなれんだろう」

兵隊たちは路地でしばらくひそひそとささやきあいました。

洪啓薫《ホンゲフン》部隊は翌日の夕方全州《チョンジュ》に着きました。着くとすぐ到着点呼をします。洪啓薫《ホンゲフン》は点呼の報告を受けるまえから顔色を失っていました。運動場に立っている兵隊の数がほぼ半数に減っていたのです。将校が大声で人員点呼の報告をします。

「総員800人、事故390人。事由は全員行方不明！」

帽子のひさしにいこうとしていた洪啓薫《ホンゲフン》の手がとちゅうで止まり、口はあんぐりとあいたままです。かれはぼんやりと兵隊たちを見下ろしています。

5月13日、農民軍はさらに西に移動して、孫化中《ソンファジュン》将軍の本拠地である茂長《ムジャン》を制圧しました。ここでは逃げ出した役人たちを捕まえ、かれらの家も焼き討ちしました。白山《ペクサン》で発表した倡義文《チャンイムン》では、地方役人も味方だといいましたが、ここの役人どもは古阜《コブ》と同じで、悪行を重ねているので、見せしめに懲らしめました。

ここでは天幕を張り、銃を持っている人たちには射撃訓練もしました。いぜんに監営《カミョン》軍《グン》にいた将校が、銃をあつかう方法や、銃を用いた剣術まで教えました。

そのころマンスとイルトンは古阜《コブ》に帰りました。マンスのおばあさんの祭祀のため、2日間の休暇をもらったのです。遠い道のりなので道中の話し相手になってやれと、イルトンもいっしょに帰らせてくれました。

「おいら、気になって気になって居ても立ってもいられねえ。おまえのお父さんやお母さん、なにかいわなかったか？」

イルトンはオクプニのお母さんが畑にいっている留守に、オクプニに会いました。やはり妹が取り持ってくれました。

「あんたの家から縁談がきたという話は、あたしにはなんにもいわなかったけど……」

「じゃあ、マンスに決めたのか？」

「親が話してくれないから、どんな気持ちなのかわからないわ。わたしにたずねもしないでそんなふうに決められるかと思うと、わたしだって、気が気じゃないわ」

「だから、お母さんにほかのところには嫁にいかないと、きっぱり話せよ。おまえがあっちに嫁にいったら、おいら、死んじまうからな」

「そんな恐ろしいこと、口にしないで」

オクプニがびっくり仰天しました。戦やら行軍で真っ黒に日焼けしてしまったイルトンは、それだけ気持ちもあらあらしくなっているようです。

「そろそろお母さんが帰ってくるわ。あんたがいうようにするから、そんなこといわないで待っててね」

オクプニはこういって、イルトンの妹といっしょに、いそいで垣根を出て行きました。イルトンはぼんやりとオクプニの消えた垣根を見つめていました。胸がひりひり痛みました。

馬項《マルモク》の友だちのお姉さんも好きな男の人がいたのに、夫になる男の顔も知らないまま父母が決めたとおりに結婚させられました。好きな男の人がいるということを言い出せなかったようです。結婚式の輿にのったとたんオンオンと泣きくずれた、あのお姉さんの姿がいまも目に浮かびます。お姉さんを好きだった男の人は、家を飛び出して忠清道《チュンチョンド》のある山中の烽火《のろし》守りになったといううわさでした。烽火《のろし》守りは奴婢や白丁《ペクチョン》のように賤民《チョンミン》であるうえに、1度なったらそこから抜け出すことはできません。つまり賤民《チョンミン》の身分を抜け出せないといいます。その男の人ははるかな山奥で、あのお姉さんのことばかり思いつづけて年老いて死ぬことでしょう。

結婚相手を父母どおしで決めるのではなくて、好きな本人どおしの若者と娘で決められたらどれほどいいかと思いました。そんな別世界があるなら、今すぐにでもふたりで荷物をまとめて逃げ出したいと思いました。

3日間茂長《ムジャン》にとどまった農民軍は、右手に黄海《ファンヘ》を見て霊光《ヨングァン》に南下しました。全琫準《チョンボンジュン》将軍は崔景善《チェギョンソン》野戦軍司令官やら何人かを連れてどこかに出かけたようでした。山中をさまよったのか衣服がよれよれになっていました。

農民軍が霊光《ヨングァン》に着いてみると、郡守《クンス》の閔泳寿《ミンヨンス》はすでに逃亡していました。前回ここの農民軍の竹槍でひどい目にあったかれは、法聖浦《ポプソンポ》の倉庫から年貢米をのせて七山灘《チルサンタン》に逃げていました。法聖浦《ポプソンポ》は霊光《ヨングァン》クルビ＊の集散港で、近在で徴収した年貢米を保管する倉庫のある土地でもありました。全羅道《チョルラド》西部地域から集めた年貢米は、群山《クンサン》とここ法聖浦《ポプソンポ》から都に積み出されました。

そのとき洪啓薫《ホンゲフン》はいま残っている部隊では農民軍と戦えないと、朝廷に援軍を要請しました。そのいっぽうでやつはとんでもないことをしでかしました。ちょっとまえまで監《カ》営軍《ミョングン》の隊長だった金始豊《キムシプン》営長《ヨンジャン》＊を、農民軍と内通したという罪で、3人の部下とともに首をはね、豊南門《プンナムムン》につるしました。全州《チョンジュ》のひとびとは洪啓薫《ホンゲフン》の腹の中はわかりきっていると

クルビ　子持ちイシモチの干物。

営長　地方役所に設けられた軍隊の指揮官（将官）。別の官職との兼任が多かった。鎮営長ともいう。

ささやきあいました。金始豊《キムシプン》は、洪啓薫《ホンゲフン》が招討使《チョトサ》の任命をうけたとき、かれとともにその候補にのぼった人物でした。ですから、ここでしくじるとその職位をかれにうばわれると心配して、処刑したというのです。

しかし、金始豊《キムシプン》も悪辣なことではあれこれうわさの多い男ですから、全州《チョンジュ》のひとびとはそのことを狼と山猫（キツネとタヌキ）の争いだと思っていました。洪啓薫《ホンゲフン》は、監営《カミョン》の将校の隊長である鄭錫禧《チョンソッキ》も同じ罪名で処刑しました。全州《チョンジュ》のひとびとは、鄭錫禧《チョンソッキ》は農民軍に理解があったかもしれないと、残念がりました。かれは清廉で公私の区別も厳格な将校でした。

「おい、あんた、どこに行くんだね?」

農民軍の歩哨がさけびました。夜の闇のなかを腰をかがめて歩いていた男が、いきなりすっと立ち止まりました。

「いっぺんだけ目をつぶってくれんかね。雨がこんなに降るもんで、家の百姓仕事が心配で気が変になりそうじゃ。うちには働き手がだれもおらんし、こんなに雨が降ると、麦が芽をだしちまうでね」

「あんただけじゃないさ。ここに来ている農民軍のだれにでも聞いてみろ。百姓仕事のことが心配でないもんがひとりでもいるか、聞いてみろ。わしの家には年老いたおふくろと女房がいるだけだ」

歩哨が怒鳴りました。

「でもよ、このおれよりはましだと思う。うちには身ごもって8カ月になる女房と、中風で寝たきりのおやじだけだ。さっきなんかちょっと居眠りしたら、女房が畑で赤ん坊を生み落とした夢を見たさ。おねげえだから、いっぺんだけ目をつぶってくれ。おれひとり抜けたからって戦にならんというもんでもねえだろが」

「なんだと！　みんな、おれひとりくらい、おれひとりくらいっていったら、いったいだれが残るんか？」

歩哨は大声でどやしました。男は「もう気が狂いそうだ」とぶつぶついいながらもどっていきました。

こんな事情のひとびとが昨夜も数十人抜け出しました。じきに麦の取入れがあるので、農民軍たちは空に雨雲がちょっとかかっただけでも気がかりでなりません。麦は刈り取るのも大変ですが、家まではこんで殻竿で麦打ちするのも男でなければできるものではありません。とくに、このごろは雨が多い時期なので、刈り取った麦が2、3日も雨にあたれば畑で腐ってしまいます。それでは、これまでの苦労が水の泡になってしまいます。

5月20日

5月20日、農民軍は4日ぶりにさらに咸平《ハムピョン》にむけて南下しました。全琫準《チョンボンジュン》将軍は霊光《ヨングァン》でも頭領《トウリョン》を何人かともなって2日間どこかに出かけました。咸平《ハムピョン》につくと、ここでもひとびとに大歓迎されました。ソンビ*も100人あまりやってきました。そのソンビたちのうちの何人かが全琫準《チョンボンジュン》将軍を訪ねてきました。将軍をよく知っているソンビたちです。

ソンビ　官職についていない儒者。

「ご苦労さまです。いくらにもなりませんが、お役立てください。本日おじゃましたわしらで、十匙一飯《シプシイルバン》*の思いで集めました」

ひとりのゾンビが大きな袋をひとつ将軍のまえに押し出しました。将軍は「まことにかたじけない」と袋を鄭伯賢《チョンペクヒョン》秘書に渡しました。

「洪啓薫《ホンゲフン》は朝廷に部隊を増派するように頼んだそうですが、そうなればやつらを討つのがよけい難しくなるのではありませんか？　それにいまは農繁期を目前にしております」

袋をさしだしたゾンビがたずねました。

「そうです。今いちばん頭が痛いのは農繁期が近づいているということです。ですが、ご案じになるにはおよびません。洪啓薫《ホンゲフン》もいつまでも持ちこたえられるというものでもありますまい」

将軍には余裕がありそうです。農民軍は黄土峴《ファントジェ》の戦闘以来、３０００人も抜けましたが、そんなことは口にしませんでした。

「もしもし、あんたはどこの村の人間かね？」

マンスが、昼飯を食べて出ていくひとりの若者のまえをさえぎってつめ寄りました。白山《ペクサン》のときと同じように茂長《ムジャン》やここでもすきっ腹をかかえたひとびとがおし寄せてきて、ご飯を食べていきます。

「邑内《ウンネ》の者だ」

邑内《ウンネ》のどこの村の人間かと聞くと、男は口ごもります。マンスがもう1度問いただそう

十匙一飯　十さじの飯のうち、ひとさじ分を食べないで残し、それを他人に与えること。ちなみに、朝鮮ではごはんは匙で食べる。

としたとたん、男はバタバタッと逃げ出しました。

「そいつを捕まえろ！　敵の回し者だぞ」

マンスは追いかけながら大声をはり上げました。そっちにいた農民軍たちが道をさえぎりました。

ひとびとに囲まれると、男は腰の短剣をぬきました。男をにらみつけていたマンスが、体をひるがえして2段横とびで腹をけりました。男は短剣をおとし腹を押さえました。マンスは男をひっとらえて意気揚々と金炳泰《キムビョンテ》頭領《トウリョン》のところにつれて行きました。

「こいつは、いぜん茂長《ムジャン》でも天幕や倡義所《チャンイソ》の近くをうろついてから飯を食って行きました。官軍の回し者にちがいありません」

マンスは金炳泰《キムビョンテ》頭領《トウリョン》といっしょに男をひったてて倡義所《チャンイソ》に行きました。

イルトンはうらやましそうにマンスをながめました。

東学農民戦争の跡をたずねる⑧

鳥かご作戦で使われたかご（実物大）・井邑市。

13 鶏かごで勝利した黄龍江《ファンニョンガン》の戦闘

5月25日

5月25日、洪啓薫《ホンゲフン》は霊光《ヨングァン》にむけて全州《チョンジュ》をたちました。援軍が霊光《ヨングァン》の法聖浦《ポプソンポ》にむかうという朝廷の情報を入手したからです。朝廷は壮衛営《チャンウィヨン》の兵士３００人と江華島《カンファド》営兵の兵士５００人のあわせて８００余人を仁川《インチョン》で汽船にのせて出発させました。洪啓薫《ホンゲフン》は、援軍が法聖浦《ポプソンポ》に到着する日にちにあわせて、ゆっくり南下しました。

洪啓薫《ホンゲフン》は霊光《ヨングァン》にくだるとちゅう宿営しましたが、そのときこんな電報を朝廷に打ちました。

「小さな城砦のように孤立したわが軍は、朝廷がおくったという援軍をあわせても１２００余人にすぎません。武器は農民軍より優れているものの、兵士たちがおびえきっていて敵と戦って勝つとも思えません。全州《チョンジュ》にもう1度撤収したく思いますが、武器・弾薬や装備が多すぎて、２００里の道のりをたやすく移動できません。暴徒どもは日々その数がふえておりますが、われわれには応援してくれる者とておりません」

洪啓薫《ホンゲフン》は戦闘で敗れたときにそなえて、逃げ口上を考えたようです。農民軍の数が増えているということからしてまっ赤なうそです。

洪啓薫《ホンゲフン》の軍が霊光《ヨングァン》に到着するまえの日のことです。全琫準《チョンボンジュン》将軍は金開南《キムゲナム》将軍など参謀格の頭領《トウリョン》を集めました。地図を1枚ひろげて作戦計画を説明します。その地図はこれまで南下しているあいだに、自ら歩きまわって描いたこの近郷の地図のようです。かれは地図を指さしながらしばらく説明しました。

「黄土峴《ファントジェ》の戦いよりもっとおもしろそうですなあ。その作戦の核心は鶏かごですが、鶏かごに銃弾が当たったらおっしゃるようにちゃんとはじきかえしますか？」

孫化中《ソンファジュン》将軍が聞きました。

「李芳彦《イバンオン》将軍と試し撃ちしてみました。火縄銃で撃ったのですが、近くから撃ってもはじきかえしました。洋銃や機関銃の弾もはじくと思います」

「それが確かなら勝算があると思います。その鶏かごは李芳彦頭領《イバンオントウリョン》が潭陽《タミャン》で作っておいでですね？」

金開南《キムゲナム》将軍が確認すると、「そうです」と全琫準《チョンボンジュン》将軍が答えました。そしてかれは全郡の頭領《トウリョン》を集めるようにと命じました。

「ついに決戦のときがきました。洪啓薫《ホンゲフン》が明日霊光《ヨングァン》に着くようです。頭領《トウリョン》のみなさん、それぞれの農民たちをひきいて、ただちに長城《チャンソン》にむけて出発してください。できるだけ急いで行かなければなりません。あっちに着いたら市内の入口にあたる黄龍江《ファンニョンガン》の河辺に陣をしき、あすの昼には、河原に遊びにきた人間のようにばらばらでゆっくりとしているふりをするようにと、伝えてください。細かい作戦計画はあす現場でお話しします。では、ただちに大急ぎで出発します」

全琫準《チョンボンジュン》将軍はあわただしく命令をくだしました。頭領《トウリョン》たちは急ぎました。これまで南下ばかりしていた農民軍が、いきなり方向を北にとって長城《チャンソン》めざしてつっ走りました。

洪啓薫《ホンゲフン》軍は翌朝霊光《ヨングァン》に到着しました。着いたとたん、斥候兵たちが息せき切ってかけつけてきました。

「暴徒どもが長城《チャンソン》に行って黄龍江《ファンニョンガン》の河原に陣をしきました」

「なんだと！　咸平《ハムピョン》にいた暴徒どもがいつの間にそんなところまで行ったというのか？　陣はどのようにしいておるのか？」

「はい、黄龍江《ファンニョンガン》の向こう岸に陣をはり、全員河原の砂場でばらばらになって遊んでいます」

洪啓薫《ホンゲフン》は黄龍江《ファンニョンガン》近くの地形や農民軍たちがどう過ごしているか、根掘り葉掘り問いただしました。しばらく聞いたのち、急いで部隊長を集めました。李学承《イハクスン》をはじめ部隊長たちがかけつけてきました。

「暴徒どもはいつのまにか長城《チャンソン》市内になだれこんで、黄龍江《ファンニョンガン》の河原に陣をしいたぞ。連中はおのれらの死に場所に陣をはったようだわい。われわれの攻撃にまことに好都合な地形ではないか」

洪啓薫《ホンゲフン》はいっきにまくしたてます。

「遠くから大砲と機関銃でぶったぎってから、小銃で片をつけねばなるまいて。全琫準《チョンボンジュン》は風水師だそうだが、おのれの死に場所をそこに決めたようじゃのう」

洪啓薫《ホンゲフン》はひさしぶりに明るい顔になって、自信ありげに命令をくだしました。

「ですが、援軍が今晩到着いたしますゆえ、援軍とともに明日攻撃なされてはいかがですか?」

李学承《イハクスン》です。かれは洪啓薫《ホンゲフン》のつぎの地位の副隊長級です。

「いいや。あの連中はいまわれわれに援軍がきているということをよくわかっておるので、そのときにいっしょに出動するだろうと思って、いまはくつろいで遊んでおる。そうやって油断しているときが絶好の機会じゃ。それに、いま討たねばならない大事なわけがある」

かれはつづけます。

「あした援軍がきたと聞けば、連中は葛峠《カルチェ》をこえて、いっきに全州城《チョンジュソン》を占領してしまうだろう。全州城《チョンジュソン》が落とされれば、朝廷のわれわれに対する責任追及はなみなみではなく、首が100個あっても足りなくなるぞ」

洪啓薫《ホンゲフン》はまくしたてました。

「まず黄龍江《ファンニョンガン》からこっちにくる道の要所要所に伏兵をしのばせて、わしらの動きを探りにくる斥候どもを皆殺しにしろ。そうすれば暴徒どももわしらの出動に気づかんだろう。さあ、急げ! 今すぐ斥候を始末する伏兵を送れ」

洪啓薫《ホンゲフン》は矢の催促をしました。李学承《イハクスン》は素早く動きました。伏兵たちをまず送ってから、大砲2門、機関銃2丁と400余人の兵士たちをひきいて出動しました。かれらは監営軍《カミョングン》の敗残兵の1部も兵士としてつかいました。

「あれはなんだ?」

黄龍江《ファンニョンガン》に陣をしいている農民軍たちの目ん玉が丸くなりました。霊光《ヨングァン》とは反対方向の光州《クァンジュ》のモッ峠のほうから不思議なかっこうをしたものが転がってきました。農民軍たちの目ん玉も茶わんくらいに大きくなりました。

「なんで、あんなものを転がしてきたんだ? 鶏かごみたいじゃが、あれだけ大きいのは初めて見たぞ」

「50個、いや100個くらいあるなあ。転がしてくるのはみんな農民軍じゃないか」

頭に白手ぬぐいを巻いているので農民軍に違いありません。かるがると転がしてくるところを見ると、あのなかにはなにも入っていないようです。

いま農民軍が転がしてきているのは、形はまちがいなく鶏かごですが、あんな大きな鶏かごはありません。鶏かごというのは、鶏が夜眠るかごです。竹であんだ鶏かごは長さは3メートルで、胴が太鼓のように1メートルほどふくらみ、両側の口は鶏が出入りできるくらいの大きさしかありません。

それを家の軒にぶらさげて、一方の口はしっかりふさぎ、もう一方は扉をつけはしごを

東学農民戦争の跡をたずねる⑨

鳥かご作戦のモニュメント。長城郡黄龍面。

つけてやると、鶏が上がっていってかごのなかで眠ります。田舎の村では山猫や狐など獣が多くて、鶏かごを丈夫に作っておかなければ、しのびこんで鶏を食べてしまいます。

　ところが、いま転がしてきた鶏かごは形こそ鶏かごですが、長さは4メートル以上あるし、高さも胸くらいまでありました。そんな大きな鶏かごが１００個以上あるのでした。

「いったい、そりゃあなんなんじゃ？」

　転がしてきた農民軍たちは「あとでわかるがね」といって、くっくっくと忍び笑いをし、楽しそうに転がして行きます。あれを潭陽《タミャン》や長興《チャンフン》の農民軍たちが転がしてきたところからすると、かごや竹むしろなど竹製品の1大産地である潭陽《タミャン》で作ってきたようです。

　かれらは鶏かごを黄龍江《ファンニョンガン》の流れに浮かべて河をこえると、麦畑の広がった平野のあたりにずらりと並べました。

　そのとき全琫準《チョンボンジュン》将軍は頭領《トウリョン》たちを全員招集し、作戦計画を説明しました。

「洪啓薫《ホンゲフン》軍が攻めこんできたら、きゃつらはあの野っぱらの向こうの両山すそに陣をしくはずです。われわれはあの鶏かごのうしろに隠れて、あの麦畑の原を鶏かごを転がしながら進撃します。あの鶏かごは大砲の砲弾は防げませんが、小銃や機関銃の弾なら防げます。弾丸が竹の皮にはじかれるからです。鶏かごひとつに10人ほどくっついて進撃します」

　将軍は話をつづけます。

「洪啓薫《ホンゲフン》軍は到着と同時に大砲を撃ってくるはずです。しかし鶏かごを転がしてつっ走って、鶏かごが大砲の射角の内側に入りこんでしまえば大砲は無用の長物になってしまいます。われわれはあの鶏かごで小銃と機関銃の弾を防ぎながら、陣に近づいて連中と白兵戦をします」

頭領《トウリヨン》たちはふにおちない表情です。ですが、農民たちは黄土峴《ファントジエ》の戦いでうばった洋銃があるので、ゆうちょうな顔つきをしています。

「朝廷の送った援軍は今晩法聖浦《ポプソンポ》に着くとおっしゃいましたが、きゃつらが合流すれば明日いっしょになって攻めてくるのではありませんか？」

霊光《ヨングァン》の呉河泳《オハヨン》頭領《トウリヨン》です。

「いいえ。今日のうちに攻撃してくると思います。われわれ農民軍が、あんなふうにてんでんばらばらで休んでいるという報告を受ければ、全州《チョンジュ》に攻め上がるのに余裕があるので油断しているのだと思うでしょう。それに、われわれを今日攻撃しなければすぐに全州《チョンジュ》に攻め上がられると考えるでしょう」

頭領《トウリヨン》たちはうなずきました。頭領《トウリヨン》たちは自分の部隊にもどって、農民軍に作戦計画を説明してから昼食にかかりました。そのとき、

——ドッカーン。

まえぶれもなく河原で大砲の砲弾がはじけました。

「アイゴー、こりゃなんだ？」

砲弾がつづけざまに炸裂します。昼飯を食っていた農民軍たちは、宙に吹っ飛びました。河原は修羅場と化しました。斥候兵を何組も送っていたので安心していたのですが、不覚をとりました。

「鶏かごのかげに入れ！」

頭領《トウリョン》たちが大声でさけびます。大砲はたてづけに炸裂し、農民軍たちは鶏かごを押して走ります。大砲はたてつづけに炸裂します。

「攻撃！」

麦畑にのりあげた鶏かごは、麦の上をふわりと浮いたかっこうで転がっていきました。ひとつの鶏かごのうしろには10人あまりの兵士が隠れて転がしていきます。鶏かごの転がっていく様子は、まるで麦の海を船が進んでいくようでした。大砲に鶏かごがふたつ吹っ飛びました。しかし鶏かごはすぐに大砲の射角の内側に入ります。

――バン、バン、バン。

――ダッダッダ、ダッダッダッダッダッ。

洪啓薫《ホンゲフン》軍は小銃と機関銃を撃ちまくります。鶏かごにあたった銃弾は鶏かごの上下にはじかれます。全琫準《チョンボンジュン》将軍のいったように、竹の皮がかたくすべりやすいので、鉄帽にあたった弾がはじかれるように、はじきとばされました。農民軍は1キロメートルをこえる野っぱらを、鶏かごで銃弾をふせぎながらどんどん進みました。鶏かごが山すそに近づくと、農民軍は鶏かごをすてて山にむかって突撃します。小銃の射手たちは銃を撃ちまくり竹槍兵たちは竹槍を投げこみました。農民軍が蜂の群れのようにたかると、洪啓薫《ホンゲフン》軍は逃げ出しました。機関銃の射手たちも逃げ出しました。

「おっ、あいつ、官軍の隊長みたいだぞ」

農民軍のひとりが林のなかを指さしました。軍服が隊長みたいに立派です。イルトンは

郵便はがき

恐れいりますが
切手を貼って
お出しください

101-0061

千代田区三崎町 2-2-12
エコービル 1 階

梨の木舎行

★2016年9月20日より**あめにてぃCAFE**として、
新規に開店します。どうぞお立ちよりください。

お買い上げいただき誠にありがとうございます。裏面にこの本をお読みいただいたご感想などお聞かせいただければ、幸いです。

お買い上げいただいた書籍

梨の木舎

東京都千代田区三崎町 2－2－12　エコービル 1 階
TEL　03-6256-9517　FAX　03-6256-9518
E メール　info@nashinoki-sha.com

通信欄

小社の本を直接お申込いただく場合、このハガキを購入申込書としてお使いください。代金は書籍到着後同封の郵便振替用紙にてお支払いください。送料は無料です。

小社の本の詳しい内容は、ホームページでも紹介しております。是非ご覧下さい。　http://www.nashinoki-sha.com/

【購入申込書】（FAX でも申し込めます）　FAX　03-6256-9518

書　名	定　価	部数

お名前

ご住所　（〒　　　　　）

電話　（　　）

男を見ると、林のなかにそっとはって行きました。マンスはどこに行ったのか見当たりません。

「こいつ、竹槍をくらえ！」

男のむこうがわから農民軍が竹槍を投げました。イルトンも投げます。むこうから投げた竹槍は男のわき腹に刺さり、イルトンの投げた竹槍は、太ももに刺さりました。あっというまに男の体に竹槍が4、5本つき刺さりました。男がよろけます。竹槍はさらに投げられます。ついに男は倒れました。

「こいつ、大将みたいじゃないか。洪啓薫《ホンゲフン》じゃないか？」

そのとき将校のひとりが農民軍の弾にあたって、銃をおとして倒れこみました。イルトンは銃を見たしゅんかん、どどっと駆けよりました。ひと足ちがいでほかの男が拾いあげました。イルトンは霊光《ヨングァン》の方向にむかって走りました。主をなくした大砲は、空にむかってぽかんと口をあけています。あちこちに官軍の死体が転がっています。

「あそこの、あの竹林の裏手です」

頭領《トウリョン》たちが全琫準《チョンボンジュン》将軍を先頭にして、死んだばかりの大将のいるところに向かいました。

「これは李学承《イハクスン》です。洪啓薫《ホンゲフン》のつぎの地位の男です。わたしは斥候に出たとき見ましたので間違いありません」

「大砲だ。大砲だぞ！」

農民軍たちが大砲を押して河原にでて、大声でさけびました。土手にはいつのまにか見物人たちがすずなりになって万歳をさけびました。

「万歳！」「万歳！」「万歳！」

洪啓薫《ホンゲフン》軍は400人余のうち半分は戦死したようです。農民軍たちは大砲を2門と機関銃を2丁、洋銃を200丁もうばいました。砲弾は5、6発のこっているだけですが、機関銃と洋銃の実弾はけっこう手に入れることができました。

「おいらも、洋銃、ぶんどったぞ」

マンスが洋銃を高くかかげて得意そうでした。弾帯まで腰に巻きつけています。イルトンは竹槍1本にぎっている自分がいまさらみじめに思えました。

「接主《チョプチュ》どの。この勝利は接主《チョプチュ》どのの勝利です」

全琫準《チョンボンジュン》将軍は李邦彦接主《イバンオンチョプチュ》の手をぎゅっと握りしめました。頭領《トウリョン》たちはみんな李邦彦接《イバンオンチョプ》主《チュ》をとりかこんで、握手をかわし満足そうな笑みを浮かべました。

李芳彦接主《イバンオンチョプチュ》はこのときから「鶏かご将軍」とあだ名されました。この当時あだ名のついた人は「緑豆《ノクトウ》将軍」と「鶏かご将軍」のふたりだけでした。李芳彦《イバンオン》将軍は56歳で全琫《チョンボン》準《ジュン》将軍より16歳も歳上でしたが、若者にまけず意気盛んで勇猛果敢でした。かれは大接《チョプ》主《チュ》ではありませんでしたが、学識も並はずれて高く、全羅南道《チョルラナムド》では北道《プクト》の接主《チョプチュ》にまけないくらい信頼をえていました。長興《チャンフン》を地盤として宝城《ポソン》、康津《カンジン》、霊岩《ヨンアム》、海南《ヘナム》まで名高い頭領《トウリョン》でした。

「いますぐ全州《チョンジュ》にむけて出発しましょう。1刻をあらそいます。もし洪啓薫《ホンゲフン》が援軍とともにわれわれより先に全州《チョンジュ》に入ったら、これまでの2回の勝利も水の泡になります。さあ出発、今晩は葛峠《カルチェ》をこえて川原駅《チョンウォンヨク》で宿営です」

全琫準《チョンボンジュン》将軍が火のような命令をくだします。川原駅《チョンウォンヨク》はかつて李容泰《イヨンテ》が泊まった駅《ヨク》です。

農民軍は勝利の万歳を1度さけぶいとまもなく大急ぎで葛峠《カルチェ》めざしてかけだしました。

今までぐずぐずしていたのとは大違いで、なにはともあれひた走りに走りました。

「全琫準《チョンボンジュン》将軍というお方は鬼神のようなお方だわい。咸平《ハムピョン》まで南下したことだって、鶏かごを作れといったことだってねえ。だから、今日の作戦もまえもって立てておられたはずじゃよ」

「そうじゃあ、そうじゃあ。全羅道《チョルラド》全体を掌の上にのせてのう、洪啓薫《ホンゲフン》のやつをその掌の上で蟻をからかうようにもてあそんでいるからのう」

「前回茂長《ムジャン》や霊光《ヨングァン》にいたとき、いつもあちこちに出かけられたみたいじゃった。今日の作戦もそのとき立てられたんじゃろう」

「いいや。今日の作戦はその以前から立てていなすったぞ。鶏かご将軍に対しては、まえまえから鶏かごを作れとおっしゃって潭陽《タミャン》にやったし、戦の場所を選ぶのにあちこち山勢や地形をさぐっていなすったようじゃ」

農民軍の兵士たちは走りながらも、口は口でにぎやかでした。

「閣下、閣下。早く逃げてください。暴徒どもが追いかけてきています」

血だらけになった兵士たちがかけこんで、洪啓薫《ホンゲフン》にむかってさけびました。

「なに？　いったいどうなっておるのじゃ？」

洪啓薫《ホンゲフン》はぼんやりと兵士たちを見ています。

「えらいことです。鶏かごのようなもんが海に浮かんだようなかっこうで、大砲を撃っても効き目がありませんし、機関銃を撃っても効き目がありません」

洪啓薫《ホンゲフン》はキツネに化かされたような気分です。

「全琫準《チョンボンジュン》将軍ていうのは妖術を使うと聞いておりましたが、それは嘘っぱちではなかったようにございます。李学承《イハクスン》大将も戦死いたしました」

「なんと、李学承《イハクスン》が戦死しただと！　そりゃ、まことか？」

そのとおりですというと、洪啓薫《ホンゲフン》はその場にへたりこんでしまいました。

「あの連中はいったいなんだ？」

そのとき軍隊が黒い塊になって現れました。洪啓薫《ホンゲフン》はへたりこんだまま、あお向けになってしまいそうでした。

「官軍です。都からきた援軍のようです」

洪啓薫《ホンゲフン》はそのときやっと安堵のため息をつきました。「亀をみて驚いた人間が、釜のふたをみても驚く」（釜のふたは亀の甲羅に似ている）のことわざどおりになりました。

14　全州《チョンジュ》入城

川原駅《チョンウォンヨク》で宿営した農民軍兵士はみんな、ゆったりとした顔つきです。いっぽう、洪啓薫《ホンゲフン》軍は援軍はきたものの、そのまま霊光《ヨングァン》に留まっていました。もう全州城《チョンジュソン》は農民軍の手におちたも同然です。全琫準《チョンボンジュン》将軍は、院坪《ウォンピョン》まで行ってそこでゆっくり休もうといいました。

――カンカンカン、カンカンカン、カンカンカン。

農民軍は軽快にケンガリをたたきながら出発しました。将軍は先発隊をおくり、兵士たちに食べさせる牛も手に入れさせ、勝利の酒盛りの準備をさせました。

牛を買うのや飲食の準備の費用は、土地の金持ちたちがすすんで寄付しました。しかし、ひどいことをさんざんしでかした金持ちからの寄付は、1銭も受け取りませんでした。

「農民軍、万歳!」

「緑豆《ノクトウ》将軍、万歳!」

沿道にはひとびとが押し寄せ、興奮して万歳をさけびました。院坪《ウォンピョン》にもおおぜい押し寄せました。先発隊がもう天幕をはっています。頭領《トウリョン》たちは昌儀所《チャンイソ》の天幕に入りました。

「何者か?」

頭領《トウリョン》たちが腰かけるまもなく、兵士たちがふたりの官軍を先に立てて入ってきました。

洪啓薫《ホンゲフン》がよこした軍使だといいます。かれらは王様が農民軍におくったお言葉のしたためられた書状をさしだしました。法聖浦《ポプソンポ》についた援軍がもってきたそうです。

「なに！　わしらに解散しろだと？　アッ、ハッ、ハッ、ハッ」

書面をよんだ頭領《トウリョン》たちがしばらく大笑いしました。

「やつらの首をはねてしまいましょう」

「いえ、それはできません。戦では軍使は生きて返すというのが鉄則です」

「この戦はなみの戦ではない。首をはねてわしらの固い決意を示さなければなりません」

「いや、王様の送った使者の首をはねれば、王様までも敵に回すということになりましょう」

頭領《トウリョン》たちは賛否がみだれ、すぐにまとまりそうにありません。

そのとき、兵士たちがまたふたり捕まえてきました。王様が洪啓薫《ホンゲフン》に下賜《かし》した内帑金《ないどきん》*をもっていく使者たちでした。

王様のお言葉を伝えてきた使者たちは、援軍がのってきた船でいっしょに来ました。ところが、このふたりは陸路できたため、お言葉の使者たちより早く出発したものの、やっといま到着したのでした。都から歩いてくればここまで10日ほどかかります。激励金は相当な額でした。

「やつらもいっしょにはねてさらし首にしましょう」

激励金をみると、使者を殺してはならないといっていた頭領《トウリョン》たちも、顔がゆがみました。首をはねようというほうに意見が傾きました。全琫準《チョンボンジュン》将軍は苦しい表情になってしばら

内帑金　国王がくだした激励金。

く考え込みました。

「個人としてはよくないことではありますが、大義を実現するという戦ゆえ、いかんともしがたいです。やつらの首をはねて三叉路にさらしなさい」

将軍が決断をくだしました。かれらの首が三叉路に高くさらされました。将軍は鄭伯《チョンペク》賢《ヒョン》秘書に首をさらしたわけをくわしく書いて張るように命じました。

「朝廷の大臣などはこの話を聞いたら、肝が縮み上がるでしょう」

「いまは肝が縮むだけだが、何日かしたらわれわれの刃にかかって首根っこがすずしくなるだろうよ」

農民兵も見物人たちもひとことずついいました。

その日の勝利の酒盛りは立派なものでした。ひさしぶりにカルビクク*を飲み飯もたっぷり食べた兵士たちは、農楽をかなでて楽しみました。そのとき崔景善《チェギョンソン》総司令官がかたすみに積み上げた壇に上がりました。

「今日はめずらしい方をひとりお迎えします。われわれが洪啓薫《ホンゲフン》軍をうち負かしたといううわさを聞いて、お祝いにきてくださいました。みなさんもよく知っている裵義根《ペイグン》さんです」

兵士たちは、わああーと喊声《かんせい》をあげました。裵義根《ペイグン》は有名なパンソリ*の名唱《ミョンチャン》です。

「農民軍のみなさまの勝利をお祝いいたします。わたしたちの農民軍が監営軍《カミョングン》につづいて、朝廷軍まで討ち負かしたと聞いて、この芸人もとっても嬉しくて、こうして一目散にかけつけてきました。黄龍江《ファンニョンガン》で洪啓薫《ホンゲフン》軍が負けたのは、そのむかし曹操《そうそう》*が赤壁で諸葛孔《しょかつこう》

カルビクク　牛のあばら肉を煮込んで醤油で味付けしたスープ。カルビタン。

パンソリ　長い物語を節をつけて歌う広大（歌手）と、チャンゴをたたく鼓主のふたりで演じる民俗音楽。朝鮮王朝時代に全羅道でおこり流行した。有名な歌手は名唱と呼ばれる。

明《めい》*との知恵比べに負けたのと同じことです。そこできょうは、曹操《そうそう》が赤壁で諸葛孔明《しょかつこうめい》に追い出される「赤壁賦《せきへきのふ》*」をひとふし歌わせてもらいます」

裵義根《ペイグン》は扇子をぱっとひらいて赤壁賦《せきへきのふ》を歌いだしました。赤壁での戦の場面をひとふし歌って、曹操《そうそう》が逃げる場面にくると、リズムがパンソリのなかで一番速く追い立てるようなヒモリというリズムに変わります。

——そのとき曹操《そうそう》軍、息がつまり息がきれ、いや、洪啓薫《ホンゲフン》軍、息がつまり息がきれ、槍につかれ怪我をおい、逃げ出すがたもあわれなり。やあ、洪啓薫《ホンゲフン》をみよ。

やい、チョンウク（馬の名）や、いそぐぞ。かけろ！　かけろ！　かけろ！

曹操《そうそう》と洪啓薫《ホンゲフン》を入れ替えて歌うと、農民軍たちは腹をかかえて笑います。裵義根《ペイグン》は息も途絶えそうな声で場面をもりあげます。

——洪啓薫《ホンゲフン》が怖さのあまり馬にさかさに乗って、

やい、チョンウクや、きょうはどうして前に逃げないで後ろに逃げるのか？　黄龍江《ファンニョンガン》に向かってパカパカ走るではないか。

チョンウクや、たいへんじゃ。助けてくれえ。

——おい、将軍様が馬にさかさにのってるぞ。

馬の首を切って尻の穴にさせ。さあ早くさせ。早くさせ。

曹操　155〜220年。中国三国時代、魏朝の創設者。若くして武功をあげ、勇名をはせ、211〜212年ころには華北をほぼ統一した。その間、208年に勢いにのって江南を平定しようと大軍を進めたが、孫権・劉備連合軍に大敗したのが有名な〈赤壁の戦い〉である。

諸葛孔明　181〜234年。山東省沂水（きすい）県の出身。27歳のとき、いわゆる〈三顧の礼〉をとって訪問してきた劉備にこたえて、彼に終生仕えた。希代の戦略家として有名。

赤壁の戦い　208年、曹操軍を孫権・劉備連合軍が赤壁で戦った大会戦。船の兵士たちの笑い声に天幕も吹っ飛びそうでした。裵義根《ペイグン》は、曹操《そうそう》が華容道《かようどう》の峰の峡谷に逃げるとき、鳥たちが曹操《そうそう》をからかい、腹がへってきて飯をねだる場面をこっけいに歌ってみせました。

パンソリの舞台は合いの手と笑い声で満ち、夜のふけるのも忘れました。

「戦はうまくいっているのに、あんた、なんでそんなしょぼくれた顔してるんだね？」

パンソリがおわったあと、農民軍のひとりが友だちらしい兵士の背中をつつきました。

「うちの暮らしを考えれば、気が狂いそうだわさ。麦はどんどん実っているというに、うちの働き手といえば女房だけじゃ。これで春の長雨でもふった日にゃ、麦はどうなるだかね？」

上まぶたのたれさがった目が、そうでなくても半分閉じたような目だというのに、さらに細くなってため息をつきました。

「いま家のことを心配してないもんがどこにいるんかね。洪啓薫《ホンゲフン》軍が攻めこんできたらそのときケリがつくよ」

たれ目の男はトウガラシを食ったような声をあげて、首を左右にふりました。いま畑には麦が黄色に色づき、苗代では早苗がぐんぐん背を伸ばしています。

農民軍が院坪《ウォンピョン》にきて5日たつのに、洪啓薫《ホンゲフン》軍はいっこうに霊光《ヨングァン》から動き出そうとしませんでした。赤壁の戦いでこらしめられた曹操《そうそう》のように、まだしょげかえっているようだぞ、とみんなは大笑いしました。

戦いになれていない曹操の水軍は敵の作戦のために大敗し、曹操はかろうじて逃れた。

赤壁賦　詩人蘇軾（そしょく）の韻文。全編537字。古戦場の赤壁を訪れて詩興をもよおし、47歳のとき作った。

5月30日

5月30日、洪啓薫《ホンゲフン》軍が霊光《ヨングァン》を立ったという知らせがとびこんできました。農民軍は全州《チョンジュ》にむかってゆっくり動きだしました。龍頭峠《ヨンドゥジェ》をこえ全州城《チョンジュソン》の西門《ソムン》に進撃しました。

「えっ、あれはいったい？」

先頭の農民軍たちがびっくりしました。全州《チョンジュ》の西門《ソムン》ちかくにびっしり立ちならんでいた家が1軒もありません。１０００軒もあった家がすべて焼け落ちて、灰の山が真っ黒に積もっていました。

「監司《カムサ》が、ちゃんとした家にあんなふうに火をかけろといったそうです。一刻も早く攻めこんで、まず監司《カムサ》の首をはねてください」

ひとびとが集まってきて洪啓薫《ホンゲフン》をののしりました。兵士たちはぽかんとしてかれらを眺めています。

「農民軍がきたら屋根に上がって城内にむけて銃をぶっぱなすだろうからって、火をかけました。わしらは家財度具もなにひとつ運び出せず、こうやって着の身着のままで飛び出しました」

住民たちは農民軍を見ると、あらためて悔しさがこみあげてきたのか、わんわん泣いてののしります。兵士たちはあいた口がふさがりません。この日は西門《ソムン》の外に市が立っていましたが、西門《ソムン》の楼閣には「沛西門《ペソムン》」という扁額がたかだかとかかっているだけでした。

全州城《チョンジュソン》の東西南北の城門のうち、南門《ナムムン》と西門《ソムン》の外は、ひとびとがたくさん住み5日おきに市がたちます。南門《ナムムン》の外には貧しいひとびとがたくさん住み、西門《ソムン》の外は金持ちの商人たちがたくさん住んでいます。ですから西門《ソムン》の外を、ひとびとは全州《チョンジュ》の「金窟《クムグル》」とよんでいます。金窟《クムグル》というのは字のごとくで、鯨の背中のような*お屋敷が数百軒たっています。

「では、城を守っていた兵士たちは、どこにいったんですか?」

城壁のうえには兵士はもちろんのこと、アリの子1ぴき見当たりません。全琫準《チョンボンジュン》将軍が妖術をつかうといううわさに恐れをなして、みんな逃げ出したのだろうといいます。

「さあ、どうぞ!」

そのとき城門があき、なかからわめき声が聞こえました。農民軍が商売人に変装してしのびこみ、門衛の兵士たちをたおして城門をあけたのでした。

「農民軍、万歳!」

「緑豆《ノクトゥ》将軍、万歳!」

城内のひとびとも興奮してさけびました。

農民軍はわが家に入るようにかんたんに城内に入りました。先発隊は大通りをよこぎって、監司《カムサ》が執務をする宣化堂《ソナダン》*に駆けていきました。

「宣化堂《ソナダン》ももぬけの殻だなあ」

兵士たちが気抜けしたように笑いました。とうとう農民軍は湖南《ホナム》の心臓部を占領し、都への進撃の基地を確保したことになります。古阜《コブ》蜂起からかぞえて3カ月目、白山《ペクサン》蜂起からかぞえて40日目、朝鮮王朝建国いらい、ひとつの道の首都をいわゆる「一揆軍」が占領

鯨の背中のよう　屋敷の規模などがとても大きいようす(慣用句)。

宣化堂　道知事である監司の執務室。

し宣化堂《ソナダン》を手にいれたのは今回が初めてのことでした。

黄土峴《ファントジェ》と黄龍江《ファンニョンガン》の戦につづいて全州《チョンジュ》を占領すると、世の中のひとびとは大騒ぎをしました。もう朝廷が農民軍の手に落ちるのは時間の問題だとさわぎたてました。都のひとびとは地方のひとびとよりも喜んで、尻踊り*をおどりだしそうでした。

「農民軍たちがもう錦江《クムガン》を渡ったそうだ」

「あの殴り殺してもたりない閔泳駿《ミンヨンジュン》めは、きのうの夜中に避難の荷物を故郷に送ったそうだぞ。早く攻め込んで閔《ミン》一族をきれいさっぱり片づけてほしいよなあ」

世の中がこれほどぐらぐら煮えたぎっているとき、この騒動をひとつもご存知ないお方がいました。王様の高宗《コジョン》です。農民軍が全州《チョンジュ》に入城したということを王様に申し上げるでないと、閔泳駿《ミンヨンジュン》がお付きの者の口を封じたためでした。

「暴徒どもが錦江《クムガン》を渡ったというのはまことか?」

高宗《コジョン》の妻の閔妃《ミンビ》は、閔泳駿《ミンヨンジュン》が入ってくると、息せききってたずねました。閔妃《ミンビ》は勝気な女性でしたが、顔が真っ青でした。

「いいえ。暴徒はただいま全州城《チョンジュソン》に留まっております。暴徒の数が多くて、官軍も手におえないようでございます」

「ならば、暴徒どもが都に押し入れば、いったいどうするつもりか?」

「方法はもうひとつしかありませぬ。清国の軍隊にたのんで、暴徒を追い払ってもらうしか、ほかの方法はありません」

尻踊り　嬉しくて小躍りするようす。尻振りダンス。

「では、一刻も早く袁世凱《えんせいがい》将軍に軍隊の派兵をたのむのじゃ」

閔妃《ミンビ》は閔泳駿《ミンヨンジュン》を押し出すようにして急がせます。

「袁世凱《えんせいがい》将軍は、自分に任せれば５日以内に暴徒を鎮圧できるとおっしゃいましたが、それはたやすいことではありません。清国の軍隊にたのむには王様のお許しがいりますが、王様は大臣の顔色を気にするものと思われます」

「なんですと？　逆賊どもを討って社稷《しゃしょく》*を守ろうというのに、だれに気を使うことがありますか！」

閔妃《ミンビ》の目がはげしい怒りで燃えました。

「ですが、他国の軍隊を呼びいれてわが民を討つなどとんでもないと、大臣たちの反対がなみなみではありません」

「国の社稷《しゃしょく》が危機にひんしておるというのに、どこのだれがそのようなのんびりしたことを申しておるか？　その件はわたしにまかせて、早く袁世凱《えんせいがい》将軍のもとに行って派兵をたのみなさい。いますぐお行きなさい」

閔妃《ミンビ》は矢の催促です。しかし、閔泳駿《ミンヨンジュン》は部屋の外にでたものの、ただうろつきまわっています。

洪啓薫《ホンゲフン》は農民軍が全州《チョンジュ》に入城した翌日、全州《チョンジュ》近辺に到着して、全州城《チョンジュソン》の西がわの完山《ワンサン》に陣をしきました。全州《チョンジュ》の城内が見下ろせる高台です。洪啓薫《ホンゲフン》軍は援軍や、監営軍《カミョングン》の残兵やらあわせて１５００人くらいに増えています。洪啓薫《ホンゲフン》軍は陣をしいても、３日のあいだ

社稷　朝廷または国家の崇拝する神様。社は土地の神、稷は五穀の神。

とくだんの動きはなく様子見だけしました。

6月2日

6月2日、全州《チョンジュ》が農民軍に攻略されたと聞いた高宗《コジョン》は色をなくしました。ただちに閣僚会議を召集しました。現職の大臣ばかりでなく前職の大臣たちも呼びました。閔泳駿《ミンヨンジュン》が口を開きました。かれはこのとき礼曹判書《イエジョパンソ》から兵曹判書《ピョンジョパンソ》*に転身し、この戦の担当大臣になっていました。

「げんざい暴徒の勢力が非常に大きく、いまにも都に攻めよせてくる勢いです。ですが、わが国の軍隊ではとうてい太刀打ちできません。清国の軍隊*の力を借りるほかに方策がありません」

閔泳駿《ミンヨンジュン》がこういうと、すかさず右議政*を歴任した金炳始《キムビョンシ》がのべます。

「他国の軍隊を呼びこんでわが民を討つのは、道理にもとるばかりでなく、そのつぎにさらに大きな問題がおこります。かれらが逆賊どもを鎮圧したのちも、逆賊どもが再起するかもしれないというわけで軍隊を駐屯させます。そしてさまざまな利権を要求し横暴にふるまうはずです。そんなことは火を見るより明らかではありませんか？」

かれは声こそ低くおちついていましたが、胸のうちには怒りがたぎっているようでした。

——善良な民百姓をこんな目に会わしたのは、いったいだれだというのか。そなたの一族が命拾いするために他国の軍隊を引き込んで、自国の民を討ち取るなどとんでもないことだ！　こんな怒鳴り声が聞こえてきそうでした。

兵曹判書　陸海軍大臣

清国の軍隊　総数は100万と称された。ただし、近代的な軍隊の形をもつものは、李鴻章の配下にあった、事実上は彼の私兵である北洋軍隊3万人のみであった。

右議政　右大臣。左大臣（左議政）とともに副首相に相当。

「その上、清がわが国に軍隊をおくりこめば、天津《てんしん》条約＊によって日本も待ってましたとばかりに軍隊をおくってくるでしょう。そうなればわが国はどんなざまになるとお思いですか？」

左議政の鄭丙朝《チョンビョンジョ》です。ほかの大臣たちもみんな反対しました。外国軍隊を引きこんで内乱を平定することは、とりもなおさず国の主権をかれらに渡すことにほかならないからです。

2匹のオオカミが獲物を独り占めしようと、その機会をねらっているかっこうです。

「では、外国軍は呼ばないこととします。ですが、わが国の軍人のなかには軍隊を指揮できるものがおりません。清の袁世凱《えんせいがい》将軍にわが軍の指揮を任せたいと思いますが、各大臣のお考えはいかがですか？」

高宗《コジョン》は1歩ひきさがって折衷案をだしました。大臣たちにとっては、それもあきれ果てた案ではありましたが、差し迫った事情なので、反対しませんでした。閔泳駿《ミンヨンジュン》の顔がぱっと明るくなりました。いそいで袁世凱《えんせいがい》のところに駆けつけました。


「わが国王が閣下に軍隊の指揮をとっていただけるようお願いしてみよとのことでありますので、こうして駆けつけて参りました。わが国王は閣下のお力を天のように信じておいでです」

閔泳駿《ミンヨンジュン》は袁世凱《えんせいがい》にひたすらぺこぺこしました。

「はっはっは」

天津条約　甲申《カプシン》政変の翌年（一八八五年）、日本の伊藤博文と清の李鴻章が天津で結んだ条約のこと。当時朝鮮に駐屯していた両国軍隊がすべてひきあげるものの、どちらかの国が朝鮮に再び軍隊を派遣するときは、連絡をとりあおうというものだった。

袁世凱《えんせいがい》はなにを考えているのか、しばらく大笑いしました。

「いまさらわしにどうしろというのかね？　物事にはすべて時というものがある。ひどくなるだけひどくなってから出陣を願うとはのう」

袁世凱《えんせいがい》は、まったく見下げはてたという口ぶりで、背中を向けました。かれは、派遣している徐邦傑《じょほうけつ》の報告で洪啓薫《ホンゲフン》軍の動静を逐一知っていたのでした。

「わたしどもは閣下だけを信じていますのに、閣下がこのような態度を取られては困ります。逆賊が都に攻め入った日には、わが国の社稷《しゃしょく》が危機におちいります」

閔泳駿《ミンヨンジュン》は袁世凱《えんせいがい》の脚にでもしがみつくほど近づきました。しばらくして袁世凱《えんせいがい》がふりかえりました。

「もう朝鮮軍では逆賊を制圧できませんぞ」

「清国軍隊でなければダメだということでしょうか？　ですが、外国軍を引き入れることは朝廷の大臣たちが……」

「なに、そなたの国の大臣たちの話を聞かせようと、このわしを訪ねてこられたのか？」

袁世凱《えんせいがい》は怒鳴りつけました。閔泳駿《ミンヨンジュン》は涙ぐみました。そして手をこすりながら引き下がりました。かれは高宗《コジョン》のところでなくて閔妃《ミンビ》のところにかけつけました。


「どうなったのか？」

「すでに時を失したとおっしゃられて、相手にもされませんでした。わが国の軍隊ではダメだとおっしゃられて。自分の軍隊を呼びたいということのようです」

「それならかえってありがたいことではないか。なのに、なぜそのような苦りきった顔をしているのだ?」

「大臣たちが反対するのが目に見えているからです」

「なに、大臣どもが? 国の社稷《しゃしょく》が危ういというのに反対するとは、いったい自分たちをどこの国の大臣だと思っておるのか。そんな大臣どものいうことを聞く必要はないぞ。わたしに任せなさい」

閔妃《ミンビ》はその夕刻高宗《コジョン》をおどしつけて、清に援軍を乞う裁可をひきだしました。高宗《コジョン》の裁可がおりると、閔泳駿《ミンヨンジュン》はまたあたふたと袁世凱《えんせいがい》のもとに駆けつけました。朝鮮征服の野望に燃えている袁世凱《えんせいがい》は、豪傑笑いをしました。その夕刻、朝廷は極秘のうちに清国北洋大臣李鴻章《りこうしょう》*に援軍を乞う国際的手続きをふみました。その知らせを聞いた大臣たちはため息をつきました。しかし事態の収拾に立ち向かう大臣はいませんでした。

ドカーン。

全州《チョンジュ》市内にいきなり砲声がとどろきました。

ドカーン、ドカーン、ドカーン。

砲声がつづきます。家家がマッチ箱がこわれるように吹っ飛びました。洪啓薫《ホンゲフン》軍が撃っているのです。

「あいつら、狂ったか?」

農民軍たちはまごつきました。全州《チョンジュ》市内全域が修羅場になりました。

李鴻章 1823〜1901年。安徽省合肥出身。直隷総督として清国の外交と防衛を主宰していた。西欧近代文化の摂取につとめたが、富国強兵にはいたらず、清仏戦争に破れ、日清戦争にも大敗して政治生命は終わった。

「あいつら、いったいどこの国の軍隊なんか？」

「わしらの反撃をさそいかけておるのだ」

崔景善《チェギョンソン》総司令官です。

「いや、それにしてもですよ。戦は兵士どおしでやるもので、子どもや老人まで殺したりしていいもんですか？」

頭領《トウリョン》たちはぽかんとしています。洪啓薫《ホンゲフン》軍は山の中腹に塹壕をふかく掘って、その中に居すわって大砲をやたらに撃ちまくっています。砲弾は市内にふりそそぎます。

「攻撃！」

全琫準《チョンボンジュン》将軍が攻撃命令をくだしました。崔景善《チェギョンソン》総司令官は農民軍を2隊に分け完山《ワンサン》に進撃させました。敵軍は農民軍にも砲弾をあびせかけます。砲弾がはじけるたびに兵士が4、5人宙にはね上がります。

「すすめ！」

兵士たちは完山《ワンサン》にしがみついて登ります。敵軍は塹壕のなかから頭だけだして機関銃や小銃を撃ちまくります。農民軍は上をむいて撃ちますから敵軍の顔も見えません。敵軍は黄龍江《ファンニョンガン》の戦闘の仕返しでもするかのように、やたらに撃ちまくります。農民軍は銃もまともに撃てないで、どんどん倒れていきます。敵軍はモグラのように塹壕のなかからやみくもに撃ってきます。

「こりゃあ、だめです。地勢がまったく不利です」

将軍が退却命令をだしました。農民軍はしだいに引き下がっていきます。敵軍はまた城内に大砲を撃ちだしました。

「なんてこったい、あいつら、人間か、それとも獣か？」

頭領《トウリョン》たちはぽかんと口をあけて完山《ワンサン》をながめました。先だっての城内は家が焼けおちただけで人間が死傷したわけではありませんでしたが、今回は街中に死体がごろごろ転がり、叫び声とうめき声で城内一帯はもう生き地獄です。数百軒の家が燃えあがっています。

全琫準《チョンボンジュン》将軍が頭領《トウリョン》たちを集めました。

「洪啓薫《ホンゲフン》があんなまねをするにはわけがあると思います。朝廷が清国に援軍を依頼したのでしょう。その知らせを聞いて、これまでなんら手柄のなかったことにあせって、わしらを引きずりだすことで手柄にしようと、あんな獣のようなまねをしているのです。どんな作戦を立てたらいいでしょうか？」

将軍は沈痛な表情で問いかけました。

「すぐに全州《チョンジュ》のひとびとの犠牲をへらす方法は、連中を攻撃するよりほかにありません」

金開南《キムゲナム》将軍です。城内ではいまも砲弾がはじけ、悲鳴と叫び声が天をついています。

「あの坂をのぼって攻撃するのは、わしらの図体を敵の銃のまえにさらすのと同じことです」

崔景善《チェギョンソン》総司令官はなんども首をよこにふりました。農民軍も黄龍江《ファンニョンガン》からはこんできた大砲と砲弾がいくつかありましたが砲手がいません。それに撃ったとしてもかれらは塹壕のなかに閉じこもっているので、特に効き目もないようです。

ドカーン、ドカーン、ドカーン。

敵はいぜんとして城内に砲弾を撃ち込んできます。

「全州《チョンジュ》のひとびとには申し訳ないのですが、われわれはだまっているわけにはいきません。今回はあんまり急がないで地形と林をうまく利用して攻撃してはどうでしょう？」

金徳明《キムドンミョン》将軍です。城内のひとびとを助けようと思えば、農民軍が城外にでて、弾よけになるしかありません。

「大砲の射程外にでて、沈着にやつらの欠陥をしっかり見定めてから攻撃しましょう」

全琫準《チョンボンジュン》将軍が命令をくだしました。

農民軍は城門を抜けでました。城内で炸裂していた砲弾が農民軍を追ってきます。機関銃も火をふきます。兵士たちは大砲の射程外に出ました。

「おまえら、いったいなにやつだ？　その背負っているのはなんだ？」

完山《ワンサン》のうらっかわに偵察にでていた農民軍斥候たちが、袋かなにかを背負ったひとびとを捕まえました。

「おまえたち、洪啓薫《ホンゲフン》軍の兵士だろう？　ありのままに白状しないと撃ち殺すぞ」

胸に銃を突きつけて、あらあらしく問いただすと、かれらはたずねるままに白状しました。袋に入っているのは米で、洪啓薫《ホンゲフン》軍には食糧が４日分しか残っていないそうです。斥候たちはかけもどって全琫準《チョンボンジュン》将軍に報告しました。

「洪啓薫《ホンゲフン》軍の大砲と機関銃の射撃距離の外で完山《ワンサン》を包囲しなさい」

将軍が命令をくだしました。かれらを包囲して食糧調達の道を防いでしまおうという作戦のようです。農民軍が完山《ワンサン》を取り囲みました。こうして戦は長期戦に入りました。

15　政府との和約

朝鮮朝廷の要請をうけいれた清国は、朝鮮に軍隊をおくりました。清の李鴻章《りこうしょう》は北洋海軍提督の丁汝昌《ていじょしょう》に2隻の軍艦をあたえ仁川《インチョン》にむけて出発させ、葉志超《ようしちょう》には2500人の陸軍兵士と8門の大砲をあたえて忠清道《チュンチョンド》牙山《アサン》にむけて出発させました。そのいっぽうで天津条約にもとづいて、朝鮮にむけて出兵したことを日本側に通告してきました。

「あっはっはっはっ、とっくのむかしに知っておるわ。そなたたちはわれわれより1歩遅れをとったようじゃのう」

通告を受けた日本の大鳥公使*は、からからと高笑いしました。すでに仁川《インチョン》港に軍艦を停泊させておいたかれは、420人の日本軍に対して大砲を先頭にたてて漢城《ハンソン》に進撃するように命じ、つづいて6000人の混成旅団を上陸させ、その1部も漢城《ハンソン》に進撃させました。かれは朝廷と清の動きを手にとるように細かに観察しながら、清が軍隊を出発させると、それよりも数歩先んじて漢城《ハンソン》を占領してしまったのでした。

そのころ全州《チョンジュ》では宣化堂《ソナダン》正門の歩哨のひとりがあわててなかに入っていきました。歩哨は洪啓薫《ホンゲフン》軍の兵士が渡していったと、1通の手紙をさしだしました。

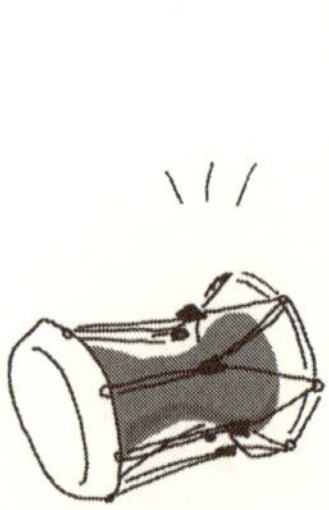

大鳥公使　大鳥圭介のこと。1832～1911年。もと幕臣。戊辰戦争において五稜郭の戦いに参加。のち明治政府に出仕。1889（明治22）年、特命全権公使として清国に在勤、93年朝鮮公使を兼任した。

全琫準《チョンボンジュン》将軍が急いで読みました。

「朝廷から洪啓薫《ホンゲフン》にわれらと和解の約束を結ぶようにいってきたそうです。われらの望みをすべて聞いてやれと、いったようです」

全琫準《チョンボンジュン》将軍が手紙を頭領《トウリョン》たちのまえにさしだしました。

「朝廷がこうでるからには、状況がけっこう深刻になっているようです。清国に援軍を要請し清軍はすでに入っておるし、日本軍も入ってきたようです」

こうしたことに明るい孫化中《ソンファジュン》将軍が口をひらきました。

「両国軍隊が入ってきたとは、なんという晴天の霹靂《へきれき》でしょうか？　これでは、われわれは家のなかの南京虫をやっつけようとして、家を全焼させたも同然じゃないですか」

「まったくだ。いきなり後頭部をがんと殴られたような感じじゃが、こんなことってありますか？」

農民軍の頭領《トウリョン》たちはほんとうに後頭部を殴られたような気がしたのでした。全琫準《チョンボンジュン》将軍はだまったままです。

「朝廷にわれわれの要求を強く主張してみて、それが聞き入れられたなら、われわれが退くことにしてはどうですか？」

「両国の軍隊がわが国に入ってきたのは、われら農民軍を討つためですから、われわれが朝廷と和解の約束を結んで引き下がれば、かれらがわが国に入りこむ名分がなくなります。朝廷でもそれを狙って和解しようといってきたようです」

金徳明《キムドンミョン》将軍です。たちまち金開南《キムゲナム》将軍が手をふりまわしましながら抗弁しました。

「だめです。われわれが引き下がったとしても、いったん侵攻してきたやつらがやすやすと出ていくと思いますか？　清も日本の軍隊も、やつらが入ってきた真の目的は、単にわれわれ農民軍を討つということにあるのではなくて、われわれを討ったあとでわが国を呑み込むことにあります。われわれが引き下がれば、だれが両国の軍隊を追い出しますか？　あの洪啓薫《ホンゲフン》めが追い出すとでも思いますか？」

金開南《キムゲナム》将軍の声はさらに激しくなりました。

「正しいおことばです。ですが、われわれには大きな問題がひとつあります。黄土峴《ファントジェ》の戦が終わってからというもの、今日まで兵士が４０００人も減っています。今晩も数百人出ていくでしょう。約半数の兵士たちが抜けていったことになりますが、いま残っている兵士たちの心も自分たちの田畑の上にあります。しばらく退いて様子を見て、農作業がすむまでにやつらが出ていかないなら、そのときまた立ち上がってはどうでしょうか？」

李芳彦《イバンオン》将軍です。

「だめです。われわれが退けば、朝廷はそのままやつらの手に落ちるでしょう。国が亡びるというのに、それを知りながら、ただ引き下がれというのですか？」

金開南《キムゲナム》将軍の声はさらに大きくなりました。崔景善《チェギョンソン》野戦軍司令官などの何人かの頭領《トウリョン》たちが将軍に同調します。そのとき孫化中《ソンファジュン》将軍がわって入りました。

「兵士が減っているのも問題ですが、最新式武器で武装した両国の軍隊を相手にするなら、われわれには何よりも武器が問題です。さしあたっては実弾が問題です。いま持っている実弾がつきれば、竹槍で外国軍の最新式武器に立ち向かうはめになります。そうなれば兵士の数だけでもかれらの10倍、20倍必要ですが、自分たちから出てきた者たちも半数ちかく帰っていますから、どこでそんな多くの兵士たちを集めますか？」

「そうです。いま兵士たちが帰っているのは戦うのがいやで帰っているわけではなく、農作業のためです。かれらを止めることは河の流れを止めるより難しいです。現在の朝廷の出方を見れば、われわれが和解の条件をいくら高くつり上げてもみんな聞き入れられると思います。和解条件を思いつくだけならべてみて、それが聞き入れられたら引き下がるというのでどうですか？　引き下がっても武器はそのまま持ち帰り、農繁期が終わったあとも両国軍隊が撤収していなければ、そのときまた立ち上がりましょう。まずは朝廷にだす和解条件から列挙してみて、そのあと議論してはどうでしょうか？」

全琫準《チョンボンジュン》将軍のことばを聞いて、だれもが金開南《キムゲナム》将軍の表情をうかがいました。かれは気に入らない顔つきでしたが、反対はしませんでした。頭領《トウリョン》たちは和解の条件をひとつずつあげていきました。さまざまな条件がでました。それを鄭伯賢《チョンペクヒョン》秘書が整理します。

①　農民軍と政府は恨みをこえて多様な作業を協力して処理すること。
②　金品に目がくらみ民百姓を苦しめた官吏たちを厳しく処罰すること。
③　悪事の限りをつくした大地主も厳しく処罰すること。
④　あくどい儒生《ユセン》や両班《ヤンバン》も罪状にしたがって処分すること。
⑤　奴婢文書*は焼き捨てて奴婢を解放すること。
⑥　賤民《チョンミン》の待遇を改善し、白丁《ペクチョン》たち被差別部落民にペレンイ*着用を強制してきた法律を

奴婢文書　奴婢であること、その所有者がだれかなどを記した原簿にあたる文書。ちなみに奴は男の召使、婢は女の召使をいう。

廃止すること。
⑦ 若年寡婦《じゃくねんかふ》＊には再婚をゆるすこと。
⑧ 守令《スリョン》たちが勝手に名目をつくり徴収していた税金は、これをすべて廃止すること。
⑨ 官吏たちの登用は特定の地方にかたよることなく均等に行なうこと。
⑩ 日本人の手下になっている者どもをすべて処罰すること。
⑪ 官公庁や個人からの借金はすべて帳消しとすること。
⑫ 田畑は分け合ってたがやすこと。

「国は大混乱をきたしていますので、こうしたことは多くの者が頭をよせて議論しなければなりません。ですが、ただいま時間も切迫していますので、だいたいこの程度にしておいて、また不具合があれば直しながらそれも要求していくということでどうでしょうか？」

全琫準《チョンボンジュン》将軍のことばを聞いて、だれもが金開南《キムゲナム》将軍の表情をうかがいました。かれは頭を少しよこにふったようでしたが、口にだして反対はしませんでした。全琫準《チョンボンジュン》将軍は和解の条件を封筒に入れて、洪啓薫《ホンゲフン》に伝えるようにと、鄭伯賢《チョンペクヒョン》秘書に渡しました。

頭領《トゥリョン》たちは条項の施行方法を議論しています。頭領《トゥリョン》たちは自分の郡にもどって、事務所をもうけ、さっき書き送った条項ばかりでなく、ほかのことでも誤っていることがあれば正していこうとしました。そうしたことを処理する行政長を執綱使《チプカンサ》といい、その事務所を執綱所《チプカンソ》といいました。執綱所《チプカンソ》は郡衙＊に置くことにしました。もともと「執綱《チプカン》」というのは

ペレンイ　竹であんだつばの小さい笠。白丁たちが賎民のしるしとしてかぶらされていた。

若年寡婦　若くして夫を亡くした妻。死ぬまで他の男性と再婚ができず、貞節を守ることとされた。

郡や町や村で風俗を取り締まる人のことを指すことばでした。

6月10日

「よっぽどあわてているらしい。もう回答がきたぞ」

ちょっと外出していた崔景善《チェギョンソン》野戦軍司令官は、もっていた封筒を全琫準《チョンボンジュン》将軍に渡しました。

「われわれの送った条件をすべて呑むという電信がきたそうです。その電信文を送ってきたようじゃ」

全琫準《チョンボンジュン》将軍が電信文を開いてみせると、頭領《トウリョン》たちはちょっと拍子抜けしたというふうに豪快に笑いました。朝廷と農民軍のあいだに和解が成立したのです。6月10日のことでした。これによって戦は終わったことになります。

「ところで、改革の条項にひとつ問題があります」

全琫準《チョンボンジュン》将軍が口を開きました。

「12の項目のうちで悪徳官吏や大地主、それに儒生《ユセン》・両班《ヤンバン》たちを厳しく処罰するという3条項についてです。なんでもそうですが、処罰というのは公平公正になされなければなりませんが、それはとっても難しいことです。どうやったらもめないで処分を進められるか、意見を聞かせてください」

将軍が頭領《トウリョン》たちの顔をぐるっとながめました。金徳明《キムドンミョン》将軍が切り出しました。

「わたしもそれを考えておりました。処罰を公平公正に行うのも難しいことですが、役

郡衙　郡役所。

人や金持ちどもに恨みをもつ人間がごまんといますから、執綱使《チプカンサ》でかれらを処罰しだすと、ひとびとのあいだに刃傷沙汰《にんじょうざた》もおこるでしょうし、いずれどの郡にも血の嵐が吹き荒れることになります。外国の軍隊がわが国に入りこんでいる状況では、われわれ民衆どおし争ってはなりません。その3条項は外国軍隊を追い出してから実施することにしてはいかがでしょうか？」

頭領《トウリョン》たちがみんなうなずきました。

「そうしましょう。その条項は執綱所《チプカンソ》でも取り扱わないだけでなく、一般のひとびとも個人的に恨みを晴らすということのないようしっかり取り締まらなければなりません。ひとり、ふたりと、報復をはじめれば、手に負えなくなりますから、格別心してくださるよう願います」

将軍のことばにみんなはうなずきました。

翌日、農民軍たちはひとりのこらず全州《チョンジュ》をぬけ出しました。イルトンは和解の条項のなかの「若年寡婦《じゃくねんかふ》には再婚をゆるすこと」という条項が頭から離れませんでした。どうせそんな条項を入れるのなら、「青年男女は愛し合う者どおしが結婚する」という条項も入れたらどれほどいいかと思いました。

「やあ、若年寡婦《じゃくねんかふ》の再婚が許されるんなら、うちの叔母さんも再婚できらあ」

マンスが笑いながらいいました。マンスの叔母さんは16歳で嫁ぎ、その翌年に夫がなくなり、ひとりの子どもも産まないで、37歳の今日まで嫁ぎ先で20年間過ごしてきました。

「子どももいないし顔もきれいだから、すぐに再婚できるよ。強引にでもおれが勧めてみるよ」

マンスは洋銃をうばい取ってからというもの意気軒昂《いきけんこう》です。撃鉄をがちゃがちゃ引いてみたりして、イルトンのまえでは特にいばります。村にもどって洋銃をぶんどったといばることを思うと、イルトンはいまからもう憂鬱《ゆううつ》でした。

16　執綱所《チプカンソ》の設置

農民軍たちは故郷にもどったとたん農作業に追いまくられ、頭領《トウリョン》たちは頭領《トウリョン》たちですぐに執綱所《チプカンソ》づくりにとりかかりました。執綱《チプカン》の下には書記《ソギ》・省察《ソンチャル》・執事《チプサ》・童蒙《トンモン》などの職員をおきました。書記《ソギ》というのは執綱《チプカン》の秘書のような仕事をし、省察《ソンチャル》は農民警察、執事《チプサ》は行政職員、童蒙《トンモン》はおもに青年たちでほかの郡の執綱所《チプカンソ》やもろもろの機関との連絡係です。

郡衙に執綱所《チプカンソ》が入ると、郡の行政はじじつ上執綱所《チプカンソ》がすべて引き受け、郡守《クンス》や県監《ヒョンガム》などの首長《スジャン》たちはお飾りになってしまいました。首長《スジャン》が追い出されたところもありました。首《ス》長《ジャン》の下で仕事をしていた戸房《ホバン》や吏房《イバン》など現地採用の地方官吏は、たいてい執綱所《チプカンソ》ではたらいています。農民たちには行政経験がないので、かれらの手を借りたのでした。

古阜《コブ》の執綱《チプカン》は金道三《キムドサム》さんが引き受けています。マンスは童蒙《トンモン》を希望して選出されましたが、イルトンは家の仕事の関係で希望できませんでした。

全琫準《チョンボンジュン》将軍が各地の執綱所《チプカンソ》をまわって全州《チョンジュ》にもどってきました。宣化堂《ソナダン》に入ろうとすると、ある官吏が近づいてきておじぎをしました。

「わたくしはこのたび全羅道《チョルラド》監司《カムサ》を拝命しました金鶴鎮《キムハクチン》という者です。これまで将軍の愛国忠誠の真心にふかい敬意をいだいてまいりました。今後はあらゆることを将軍のご下命にしたがって処理いたします」

あんまり下手にでられたので、全琫準《チョンボンジュン》将軍のほうがむしろあわてました。

「ありがとうございます。悪政改革12条項は朝廷と農民軍のあいだで取り決めた和解条件ですから、官の立場で見れば朝廷の命令と同じことです。お互いさま相談しながら実施しましょう」

「わたくしもさまざまな誤りを正すことだけが民百姓を生かす道だと思います。こちらは登庁閣《トウンチョンガク》に引っ越ししたので、宣化堂《ソナダン》はそのまま将軍がお使いください」

金鶴鎮《キムハクチン》は印象が温和なところからして、ほかの官吏たちとまるで違っていました。

「民百姓もそう願っているようですので、そうしましょう」

金鶴鎮《キムハクチン》は刑曹判書《ヒョンジョパンソ》＊や工曹判書《コンジョパンソ》＊など朝廷のたいていの要職を経験した大物でしたが、朝廷は後の処理を円滑にするために、こんな人物を送りこんだようです。

「監司《カムサ》様がすぐになさるべき仕事がひとつあります。現在郡ごとに執綱所《チプカンソ》をつくり、これまでの悪弊を正そうとしておりますが、羅州牧使《ナジュモクサ》が抵抗して、あそこにだけは設置できておりません。どうか督司《カムサ》様が善処してくだされ」

金鶴鎮《キムハクチン》がそういたしましょうと答えました。

全羅道《チョルラド》の羅州《ナジュ》以外のすべての郡には執綱所《チプカンソ》を設置しました。初めは羅州《ナジュ》、南原《ナモン》、雲峰《ウンボン》の3カ所の守令《スリョン》が抵抗していましたが、南原《ナモン》は金開南《キムゲナム》将軍が攻めこんで府使《プサ》の首をはねて

刑曹判書　法務大臣。

工曹判書　建設省の大臣。

設置しました。南原《ナモン》のとなりの雲峰《ウンボン》も農民軍が攻めこんで、守令《スリョン》を追っぱらって設置しました。羅州《ナジュ》は、崔景善《チェギョンソン》司令官が農民軍をひきいておどすと、営長《ヨンジャン》の李源佑《イウンス》が兵士をひきいて抵抗し、いまは城門をとざして立てこもっています。しかし、外国軍隊が入っている国情では、これ以上内戦というわけにもいかなくてじっと耐えているところです。

宝城《ポソン》の執綱所《チプカンソ》の文章衡《ムンジャンヒョン》は白洲に金持ちの男を引きずり出して、尋問をしています。男は宝城《ポソン》でも悪名高い金持ちです。

「そなたは去年の春、金《キム》コクリさんに種モミを1石貸したことがありますな？」

「そうです」と答えました。

「春に1石の種もみを貸したのならば、秋に利子1石をつけて2石受け取ればすむものを、そなたは金《キム》コクリさんが約束の日に1日遅れたからといって4石も受け取ったそうじゃな？」

「そういう契約でした。契約書はここにあります」

「わかっておる。ところで、金《キム》コクリさんがその契約書の日付よりも4日も早くそなたの屋敷に2石担いで行き、契約書にかいてあるその当日にも担いで行ったものの、そなたが家にいなかったので渡せず、おたくの召使いたちは金《キム》コクリさんを追い返したというが……」

「それは存じません」

「金《キム》コクリさんはいたしかたなく、またその翌日担いで行ってみると、その日はそなたが家にいて、契約書通り4石出せといったそうですな」

「召使いたちが追い出したかどうかはわしの知ったことではありません。わしは契約書通りにしたまでです」

執綱《チプカン》は質問をつづけました。

「では、契約書に書いてある日付の数日前や当日には、どうして召使いは米を受け取らなかったんですか？」

「わしはその日遠方に用事がありまして、出かけておりましたので、知りません」

「金《キム》さんが4石は出せないといったとき、金《キム》さんを役所に告発し、金《キム》さんが棒攻めに根をあげて4石出すといいましたが、その4石を受け取ったのは事実ですか？」

「棒攻めにあったかどうかわしの知ったことではありません。わしは契約書通りに4石受け取っただけです」

「吏房《イバン》、去年この男の屋敷で召使いをしていた朴《パク》トチュルさんを呼びなさい」

すぐに下役人が召使いをつれてくると、金持ちはびっくりしました。

「トチュルさん、金《キム》コクリさんが米を担いできたとき、2度も追い返したが、なぜ追い返したのか？　本当のことをいわないと生きては帰れませんぞ」

召使いはもうただ怖気《おじけ》づいて、主人のほうをちらちら見ていましたが、主人が追い出せといったので追い出した、と白状しました。

「では、近ごろどうして寺に隠れていたのか？」

「主人が隠れていろといったからです」と、やっぱりぶるぶる震えながら答えました。

「よし、あの男を仕置き椅子にしばりつけろ！」

下役人たちが金持ちを仕置き椅子にしっかりとしばりつけました。

「アイゴー、ゆるしてくだされ。2石はお返ししますから」

「いや、だめだ。おまえは米1石につき利子を3倍もとった。もとの利子の1石はのけて、余計にとった2石は、おまえのやり方どおり3倍として6石。罪もない人間を棒攻めにあわせた慰謝料として6石。あわせて12石を金《キム》コクリさんにさしだしなさい」

「アイゴー、執綱《チプカン》さま。はっ、半分にまけてください」

金持ちはぶるぶる震えてうまくものもいえません。執綱《チプカン》は死にたいのかと机をガンとたたきました。

金持ちはふるえ声で、ご命令通りにいたしますと答えた。

「もうひとつ、聞いておきたいことがある。金《キム》コクリさんを捕まえて棒攻めに合わせたとき、どの役人と示し合わせたのか？」

「だれとも示し合わせていない」といいます。

「よし、鞭をうて！　あやつの口から本当のことがでてくるか、腸がでてくるまで打ちすえろ！　もし手心を加えれば、おまえも生きてはおれんぞ」

「アイゴー、命だけはお助けを。吏房《イバン》です、吏房《イバン》です」

金持ちは1回も打たれていないのに白状しました。吏房《イバン》には何石やったのかと聞くと、1石やったと答えました。

どの執綱《チプカン》所《ソ》でもこんな事件がひんぱんにおきました。12条項には手もつけられず、執綱《チプカン》所《ソ》はこんな問題が毎日つづき息をつくひまもありませんでした。

金鶴鎮《キムハクチン》監司《カムサ》が宣化堂《ソナダン》にやってきました。

「羅州《ナジュ》の牧使《モクサ》の閔種烈《ミンジョンニョル》と営長《ヨンジャン》の李源佑《イウォンス》の両名はお達しに従わないものとして罷免をいたしました」

「ごくろうさまです」

金鶴鎮《キムハクチン》はここに赴任するとき「便宜従事《ピョニジョンサ》」の権限をもらってきているため、牧使《モクサ》を罷免できました。便宜従事《ピョニジョンサ》というのは、朝廷の承諾を受けなければならない事案でも、承諾なしに処理できる権限です。金鶴鎮《キムハクチン》は和解のむずかしい問題を予想して、そうした権限を朝廷に要求して、王様から許可をもらってきました。肝っ玉のすわった人物でなければそんな権限のことなどいい出せるものではないと、中央官界でもっぱらのうわさになったものでした。

「ところで、ひとつお願いがございます。あちこちのソンビから嘆願書が届いております。両班《ヤンバン》たちは体面で生きる者でございますが、若者たちが両班《ヤンバン》のカッをうばってかぶり侮辱をしたり、はたまた、対等につきあおうといったりと、そうした不敬が頻発しております」

金鶴鎮《キムハクチン》は用心深くことばを選びました。

「両班《ヤンバン》や金持ち連中のふだんの横暴さに比べれば、そんな侮辱は知れたものです。執綱《チプカン》所《ソ》が取締まりをしなかったならば、もっと大変な目にあっていたでしょう。しかし、そんな個人的な復讐も取り締まることにしましたから、きちんと指示をいたします」

金鶴鎮《キムハクチン》は了解したというふうにうなずきました。

執綱所《チプカンソ》がしっかり取締りにあたってはいたものの、これまで民百姓を虐待した両班《ヤンバン》や金持ちたちは、夜もおちおち眠れませんでした。非常にあくどかった連中は、執綱所《チプカンソ》の幹部の息子や童蒙《トンモン》を婿にとったりしましたし、金を包んで執綱所《チプカンソ》の幹部の家を走りまわっているといううわさが飛び交いました。

そんなおり、金鶴鎮《キムハクチン》に兵曹判書《ピョンジョパンソ》の辞令が発令されました。清と日本が軍隊をひきいてきたため、朝廷には金鶴鎮《キムハクチン》のような有能な人物が必要だったのでした。しかし金鶴鎮《キムハクチン》はその辞令を拒否しました。自分が全羅道《チョルラド》を去れば、せっかく進みかけた改革が頓挫《とんざ》するかもしれないと、事情を書状に細かくしるして朝廷に送りました。朝廷もかれの意思を受け入れました。

――カン、カン、カン。

東の空がうっすらと白みかけたころです。古阜礼洞《コブイエドン》の洞閣《トンガク》ではマンスとイルトンが鉦をたたいています。

――カン、カン、カン。

村の大人たちは洞閣《トンガク》に顔をだすとすぐ、自分の腕前に応じて楽器をひとつずつ選んで、楽しそうにたたきだしました。あっというまに70人くらい集まりました。

——カカン、カカン、カカン、ドン。

農楽隊の指揮役の金炳泰《キムビョンテ》がドンとたたくと、いっせいに音が鳴りやみました。

「きょうは39マジギのたんぼに田植えをします。パンチョンじいさんの田んぼが22マジギ、マンスの田んぼが12マジギ、ハンモルさんとこが5マジギ、あわせて39マジギです」

礼洞《イエドン》のトゥレたちは「農者天下之大本」と書かれた農旗《ノンギ》を先頭にたて農楽をかなで、万石洑《マンソクポ》めざして進みました。まるで戦場へでも向かうような行列でした。マンスは今日は自分の家の田植えがあるので執綱所《チプカンソ》に出勤しませんでした。ペドル平野にはもうほかの村のトゥレの連中が10人ほど向かっています。

今日の田んぼには、昨日苗代で苗取りをした苗がすでにまかれてあるので、トゥレのみんなはまっすぐ田んぼに向かいました。この村にはトゥレは30人ほどいますからふた組に分かれて植えていきます。

トゥレの仲間はみんながみんな田植えをするわけではありません。4、5人はケンガリや太鼓をもって歌いだし、残りのひとびとがそれをうけて楽しく田植えをします。

どんな村でも、16歳から55歳までの、自分の手で農作業のできる男なら、だれもがこのトゥレに入らなければなりません。この年齢は兵役につく年齢でもあります。このように結束したトゥレは、自分たちの田んぼの田植えと田草取りをするだけではありません。年をとったり病気になったりしてトゥレに出られない家の田植えや田草取りもします。

トゥレは村人たちみんなの、しっかりした組織なので、幹部の役割もさまざまです。座《チャ》長《ジャン》、都監《トガム》、総角《チョンガク》大方《テバン》、助士《チョサ》総角《チョンガク》、有司《ユサ》の5種類です。座長《チャジャン》はトゥレの長で、礼洞《イエドン》でいうと金炳泰《キムビョンテ》氏が座長《チャジャン》です。都監《トガム》は副座長《チャジャン》格、総角《チョンガク》大方《テバン》は田植えや田草取りを指図する人、助士《チョサ》総角《チョンガク》は総角《チョンガク》大方《テバン》を補佐する人です。有司《ユサ》というのはトゥレの会計を預る人です。

イルトンも何日かまえにトゥレに入りました。年齢こそ16歳にちょっと足りませんが、このたびの戦で大人顔負けの活躍をしたので、特別に入れてもらえました。はじめて入ったので助士《チョサ》総角《チョンガク》として農具も持ち運び、総角《チョンガク》大方《テバン》の手足のような仕事もします。トゥレは百姓をする農村ならどこにでもあります。ですから、このたびの戦でも1村のトゥレが1小隊のように動きましたし、座長《チャジャン》は小隊長として指揮をとりました。人数の少ない村はほかの村のトゥレといっしょに小隊をつくり、寝食も戦もともに行動しました。どこのトゥレもかならず楽器を持っていました。トゥレのない農村はなく、楽器のないトゥレはないというくらい、トゥレと楽器は切っても切れない糸と針のようなあいだからです。

早朝にトゥレの仲間を楽器でおこし、田んぼへの行き帰りにも楽器がつきます。苗を植えるときも楽器をたたきます。楽器をたたかないのは食事をするときだけでした。

村の女たちが1列になって昼食のかごを頭にのせてやってきました。東津江《トンジンガン》の土手の芝生の上に昼ご飯の支度をします。トゥレの男たちは手足をさっと洗って昼ご飯に集まります。みんなは1日に5度も食事をします。朝、昼、晩の3度に加えて、2度の間食があります。

野良の食事はトゥレの連中だけが食べるわけではありません。村のおばあさん、おじいさん、子どもたちまでみんな出てきて食べます。ただし、娘たちだけは出てこられません。娘たちは12歳になれば村の外に出られないために、こんなときも家の垣根ごしにはるかにながめるだけです。オクプニも家でひとりでいらいらしていることでしょう。

「おーい！」

ご飯を食べていたマンスが大声でそばを通り過ぎる男を呼び止めました。肩に菰《こも》をかついだ男がふりかえりました。

「ほかの村に寄らないで、こっちに来なよ。うちの村の野良飯がいちばんうまいからね」

村びとたちはみんな大笑いしました。その男もつられて笑いながらこっちにやってきました。菰《こも》の形からすると、引き臼とぎの男のようでした。大麦と小麦を穫り入れたので、石臼で大麦がしっかり引けるように、臼の底の刃の目をたてる引き臼とぎは、いまが稼ぎどきです。小麦をひく粉屋もいまが稼ぎどきです。

「では、今日はこちらでよばれます」

あばた顔の引き臼とぎは菰《こも》をわきにおいて、道端にすわりこみました。

「さあ、マッコリ*からぐっとやってください。今年の大麦は農民軍の雄叫《おたけ》びを聞いて発酵しましたから、味がしゃきっとしております」

「そうでしょうとも。趙秉甲《チョビョンガプ》を追い出した味と監営軍《カミョングン》を討ち負かした味、それに朝廷軍までぶったぎった味といったらたまりませんや。このごろは酒も飯も食ったそばから身につくようですわい」

マッコリ　清酒を造るときできる濁り酒。マッは「大雑把に」、コリは「濾す」の意。アルコール度数は約5度で、かつては農作業などのあいまにキムチなどをあてにしてよく飲まれた。

引き臼とぎもなかなか口がうまいものです。みんなでワッハッハッハッと笑いました。

田植えをおえて家にもどる夕暮れになりました。執綱所《チプカンソ》の省察《ソンチャル》にでている隣村の男が、金炳泰《キムビョンテ》頭領《トウリョン》の名を呼びながら近づいてきました。かれも今日自分の家の田植えがあったようです。

「執綱所《チプカンソ》で童蒙《トンモン》がもうひとり必要なんだが、イルトン、どうかね？　家の仕事は村の連中がちょっとずつ手伝うということにして、やってもらえんかね？」

「馬項《マルモク》のソンスはどうですか？」

男がいいおわらないうちにマンスが口をはさみました。

「ソンスは先だって志願しましたが落ちました。けど、あの家なら家族が多いので、村のみんなが助けなくっても大丈夫です」

男はそうかと口ごもりました。イルトンはのどから砧《きぬた》の棒がでてきそうでした。マンスをその棒で一発なぐってやりたい気持ちでした。

その夜、イルトンは村はずれの墓地に出かけて月を見上げました。今日マンスのとった態度にも腹が立ちましたが、何日かまえ馬項《マルモク》市場の酒幕《チュマク》で見た、オクプニのお父さんの顔が浮かびました。それで、イルトンは寝床でねつけない体をごろごろさせたあげく出てきたのでした。

オクプニのお父さんが、馬項《マルモク》市場でマンスのお父さんと一杯やりながら、笑っていた姿が今も目にあざやかに浮かびます。どんな話かは知りませんが、オクプニのお父さんはとてもいい気分のようでした。

オクプニは、自分の母親にはマンスはいやだという話をしたといいましたが、お母さんは夫の顔色をうかがって、まだその話をしていないといいます。

さいきんマンスが以前とちがってはつらつとしているのを見ても、どうも両家のあいだになにかありそうでした。

7月23日　日本軍、宮殿占拠

農民たちが毎日こうして楽しく農作業をしているのとちがい、国情のほうは惨澹《さんたん》たるものでした。

清の何倍もの軍隊をひきいてきた日本は、清に対して法外な提案をしました。清と日本の両国で朝鮮の政治を正そうというのでした。清は、それは他国に対する内政干渉にあたるから両国がどうじに軍隊を引き揚げようと主張しました。日本は清の提案を拒否し、日本単独で朝鮮の政治を正してみせるといいました。

これに対して、わが国の朝廷はそれは自分たちで考えてやることなので干渉しないでくれといいました。すると日本は、朝鮮が清と結んだ条約をすべて破棄し、朝鮮が独立国家だということを示せと要求しました。

3日以内に回答がなければ、朝鮮政府がそのような能力のないものとみなし、代わりに日本が清の軍隊を朝鮮から追い出してやるといいます。王様をはじめ大臣たちはあきれて二の句がつげません。しかし日本に対抗する力がないので、ため息をつくばかりでした。

日本のいう3日目にあたる日のことです。日本公使の大鳥は朝早く軍隊をひきいて宮殿を攻撃し占拠しました。かれは刀で王様を脅して、全政治を父親の大院君《テウォングン》に任せるように脅迫しました。怖気づいた高宗《コジョン》は致し方なくそうしようと答えました。

――ほっほう、ついに朝鮮500年の社稷《しゃしょく》がこうしてくずれるのか……。

その話を聞いた大院君《テウォングン》は涙を落としました。そのとき大院君《テウォングン》はすでに日本軍に拉致されて納戸に閉じ込められていました。

大鳥はまるで大院君《テウォングン》の指示をうけたように自分勝手に、金弘集《キムホンジプ》＊を首班にして、朴定陽《パクチョンニャン》、金允植《キムユンシク》＊、趙義淵《チョイヨン》など親日派たちの新内閣を組閣しました。金弘集《キムホンジプ》は礼曹判書《イエジョパンソ》と左義領《チャイリョン》を務めたことのある人物でした。

「これまで清国と結んだあらゆる条約を破棄し、清国軍隊を朝鮮から追い出せといいなさい。清国軍隊がおとなしく退かなければ、連中を追い出すあらゆる権限を日本に与えると宣言しなさい」

大鳥が金弘集《キムホンジプ》に命令しました。かれは日本の操り人形ですから、しろといわれればそのようにしました。大鳥は日本軍の隊長たちを集めました。

「ただいまわが国は清国軍隊を朝鮮から追い出す権限が与えられた。清国軍隊をおもうさま撃退せよ」

命令を受けて隊長たちは喊声《かんせい》をあげました。

「発射準備は完了しているか？」

忠清道牙山《チュンチョンドアサン》に駐屯している日本軍歩兵隊長が歩兵たちにたずねました。牙山《アサン》湾の豊島《プンド》の沖には清の軍艦高陞《こうしょう》号が停泊しています。それには清国の兵士が2000人も乗って

金弘集　1842～96年。慶尚道慶州出身。朝鮮王朝末期の政治家。穏健派の立場から開化策を推進した。1894年、日本の軍事力のもとで内閣を組み、改革を進めた。閔妃暗殺事件後、反日義兵闘争の標的とされる。国王がロシア公使館に移ったとき、捕らえられて殺された。

金允植　1841～1920年。朝鮮王朝末期の政治家。屈指の漢学者で、穏健的開化派の1人。金弘集内閣のメンバーとなる。1896年2月同内閣が倒されると、済州島に配流。3・1

います。

「発射準備、完了!」

「発射!」

――ドカーン、ドカーン、ドカーン。

砲弾がびゅんびゅん飛んでいきます。高陞《こうしょう》号の上甲板が吹っ飛び、火の手が天をつきました。ひきつづき砲弾がおそいかかります。船長室もふっ飛び、機関室が爆破されました。なんにも知らされないでいた清国兵士たちにとってまったくの晴天の霹靂でした。

「やった、ついに沈むぞ!」

日本の兵士たちは喊声《かんせい》をあげました。高陞《こうしょう》号にのっていた2000人の兵士たちは軍艦とともに溺れ死にました。日清戦争のはじまりでした。日本軍は忠清道《チュンチョンド》成歓《ソンファン》に駐屯している清国陸軍を急襲しました。

日本が清国に宣戦布告したのは10日後のことですから、この攻撃は宣戦布告をするまえの卑怯な奇襲でした。日本軍はこの勢いで清国の軍隊を追い上げました。軍隊はほとんど破壊され、清国の陸軍は北へ北へと押し上げられました。

「朝廷が日本の手中に落ちたということは、わが国がほろんだも同然なのに、こんなことをしている場合か!」

農民軍の頭領《トウリョン》たちは宣化堂《ソナダン》におしかけました。

「だが、いま農民軍たちは農作業で身動きが取れないから、どうしようもない」


独立運動のとき、これに同調した。

「秋の取入れまでに3カ月もあるぞ。それまで待つわけにもいかんし、どうしたもんか」
全琫準《チョンボンジュン》将軍にもなにかいい解決法があるわけではありません。頭領《トウリョン》たちも居ても立ってもいられなくてかけつけただけで、なにか期待しているわけではありません。みんなでため息ばかりつきました。

農民たちは、いましている田草取りもそうですが、秋の収穫のときにはたくさんの労力がいります。稲刈りやその脱穀、豆・小豆・あわ・ひえといった雑穀の刈入れや脱穀にそうとうに労力がいるのです。その時期に人手がたくさん必要なことから、ことわざにも、「秋には死体も動き出す」とか「火かき棒もあっぷあっぷする」、「秋の取入れはへたなやつほどうまくやる」などいろいろあります。最後のことわざは、することがあんまり多いので、順序立ててきちんきちんとやるよりは、目の前の仕事を片っ端からこなすほうが結局早い、という意味です。

秋の取入れは穀物を家にはこんで脱穀するわけですから、男でなければ手におえない作業がほとんどです。

農民軍たちは作男をやとっている農民たちではありませんから、戦いに出るには、農作業をかたづけて家族が食べていけるようにしてからでなければなりません。

「わたしは各郡をまわって国の実情を話し、秋の取入れが終わりしだいすぐに立ち上がろうと、説得しているところです。せっかくおいでですからいっしょにまわりましょう」
全琫準《チョンボンジュン》将軍がかれらといっしょに出かけました。

「国がこんなざまだというのに、民百姓にあれほど厳しい朝廷の大臣や両班《ヤンバン》は今ごろ何をしていることやら？」

行くさきざきの農民たちは、全琫準《チョンボンジュン》将軍に対してまるで王様にするように、地面を拳でたたきながら訴えました。農民たちは事情をよく知っていました。

全琫準《チョンボンジュン》将軍は全羅道《チョルラド》の各郡をまわり、さらには忠清道《チュンチョンド》や慶尚道《キョンサンド》まで1カ月あまり歩き、国の現状を語り民心をつかみました。その間に日本軍は平壌《ピョンヤン》の戦闘で清軍を鴨緑江《アムノッカン》の北においやり、朝廷をほとんど掌握してしまいました。

17　農民軍の第2次蜂起

1894年11月

「そろそろ監司《カムサ》どのに宣化堂《ソナダン》をお返しするときがきたようです」

全琫準《チョンボンジュン》将軍は監司《カムサ》の金鶴鎮《キムハクチン》を宣化堂《ソナダン》にまねき、酒をくみ交わしながらいいました。

「予想はしておりました。ただいまの国情からみれば官職を守ることが面目もなく、ふがいなく見えるばかりです」

　将軍はしばらくまえから全州《チョンジュ》の北の参礼《サムネ》に倡義所《チャンイソ》をつくり蜂起の準備をしています。これまで倡義所《チャンイソ》と宣化堂《ソナダン》のあいだを行ったり来たりしていましたが、宣化堂《ソナダン》を監司《カムサ》に明け渡し、参礼《サムネ》蜂起の準備に専念することにしました。全州《チョンジュ》のすぐ北にある参礼《サムネ》は、湖南《ホナム》地方の交通の要衝です。

「監司《カムサ》どののこれまでのご配慮に感謝しています。ことに、先だって兵曹判書《ピョンジョパンソ》への発令があったとき、あの高い地位をお断りになったと聞いてまことに感動いたしました」

「この厳しい国情のなか官職に居すわっていること自体が恥ずかしいことです。これまで将軍に近くで接して、幼いころから義人、義人と、よく聞いた義人を目のあたりにした思いでございます。ほんのしばらくでしたが将軍といっしょに仕事ができたことが、わたくしの生涯の幸運でした」

「いいえ、身に余るおことばです」

「農民軍が再蜂起する日には、わたくしも力のおよぶかぎりお助け申します」

「はい、ありがたいお言葉ですが、朝廷が知れば監司《カムサ》どのの地位があやうくなりませんか？」

「それだけの覚悟はできています。それはわたくしの生涯最後の、やりがいのある仕事になると思います」

ふたりはまるで長年の親友が別れるかのように、夜ふけまで盃をかたむけました。その後農民軍が蜂起したとき、金鶴鎮《キムハクチン》は兵糧や軍資金を大量に届け、全州《チョンジュ》近くの威鳳山城《ウィボンサンソン》にある武器・弾薬までおくってよこしました。


翌朝、全琫準《チョンボンジュン》将軍は宣化堂《ソナダン》を明け渡して参礼《サムネ》にひっこしました。倡義所《チャンイソ》の天幕にはすでに頭領《トウリョン》たちが20人ほどきて待っていました。

「アイゴー、将軍もおいでになられましたなあ。遠いところをご苦労さまでした」

全琫準《チョンボンジュン》将軍が鶏かご将軍の李芳彦《イバンオン》将軍を見つけて手をにぎりました。

「宣化堂《ソナダン》の料理は栄養満点のはずですが、血色も別によくなっておられませんな」

李芳彦《イバンオン》将軍のことばに接主《チョプチュ》たちがどっと笑いました。しばらくあちこちでにぎやかなあいさつになりました。そのうち全琫準《チョンボンジュン》将軍が真剣な顔つきになりました。

「ご存知のように、このたびの戦いはとても難しい戦いになります。朝廷はわが国の軍隊の指揮権まで日本軍に渡してしまいました。ですからわれわれは日本軍、朝鮮軍の両軍

東学農民戦争の跡をたずねる⑩
参礼蜂起記念碑・完州郡参礼邑。

を相手に戦わなければなりません」

頭領《トウリョン》たちがため息をつきました。

「今度の戦は不利な点がひとつやふたつではありません。前回、監営軍《カミョングン》や洪啓薫《ホンゲフン》軍を討ったときは、同じ戦場で戦う1回1回の勝負でした。しかし今度はそうではありません。われわれが漢城《ハンソン》に攻め込めば日本軍は船にのって西海《ソヘ》をくだってわれわれの背後をつくでしょう。西海岸《ソヘアン》の農民軍は地元に残って、そんな日本軍に備えなければなりません。西海《ソヘ》も問題ですが、南にはもうひとつの問題があります。李芳彦《イバンオン》将軍から説明してもらいます」

全琫準《チョンボンジュン》将軍が李芳彦《イバンオン》将軍をふりかえりました。

「現在、長興《チャンフン》と康津《カンジン》では儒生《ユセン》たちと地方役人たちとが手をくんで、われわれの背後をつこうと、仲間を集めています。いぜんからそうした動きはあったのですが、清国軍隊を打ち破った日本軍が、農民軍を討つといううわさが広がると、よけい気勢を上げているわけです。民堡軍《ミンボグン》という名前で正体をあらわして兵士たちを集めています」

「われわれも小耳にはさみましたが、そんなろくでもない連中がいたもんですね。国中の民衆がすべて心をひとつにしても難しいというのに、わしらを討つために徒党をくむとは。そんな連中も顔は人間の面をしているんですか？」

「あんな連中の腹の中はわかりきっています。これまでろくでもない首長《スジャン》の下できたえた悪知恵で農民軍を討って、そのてがらで日本人どもにへつらって、役職のひとつにでもありつこうという魂胆《こんたん》でしょう」

「まったく、とんでもないやつらめ！」

「世の中が乱れたときは、国がどうなろうとわが身の栄達ばかり考える、そんな連中が横行するものです。李芳彦《イバンオン》将軍は地元にのこってやつらを抑えておいてください。はなからしっかり抑え込まなければなりません」

全琫準《チョンボンジュン》将軍がおちついてこう話しました。

「国中の民衆がみんな団結しても難しく、その上そんな連中まで出てきたというのに、崔《チェ》時《シ》亨《ヒョン*》教主《キョジェ》様はどうなんですか？　こんども東学《トンハク》教徒たちは蜂起してはいかんと、頑固に反対なさっていますね」

前回領率将《ヨンソルジャン》を引きうけた崔景善頭領《チェギョンソントウリョン》です。教主《キョジェ》の崔時亨《チェシヒョン》は東学《トンハク》を創建した崔済愚《チェジュウ*》の愛弟子で、朝廷によって崔済愚《チェジェウ》が処刑されると、第2代教主《キョジェ》におされた人物です。

「そうです。それで、何日かまえに益山《イクサン》の呉知泳《オジヨン》接主《チョプチュ》をはじめ何人かが教主《キョジェ》様にお目にかかりに法所《ポプソ*》に行きました。今日明日中にもどってくると思いますが、教主《キョジェ》様だけでなく周辺の北接頭領《プクチョプトウリョン》までが反対しているようです」

金徳明《キムドンミョン》将軍が暗い表情で語りました。

いつのころからか、東学《トンハク》を北接《プクチョプ》と南接《ナムチョプ》とに分けて呼ぶようになりました。南接《ナムチョプ》は全羅道《チョルラド》地域、北接《プクチョプ》は忠清道《チュンチョンド》地域をはじめ全羅道《チョルラド》以外の地域をさすことばです。北接《プクチョプ》と南接《ナムチョプ》の間は、前回の白山《ペクサン》蜂起のころから溝が深まりました。崔時亨教主《チェシヒョンキョジェ》が、東学《トンハク》教徒たちはお上を相手に戦ってはならないと、蜂起に反対したからでした。

崔時亨　1829〜98年。宗教家。慶尚北道慶州の貧農の生まれ。東学第2代教主。厳しい弾圧のもとで布教に力を傾注し、教団組織を整備した。東学本来の非暴力的な教化主義から武装蜂起には反対だった。農民軍の敗北後、江原道原州で逮捕され、処刑された。

崔済愚　1824〜64年。慶尚北道慶州の没落両班の家に生まれた。1860年、啓示を得て東学を創始した。その万人平等主義と地上天国の教えが民衆の間に急速に浸透すると、人心を惑わすという理由で逮捕され、大邱で処刑された。

法所　中央本部

そのとき見張りの兵士が戸をあけました。法所《ポプソ》に行っていた頭領《トウリョン》たちがもどってきたようです。

「ほっほう、虎も自分のうわさを聞きつけると現れるという*が、……」

頭領《トウリョン》たちがそろって迎えにでました。北接《プクチョプ》の巨頭の金演局《キムヨングク》をはじめこちらから行った頭領《トウリョン》たちも5、6人います。みんなでにこやかに出迎えました。しかし金演局《キムヨングク》の顔はひきつっていました。あいさつをすませてすわると、金演局《キムヨングク》が切り出しました。

「東学《トンハク》は正しい心を磨こうという宗教です。教主《キョジェ》様はそんな東学《トンハク》の組織を利用して戦をしてはならないと、厳しい命令をくだされました。先だっての白山《ペクサン》蜂起のときも、はじめは止めなさいとおっしゃり、あとで黙認されましたが、今回は絶対容認できないと厳しい命令をくだされました」

金演局《キムヨングク》が断固としてこう述べました。みんなの顔が固まりました。

「先日蜂起したことがどうして過ちだったといえるのか、その点から考えてみましょう」

全琫準《チョンボンジュン》将軍が冷静に切りだしました。

「東学《トンハク》に入信したひとびとは、10人のうち9人までが力のない貧しい農民たちです。あのときは役人どもがあまりにもひどく農民たちからむしりとるので、百姓たちが食っていけなくて立ち上がりました。いまにも飢え死ぬという人間がどうして道を磨いてだけいられましょうか？　ご存知のように、あのときわれわれは2回戦って2回とも大勝利を収めました。朝廷は過去の過ちを反省して改めることを約束しました。そこで現在全羅道《チョルラド》には執綱所《チプカンソ》をつくって、農民たちの望むように過ちを正しているところです。

虎も自分のうわさを聞きつけると現れる　日本のことわざ、うわさをすれば影と同義。

ところで、今回は日本軍が攻めこんできて、わが国をまるまる呑みこもうとしています。国が亡びるというのに、民は手をこまねいていなければなりませんか？　崔済愚《チェジェウ》教主《キョジェ》は正しい心を磨けとおっしゃいました。座していることが正しい心か、正しいことなのか、もう胸がつまりそうです」

全琫準《チョンボンジュン》将軍が静かにこう話しました。

「しかしながら、このたびは前回とは事情がちがいます。あの強力な日本軍と戦をするのです。日本軍は清国軍隊も打ち破りました。そんな軍隊と戦えば勝敗は火を見るより明らかです。そうなればわれわれが30年間育ててきた東学《トンハク》教団は完全に破壊されるでしょう。国のことは朝廷に任せましょう。われわれ東学《トンハク》教徒だけでも生き残って国を建て直す算段をしなければなりません」

金演局《キムヨングク》の口ぶりは説得調にかわりました。つぎに孫化中《ソンファジュン》将軍が受けて立ちました。

「ええ、われわれも朝廷に任せたいのです。しかし日本人は刀で王様をおどして、案山子《かかし》の金弘集《キムホンジプ》政権をたて、自分たちの代理をさせています。日本軍と戦わなければならない朝廷軍も、指揮権を日本軍に渡してしまいました。朝廷に任せても日本の軍隊を追い払える人間はだれもいないのです」

「しかしながら、教徒たちを動員して戦をおこすことだけは認めるわけにはいきません。これは教主《キョジェ》様の命令です」

金演局《キムヨングク》は断固としていいました。

「むかしから人の心は天の心といいます。崔済愚《チェジェウ》教主《キョジェ》は「人乃天」と説かれました。朝鮮8道の民はいま日本軍を追い出そうと雄叫《おたけ》びをあげています。民の心は天の心ですから、民の雄叫《おたけ》びは天の雄叫《おたけ》びであり、天の命令です。われわれは教主《キョジェ》さまの命令より天の命令に従いたいと思います」

全琫準《チョンボンジュン》将軍が断固としてこう述べました。将軍は背が低く、座高もそれだけ低いのですが、こんな時はそばにすわっているだれよりも高く見えました。

水かけ論のあげく金演局《キムヨングク》一行はかたい表情で帰っていきました。そのあとすぐに崔時亨《チェシヒョン》教主《キョジェ》の警告文が届きました。――全琫準《チョンボンジュン》は教団の乱賊であり国の逆賊である。東学《トンハク》教徒たちは全琫準《チョンボンジュン》がひきいる戦に絶対に巻き込まれてはならぬ――こんな内容でした。これは倡義所《チャンイソ》だけでなく全国の各郡接主《チョプチュ》に送られました。しかし、頭領《トウリョン》たちはたいていそんな警告文など笑いすて、戦の準備に大わらわです。

いの一番に参礼《サムネ》に到着したのは、鄭益瑞《チョンイクソ》頭領《トウリョン》ひきいる古阜《コブ》農民軍の４０００人でした。この４０００人は全琫準《チョンボンジュン》将軍の直属部隊ともいえる部隊です。農民軍はこの何日かのあいだに雲のように集まりました。

全羅道《チョルラド》全体で蜂起した人数はというと、11万５５００人です。白山《ペクサン》蜂起のときの10倍以上です。全羅道《チョルラド》の北部15の郡、南部12の郡、あわせて27郡の出動です。

郡別の農民軍の大将（カッコの中）と兵士数はつぎの通りです。

現在の全羅北道《チョルラブクド》地域

古阜《コブ》（鄭一瑞《チョンイルソ》）　6000人
金溝《クムグ》（金鳳得《キムボンドク》）　5000人
南原《ナモン》（金開南《キムゲナム》）　10000人
参礼《サムネ》（宋憙玉《ソンヒオク》）　5000人
院坪《ウォンピョン》（金泰燮《キムテソプ》）　7000人
全州《チョンジュ》（崔大鳳《チェデボン》）　5000人
泰仁《テイン》（崔景善《チェギョンソン》）　7000人
興徳《フンドク》（高栄叔《コヨンスク》）　2000人
高敞《コチャン》（林天瑞《イムチョンソ》）　5000人
金堤《キムジェ》（金奉午《キムボンオ》）　4000人
茂長《ムジャン》（宋敬賛《ソンギャンチョン》）　7000人
淳昌《スンチャン》（呉東昊《オドンホ》）　1500人
任実《イムシル》（李龍挙《イヨンゴ》）　3000人
井邑《チョンウプ》（孫如玉《ソニョオク》）　5000人
咸悦《ハミョル》（劉漢弼《ユハンピル》）　2000人

現在の全羅南道《チョルラナムド》地域

光州《クァンジュ》（朴成東《パクソンドン》）　4000人
潭陽《タミャン》（金重華《キムジュンファ》）　3000人
宝城《ポソン》（文章衡《ムンジャンヒョン》）　3000人
霊光《ヨングァン》（呉河泳《オハヨン》）　8000人
長興《チャンフン》（李芳彦《イバンオン》）　5000人
海南《ヘナム》（金炳泰《キムビョンテ》）　3000人
羅州《ナジュ》（呉勧善《オグォンソン》）　3000人
務安《ムアン》（裵圭仁《ペギュイン》）　2000人
順天《スンチョン》（朴洛陽《パクナギャン》）　5000人
長城《チャンソン》（奇宇善《キウソン》）　1000人
咸平《ハムピョン》（李《イ》　某《モ》）　1000人
興陽《フンヤン》（柳希道《ユヒド》）　3000人

これらの人員が全員参礼《サムネ》に集まったわけではありません。霊光《ヨングァン》・茂長《ムジャン》・高敞《コチャン》・興徳《フンドク》・金堤《キムジェ》など西海岸《ソヘアン》の農民軍たちは、群山《クンサン》や法聖浦《ポプソンポ》に攻め込んでくるかもしれない日本軍にそなえて、そちらに残っていました。長興《チャンフン》・康津《カンジン》・宝城《ポソン》・海南《ヘナム》など南海岸の農民軍たちは、農民軍の背後を突こうとする両班《ヤンバン》や役人たちの民堡軍《ミンボグン》を抑えるべく、そちらに集まっています。

その後事情がなんども変わり農民軍の司令部も改編されました。全琫準《チョンボンジュン》将軍を総大将に、孫化中《ソンファジュン》将軍と金徳明《キムドンミョン》将軍とを総指揮者に推戴しました。

金開南《キムゲナム》将軍は南原《ナモン》の1万人もの農民軍をひきいて全州《チョンジュ》に駐留しており、孫化中《ソンファジュン》将軍は前回領率将《ヨンソルジャン》をつとめて卓越した指導力を発揮した崔景善《チェギョンソン》頭領《トウリョン》とともに西海岸《ソヘアン》を守るべく光州に都所《トソ》をつくって、そちらに駐留しています。前回金徳明《キムドンミョン》将軍とともに総参謀をひきうけていた益山《イクサン》の呉知泳《オジヨン》接主《チョプチュ》は、北接《プクチョプ》の頭領《トウリョン》たちをもっと説得するために指導部には入りませんでした。鄭伯賢《チョンペクヒョン》頭領《トウリョン》は全琫準《チョンボンジュン》将軍の秘書としていまもそばにひかえています。

全羅道《チョルラド》で蜂起すると、忠清道《チュンチョンド》の農民信者たちもさわぎだしました。しかし、教主の崔《チェ》時亨《シヒョン》は絶対に蜂起してはならないと、全国の東学《トンハク》教徒たちにもう1度厳しく命令をくだしましたので、忠清道《チュンチョンド》の接主《チョプチュ》たちは身動きがとれません。崔時亨《チェシヒョン》の命令に服従する全羅道《チョルラド》の10あまりの郡も事情は同じことでした。それは咸悦《ハミョル》、益山《イクサン》、沃溝《オック》、臨陂《イムピ》、扶安《プアン》、万頃《マンギョン》、砺山《ヨサン》、古山《コサン》、茂州《ムジュ》、任実《イムシル》、全州《チョンジュ》でした。

そのころ日本軍は農民軍の漢城《ハンソン》進撃に徹底的に備えていました。連中は、農民軍の動きを手の平のうえにのせて見るようにくわしく探り、進撃路の要所要所に日本軍と朝廷軍を配置しました。とくに公州《コンジュ》に兵士をたくさん配備しました。農民軍の漢城《ハンソン》侵攻をふせぐには公州《コンジュ》が戦略的にもっとも重要な地点だったのです。

――カンカンカン、カンカンカンカン。

とうとう農民軍が農楽隊を先頭にして、にぎやかに出陣しました。農民軍の1次進撃目標は論山《ノンサン》です。公州《コンジュ》を攻撃するために、一時的に論山《ノンサン》で陣容を整えることにしました。農楽隊のうしろにはおびただしい数の幟《のぼり》旗が色とりどりに空を埋めつくしています。隊列の規模は2万人くらいです。西海《ソヘ》海岸と長興《チャンフン》、康津《カンジン》の南海《ナメ》海岸線にのこった農民軍はそれだけたくさんいました。そして全羅道《チョルラド》の中の1郡としては1万人という最大規模の南原《ナモン》農民軍は、金開南《キムゲナム》将軍が指揮しており、全州《チョンジュ》にのこって独自にうごきます。

「農民軍、万歳！」

「緑豆《ノクトウ》将軍、万歳！」

村を通るたびに村人たちが拍手し、のどがかれるほど万歳をさけんでくれました。道端では井戸水をくんでおいて、水筒に入れてくれたりしました。

「北接《プクチョプ》の頭領《トウリョン》たちはふぬけかい？　日本人野郎が朝廷をふみにじり、王様ののど元に刀を突きつけているというのに、いったい何をしておるんじゃ？」

忠清道《チュンチョンド》論山《ノンサン》の地に足をふみいれると、地元の農民たちが北接《プクチョプ》を非難する声は、それはもううるさいほどでした。

論山《ノンサン》に到着した農民軍は、ここでも天幕をはったり、かまどをつくったりと、つむじ風が巻き起こるほど目まぐるしく動きまわりました。マンスとイルトンも同じ村の人たちといっしょに、土をこねてかまどをつくり釜をかけました。

「古阜《コブ》のみなさんはこちらですか？　朴《パク》イルトン君というのはどこにいますか？」

こざっぱりした身なりの中年の男が聞きました。イルトンは自分ですと名乗りました。

「ああ、きみか？　わたしは倡義所《チャンイソ》で兵糧米やお金の経理をしているもんだがね……」

イルトンも何度か見かけたような気がしました。淳昌《スンチャン》郡衙の役人出身の金敬天《キムギョンチョン》という男です。

「仕事がとてもこみ入ってて計算が合わないんだ。将軍が君をつれてきて、いっしょに仕事をするようにおっしゃった。きみがすごく計算に強いとおっしゃってね。さあ、きてくれないか。手を洗って」

「いやです。おいら、戦しに来たんです。そんな仕事をしたくて来たんではありません」

イルトンはさっと土まみれの手をふりました。

「こんなきつい仕事よりもずっとこぎれいな仕事なんだがなあ。いやだとはなあ」

「楽をしたいんなら、家で寝てるのが1番でしょう」

金敬天《キムギョンチョン》は変わったやつもいるもんだとイルトンをしばらくながめていましたが、もどっていきました。

「なんでそんなにかっかしているんだ？」

「あんな仕事もいやだけど、あの男の顔も虫がすかん。まっ、戦に出てきたからにゃ戦わなきゃあね。米何俵、麦何俵って、算木《さんぎ》を置きにきたわけじゃあるまいし」

イルトンのことばに村の人たちはどっと笑いました。

「こいつ、格好つけるんじゃないぞ」

算木　運算に用いる短い棒。

これまでだまっていたマンスがどやしつけました。イルトンの顔色がさっと変わりました。夜になると、イルトンはマンスを天幕のうらの人気のないところに呼び出しました。

「やい、おれがどんな格好をつけたというんだ！」

イルトンがいまにもまわしげりをかます構えで、問いただします。

「すまん、すまん。ほんとに、おれが悪かった」

マンスはすぐにイルトンの手をつかんで謝りました。

「戦のときでなかったら、おまえ死んでるぞ。じゃが、もう1度いったら死ぬぞ」

イルトンは拳をかためて脅しつけてから天幕のほうに去りました。

天幕をはりおわった農民軍は、つぎは軍事訓練に汗を流しました。洋銃をもった者は照準を合わせる訓練や銃剣術の訓練をし、他の者は竹槍を突いたり投げたりの訓練をしました。竹槍の技も見違えるほど上達しました。休憩のとき竹槍をまわす試合もします。竹槍を片手で前後左右にふりまわす人もいて、まるで風車がまわっているようでした。

そのころ黄海道《ファンヘド》の農民たちも蜂起しました。黄海道《ファンヘド》の農民たちは海州監営《ヘジュカミョン》を占拠して気勢を上げています。農民軍が道の監営《カミョン》を占領したのは、全羅道《チョルラド》についで2番目です。のちに上海《シャンハイ》臨時政府の首席*になった金九《キムグ》*も、18歳のときに自分の生まれた長淵《チャンヨン》郡の接主《チョプチュ》として活躍しました。

そんなおり、北接《プクチョプ》の頭領《トウリョン》たちが東学《トンハク》の法所《ポプソ》に押しかけました。孫秉熙《ソンビョンヒ》をはじめとする巨頭たちが崔時亨《チェシヒョン》教主《キョジェ》に面会しました。孫秉熙《ソンビョンヒ》はのちの3・1独立運動*で、33人の民族

首席　もっとも地位の高い国務委員。

金九　1876～1949年。独立運動家。黄海道出身。18歳で甲午農民戦争に参加して以降、生涯を反日武装闘争と朝鮮の独立運動についやした。

3・1独立運動　1919年3月1日におきた最大の反日独立運動。民族代表の33人が発起し、主体となった学生たちによって地方にも大きく波及した。参加者約20万2300人、逮捕者4700人、犠牲者7500人。

代表のその代表をつとめた人です。

「ただいま忠清道《チュンチョンド》のいろんな郡の東学《トンハク》たちがわれわれ接主《チョプチュ》のいうことを聞かず、かってに蜂起しています。このままですと、教主《キョジェ》様や接主《チョプチュ》たちは水のうえに浮いた油のようになってしまうと思われます」

孫秉熙《ソンビョンヒ》接主《チョプチュ》が実情をじゅんじゅんと語りました。崔時亨《チェシヒョン》教主《キョジェ》は目をとじてじっと聞いています。

「それでもそれは先のことです。われわれ接主《チョプチュ》は教徒たちの雄叫《おたけ》びに耐えるすべを持っていません。昨夜はわが家のチャントク台*が石を投げつけられてこっぱみじんになりました」

それでも崔時亨《チェシヒョン》教主《キョジェ》は目をとじてじっと聞いています。

「このままですと、一般の教徒たちまでがわれわれ接主《チョプチュ》のいうことを聞かず、かってに蜂起しそうです。1、2カ所でそうなれば忠清道《チュンチョンド》のどの郡も溜め池の水面が堤をこえるように蜂起することでしょう」

崔時亨《チェシヒョン》教主《キョジェ》がやっと目を見開きました。

「これもまた天のおぼしめしのようじゃな。それぞれの接主《チョプチュ》は教徒たちをひきいて沃山《オクサン》郡の青山《チョンサン》に集まるように命じなさい。北接《プクチョプ》の総指揮は孫秉熙《ソンビョンヒ》接主《チョプチュ》がつとめなさい」

「はっ、ありがとうございます」

接主《チョプチュ》たちは助かったというように、ふかぶかとお辞儀をしました。

チャントク台　味噌・しょう油甕を並べる台

法所《ポプソ》の命令がくだると、北接《プクチョプ》のひとびとはまるでもう戦に勝ったかのように、雄叫《おたけ》びをあげました。孫秉熙《ソンビョンヒ》と孫天民《ソンチョンミン》が先頭に立って笛太鼓を鳴らし、色とりどりの倡義旗《チャンイギ》をはためかせて、郡から郡へとねり歩きます。

「日本軍を追い出せ！　権力鬼神を断罪しろ！」

数日のうちに忠清道《チュンチョンド》のすべての郡が蜂起しました。京畿道《キョンギド》の農民たちも同じでした。洪州《ホンジュ》以外の全郡が蜂起しました。北接《プクチョプ》の農民軍たちも南接《ナムチョプ》のように10万人が立ち上がりました。法所《ポプソ》の命令に押さえつけられていた全羅道《チョルラド》11郡も同じでした。

孫秉熙《ソンビョンヒ》総大将のひきいる北接《プクチョプ》農民軍は、兵士を集めるために忠清道《チュンチョンド》内をひと月近く行軍したあと、報恩《ポウン》の張内里《チャンネリ》に集まりました。

ここで戦列を整えたあと、永同《ヨンドン》と沃川《オクチョン》をへて論山《ノンサン》にむかいました。全羅道《チョルラド》の農民軍たちは漢城《ハンソン》に攻めこむときに合流しようと、自分たちの郡で気勢をあげています。黄海道《ファンヘド》も同じことです。

「最初からいっしょに戦えなかった点をご寛容にお許し下さい」

孫秉熙《ソンビョンヒ》大将が全琫準《チョンボンジュン》将軍にふかく頭を下げました。

「嬉しいです。これで南接《ナムチョプ》と北接《プクチョプ》がひとつになったので、わたしたちは怖いものなしです」

全琫準《チョンボンジュン》将軍は両手で孫秉熙《ソンビョンヒ》大将の手をとって、しばらく振りました。

「もう国の本当の主人がだれかはっきりしてきました。これまで官吏たちや両班《ヤンバン》たちや金持ちたちが国の主人公のようにふるまい民衆をしいたげてきました。しかし、国がこんなざまになったので、やつらはネズミのように逃げ込む穴をさがし、朝廷の大臣ともあろう者が国の軍隊まで日本に任せてしまいました」

全琫準《チョンボンジュン》将軍はいつものように淡々とした声で語りました。

「ですぎたお願いをしてもいいですか？」

孫秉熙《ソンビョンヒ》大将がいいます。

「日本軍を討つうまい計略がありますか？」

「日本軍を討つ計略と同じくらい大事な話があります。教徒たちは北接《プクチョプ》と南接《ナムチョプ》が対立しているのを見て、とても残念がりました。今日われわれはこうして手をにぎりましたが、これまでの対立があまりにも激しかったもので、今回ちゃんと仲直りしたのかまだ疑問に思っています。北接《プクチョプ》と南接《ナムチョプ》がもうちゃんとひとつになったという事実を、世間のみんなに披露しなければならないだろうと思います」

頭領《トウリョン》たちはみんな孫秉熙《ソンビョンヒ》大将を見つめています。

「将軍とわたしが義兄弟の契《ちぎ》りを結んではいかがかと思います。わたしどもふたりが義兄弟になれば、世間のみんなは、これで北接《プクチョプ》と南接《ナムチョプ》がちゃんとひとつになったと思って、安心するのではないでしょうか？」

「本当にいい考えです。みんなに安心してもらうのに、これほどうまい手はないでしょう」

全琫準《チョンボンジュン》将軍が明るく笑って孫秉熙《ソンビョンヒ》大将の手をまた握りました。そばにひかえた南接《ナムチョプ》と北接《プクチョプ》の頭領《トウリョン》たちも、おおいに笑って拍手をしました。

「将軍はわたしよりもご年配ですから、ただいまからは兄上です。では、弟のあいさつの礼をお受けください」

孫秉熙《ソンビョンヒ》大将が全琫準《チョンボンジュン》将軍のまえで頭を下げました。南北の頭領《トウリョン》たちは声をあげて拍手喝采しました。拍手の音で天幕もふっとびそうでした。全琫準《チョンボンジュン》将軍は40歳、孫秉熙《ソンビョンヒ》大将は34歳でした。

その日の夕方、農民軍の天幕には笑い声がとどろきました。

「南北接《ナムブクチョプ》がひとつになったので、今日はほんとに愉快な日です。こんなに楽しい日にはわれわれもいっぺん楽しく遊びましょう。どうするかって？　両班《ヤンバン》みたいにここで科挙をやるんです」

科挙という言葉に南接《ナムチョプ》のひとびとはわあっと笑い、北接《プクチョプ》のひとびとは何のことかとキョトンとしています。南接《ナムチョプ》のひとびとは数日まえに草鞋編みの科挙をしました。どれくらい速く丈夫に編めるかという競争でした。

「どんな科挙かというと名前の科挙です。だれもがひとつずつ持っている名前を自慢するのです。名前のなかで、例えば趙秉甲《チョビョンガプ》とか崔致遠《チェチウォン》とかぜんぶ漢字でできた名前でなくて、金《キム》トルナムとか朴《パク》ソルブオンイとか純粋な朝鮮語でできた名前の持ち主だけが科挙に参加できます」

みんな笑いながらも、もうひとつ合点のいかない様子でした。

「たとえば、崔《チェ》チャドリという人が科挙に参加したとして、まず本人がここに出てきて、自分の名前がどうしてチャドリなのか自慢するわけです。――なぜチャドリという名かといいます、これは祖母がつけてくれた名なんですが、わたしの父親はひ弱でなにひとつまともにできない男でして、おまえは父親のようにぼおっとしないで石《チャドリ》のようにしっかりした人物になれというんで、チャドリと名付けてくれました。――こんなふうに名前の自慢をします。科挙が終われば、1等（壮元《チャンウォン》）・2等（次上《チャサン》）・3等（次下《チャハ》）を選んで賞品をさし上げます。賞品は手ぬぐいに使えるように、1等も2等も3等もみんな木綿布1反です。では、先ほど選んだ審査員のみなさんはまえに出てきてください。科挙に参加するひとはみんなこっちにきてください」

あちこちで笑い声が起こりまえに進みます。

「最初に出てこられた方、さあ、こちらにどうぞ。まず、どこのだれと名乗ってから名前自慢をお願いします」

「へい。おれは全羅道《チョルラド》の葛峠《カルチェ》のふもとの長城《チャンソン》からきた全《チョン》チュイブルです。おれの名はじいさまがつけてくれました。正月の初子《チュイ》の日に畔を焼く火《ブル》のあのチュイブルだあ。あの日に畔を焼くのは害虫たちが畔に生みつけた卵を焼きはらおうということです。農作物の害虫のように、ろくでもないもんはうろつかせるなというのがチュイブルです。だもんで、おれはろくでもないやつは相手にもせんと暮らしております」

会場は爆笑のうずです。

「ありがとう。チュイブルさんのような人ばかり住んでいたら、この世のろくでもないやつらはグーの音も出ないことでしょう。では、つぎの方、どうぞ」

「おら、忠清道報恩《チュンチョンドポウン》から来た李《イ》チョルルです。おふくろが息子が生まれるかと思って待っていたけんど、娘っ子だったもんで残念《ソウン》だからソウニ、つぎにまた娘っ子が生まれたもんで、娘っ子もうおしまい《クマン》でクマネ、それでもまたまた娘っ子《タル》だったもんでタルクマニ、だけんど、まだまたまた娘っ子で栓《タルマギ》、娘でなくて息子を生めと拳骨でおどして、おらが生まれました。もうどんだけ嬉しかったでしょう。だもんで今度からは男の子をずらり《チョルル》と生めというんで名を李《イ》チョルルとつけたそうです」

みんなどっと笑いました。

「では、チョルルさんのしたに弟さんが何人くらい生まれましたか？」

「いやあ、それが、どっちもいないんです。で、おら姓が李《イ》で李《イ》チョルルですが、あだ名は安《アン》チョルル（チョルルでない）です」

一座は爆笑です。

「おれ、順天《スンチョン》からきました張《チャン》テガリです。おれのとこも、さっきの李《イ》チョルルさんのようにおふくろが娘ばかり産みました。だもんで、口惜しい《ソプソプ》のでソプソビ、最後《マジマク》だというのでマンネ、おまえが最後《コリ》だからとコルランジと名付けました。で、すぐ上の姉がほんとうに最後になって、つぎにおいらが生まれました。親父はおいらを頭《テガリ》と名付けて、そのあとに息子を何人も産もうと思ったんです」

「テガリさん、では、弟さんがたくさんいますか？」

「いいや。弟も妹もおりませんや。ですから、李《イ》チョルルさんのように、安《アン》テガリ（否定のアンとテガリで「テガリでない」）になってしまいました」

また爆笑です。

「では、おふたりは独り息子のはずですが、独り息子がこうして戦に出てきたんですね？」

「おれの村ではおれくらい年の若え者はみんな出てきたんです。おれだけ出なかったら張《チャン》テガリが今度は五体不満足《ピョンシン》テガリになりそうで、家族にないしょで夜中に逃げ出してきたというわけです」

一座が笑いました。

「おふたりとも独り息子なのに戦に出てきたところを見ると、大した根性ですよ。兄弟の構成もよく似ていますから、南北接《ナムブクチョプ》の大将がなさったように、おふたりも義兄弟を結んではどうでしょうか？　そうしたら独り息子ではなくなりますし、ご両親も願いがかなうことになります。どうですか？」

「はい、わかりました」

チョルルとテガリは同時にわかったといいました。年齢を比べてみると李《イ》チョルルが1歳上でした。

「では、忠清道報恩《チュンチョンドポウン》の李《イ》チョルルさんと全羅道順天《チョルラドスンチョン》の張《チャン》テガリさんが満場のみなさんのまえで義兄弟の契《ちぎ》りをむすびます」

「お兄さん、チョル*を受けてください」

張《チャン》テガリが李《イ》チョルルに深々とおじぎをします。みんなは歓声をあげ割れるような拍手を送ります。

チョル　もっとも正式なあいさつ。座っている目上の人のまえに少し離れて立って、両腕を目の高さにそろえてからゆっくりと座り、額が床につくほどひれ伏す。

「これでおふたりは独り息子でなくなり、両親はあらたに息子をひとりずつ授かったので、こんなめでたいことはありませんね」

会場から笑いがあがります。科挙はつづきます。

「おらは温陽《オニャン》からきた丁《チョン》コドゥセといいます。おらの名前はじいさまがつけてくれました。飼葉をきざむ押切りをごぞんじでしょう。鉄の台座に押切り刃をはめ、そこの穴にさしこむあの止め金が、まさにおらの名です。もしも押切りに止め金がなかったら、その押切りは何の役にも立たねえから、止め金っちゅうもんはそれだけ大事なもんちゅうことです。そんで、おらに、どこにいてもあの止め金のように大事な人間になれと、コドゥセと名付けてくれました」

みんなはうなずきながらも笑いました。

「はい、ありがとうございます。兄弟どおし、友達どおしを仲良くくっつける、コドゥセになれということのようです」

「おれは、全羅道《チョルラド》順天《スンチョン》からきました。姓は都《ト》で名はトサリです。おれは生まれて5カ月目に、名もわからない病気にかかって死んだのだそうです。おやじが、おれをかご《チゲ》にのせて山に入り、穴をほって埋めようとしてひょっとわが子の顔を見ると、すうすう息をしておるではねえですか。こうして生き返ると、村のみんながおれのことを生き返り《トロサリ》、それを縮めてトサリといいました。死んで生き返ったもんで、結局それがおれの名前になってしまいました。ところで、おれ、姓が都《ト》なもんで、名のまえに「また《ト》」がもうひとつついてトトサリだ。そこで、おれは今度死んでもまた生き返るんです」

一同どっと爆笑です。

「はい、ありがとうございます。死んでは生き返り、また死んでは生き返りで１００歳まで生きたら、孫の法事をするまで生きられるかもしれませんね」

また爆笑です。

面白い名前も多いものです。他家に養子にいったので「苗貸し《モジョンセ》」、いつも歌を歌うように楽しく生きろと「オアナリ」、日照りのときの慈雨《タンピ》のように良いことばかりあるようにと「タンピ」、無難《ムドン》に生きていけと「ムドニ」、息子の双子を生んだので夕立《ソナギ》にあったようだと、兄は「タンソナギ」、弟はまた双子が生まれるようにと「トソナギ」。顔が砥石のように長くてごつごつしているので「李《イ》シトゥリ」（砥石）。「申《シン》ドゥンチ」（ずうたい）、「呉《オ》コムチュニ」（かくし）、「南《ナム》トングリ」（まん丸）。

ひとしきり笑ってわいわいやっているうちに、科挙は終わりました。１等は丁《チョン》コドゥセさん、２等は全《チョン》チュイブルさん、３等は都《ト》トサリさんでした。

18　公州《コンジュ》に進撃せよ

10月20日

10月20日、農民軍は本陣を論山《ノンサン》から公州《コンジュ》にちかい敬天店《キョンチョンチョム》（公州《コンジュ》市鶏龍面敬天里《ケリョンミョンキョンチョンニ》）に移しました。このとき農民軍は全琫準《チョンボンジュン》将軍直属部隊の4000人をふくむ湖南《ホナム》農民軍2万人余、孫秉熙《ソンビョンヒ》将軍の北接《プクチョプ》軍1万人余、つごう3万人余でした。南原《ナモン》農民軍をひきいて独自に動いていた金開南《キムゲナム》将軍は、全州《チョンジュ》に留まっていましたが、数日前に全州《チョンジュ》をでて錦山《クムサン》に移動しました。錦山《クムサン》は論山《ノンサン》から東に100里ほどのところにあります。

公州《コンジュ》では日本軍1個大隊500人と朝鮮官軍3500人あまりが戦闘態勢をととのえていました。その総指揮者は日本軍の南少佐*です。

「わしらは、まあ、なんということをしでかしておるんじゃろうか？　日本軍を討たなけりゃならん朝鮮軍が、日本軍を討つために立ち上がった、あんな可哀そうな農民軍に鉄砲玉を向けとるとは……」

「おれのおじさんも農民軍に出てるけど、おれはいったいどこをめがけて鉄砲撃ったもんか？」

公州《コンジュ》に駐屯している官軍部隊の歩哨たちがことばを交わしています。

南少佐　南小四郎少佐。近年彼の軍用行李の存在がわかった。くわしくは『東学農民戦争と日本』参照。

「財産があるからと大きな顔をしていた金持ちや、学問があるからと偉そうにしていた両班《ヤンバン》どもは、今ごろどこでなにをしておるのやら？」

「まったくよ。おれの伯父《おじ》なんざ、小作で5マジギりだ。キヨック*の字のかぎがどっち向きかも知らんほど学がないよ」

ふたりの歩哨兵が地面もへこむようなため息をつきました。

敬天店《キョンチョンチョム》に陣を移すと、農民軍陣営には緊張感がみなぎりました。公州《コンジュ》という土地はむかしから軍事的にとても重要な場所でした。公州《コンジュ》のすぐ北を錦江《クムガン》が東から西へと流れている上に、周辺のやまやまが天然の要塞を形づくっているからです。だからむかし百済《ペクチェ》が都をここにおきましたし、現在は忠清道《チュンチョンド》の監営《カミョン》があります。全羅道《チョルラド》でいうなら全州《チョンジュ》のような位置にあたります。

やまやまがぐるりと取り囲んでいる公州《コンジュ》は、舟の形そっくりです。その舟が錦江《クムガン》をぐっと上に押しあげて止まった形です。錦江《クムガン》はそこから90度向きをかえて南にむけて流れます。そして扶余《プヨ》と論山《ノンサン》を通りすぎ群山《クンサン》湾にそそぎます。

舟の船首《ソンス》にあたるところには公山城《コンサンソン》という山城があって、船尾にあたるところが舟尾山《チュミサン》です。舟尾山《チュミサン》の舟尾は「舟のしっぽ」という意味で、南にこえて行く牛金峙《ウグムチ》という峠があります。

この牛金峙《ウグムチ》から船首《ソンス》まで直線距離で10里ほどで、峠をくだってまっすぐ行けば利仁駅《イインヨク》があり、その東は敬天店《キョンチョンチョム》、西は扶余《プヨ》です。船の右舷の先にあたる山並みとその東向かい

キヨック　ハングルの字母の順番で最初の文字「ㄱ」。

の鶏龍山《ケリョンサン》の連なりのあいだをぬける道が、参礼《サムネ》から都にのぼる三南大路《サンナムテロ》ですし、公州《コンジュ》からその街道に出るのにこえる峠が熊峙峠《ウンムチ》です。敬天店《キョンチョンチョム》はそのはるか南、鶏《ケ》龍山《リョンサン》のすそ野に位置しています。

現在のところ、朝鮮官軍の1部隊が、牛金峙《ウグムチ》のふもとの20里くらいの地点の利仁《イイン》駅《ヨク》に陣をしいています。日本軍大将の南は、朝鮮軍だけ前線におしだして、公州《コンジュ》市内から朝鮮軍に命令をくだすだけです。日本軍も安全な公州《コンジュ》市内にいます。

11月19日

「さあ、出陣です！」

——カカンカンカン、カカンカンカンカン。

11月19日、全琫準《チョンボンジュン》将軍の命令がくだると、農民軍たちは、軽快に笛を吹き太鼓を打ち鳴らして出発しました。色とりどりの幟《のぼり》や旗が目にも鮮やかです。南接《ナムチョプ》軍は西の利仁《イイン》をめざし、さらに熊峙峠《ウンチジェ》をめざします。あたりは昨日から雪が降りしきっています。

南接《ナムチョプ》部隊が利仁《イイン》につくと、官軍は広い野原をまえにして北側の山の尾根に長く陣をしいています。全琫準《チョンボンジュン》将軍は野原のしもての山すそに陣をしき、あちこちに部隊を配置しました。両軍とも最前線に大砲をならべ互いににらみあっています。農民軍の大砲は黄《ファン》龍江《ニョンガン》の戦闘のときうばったもので、砲弾は全州《チョンジュ》の威鳳山城《ウィボンサンソン》からいくらか持ってきました。

——ドカーン。

官軍が農民軍にむかって大砲を撃ちこみました。農民軍も大砲を撃ちます。しかし、ど

東学農民戦争の跡をたずねる⑪

牛金峙の東学革命軍慰霊塔・公州市金鶴洞。

ちらの砲弾も相手の陣まで届きません。官軍は威勢を張るように大砲を撃ちつづけます。農民軍は大砲を撃たないでただ見ています。

どちらもそうやっているうちに夕日がしずみだしました。農民軍たちは夕食を食べて、頭領《トウリョン》たちの指示にしたがって、部隊別にいろんな村に散っていきます。どの村も若い者は避難にでて残っているのは老人だけです。1軒あたり20人ほどが泊まって、年配の者は部屋で寝て、若い者たちは台所と土間に火をたいて、座布団やわらをしいて丸くなって寝ました。

つぎの日、農民軍は暗闇のなかであちこちに、部隊を配置していきます。

――ドカーン。

夜が明けると、とんでもないところから農民軍の大砲が飛び出しました。

「命中だ!」

農民軍たちはさけびました。砲弾が官軍の陣におちて兵士が2、3人宙にまい上がりました。農民軍の砲弾がたてつづけにぶちこまれました。官軍が後退をはじめます。官軍たちはばらばらと体をふせては逃げて行きました。近くに潜伏していた洋銃部隊が追いかけます。

「日本人どもに、しっぽをふる糞犬め。図体は逃げても首だけはおいていけ!」

農民軍たちはののしりながら追いかけます。官軍たちは必死で逃げます。

――バリバリバリ。

官軍の機関銃が火をふきました。農民軍は畔の溝に体をふせました。

——ドカーン、ドカーン、ドカーン。

官軍が大砲をぶっぱなしだしました。農民軍が3、4人宙にふっとばされました。農民軍も大砲を撃ちます。

そのとき意外なところから1群の官軍が逃げ出しました。

「やつらを追っかけろ!」

礼洞《イエドン》の村人たちがとび出しました。マンスとイルトンも畔をこえて追いかけます。

「おまえたち、あっちで負傷兵の世話しろっていっただろ」

金炳泰《キムビョンテ》頭領《トウリョン》がわめきました。むこうでは農民軍と官軍の銃撃戦です。マンスとイルトンは高い畔ごしに目だけ出して見ています。ふたりは先だって論山《ノンサン》でケンカをしてからいまも気まずいままです。

むこうでは官軍兵士がひとり足をひきずりながら逃げましたが、ついに倒れました。イルトンがかれを追いかけようと畔から身をのりだした瞬間です。

「こらっ、こいつ!」

マンスがわめいてイルトンをわきにどっと押し倒しました。ふたりは団子になって田んぼに倒れこみました。

「これを見ろ」とマンスが自分の後ろの岩を指さしました。岩に弾痕がくっきりとついています。マンスがおおいかぶさらなければ、イルトンの頭が撃ち抜かれていたところです。イルトンはおびえた目つきでマンスと岩をかわりばんこに見つめました。

そのとき農民軍があっちで「ワァー、ワァー」と喊声《かんせい》をあげながらかけだしました。官軍が逃げて行きます。イルトンはさっきの負傷兵をさがしました。かれはもう息が切れていました。イルトンは弾帯をはずして自分の腰にまき洋銃を拾いあげました。弾帯には弾がたくさん残っていました。官軍は逃げながら砲弾を撃ちまくり、また逃げ、また撃ちまくりました。農民軍も砲弾を撃ちながら追いかけました。こうして10里も追いかけつづけました。

夕日がしずみかけました。官軍はもう遠くに退きました。農民軍は追撃をやめました。農民軍は50人が死に、負傷者も１００人を超えました。官軍も被害が大きかったことでしょう。しかし農民軍の頭領《トウリョン》たちは暗い顔をしています。全琫準《チョンボンジュン》将軍の表情はまるで固まっています。

熊峙峠《ウンチジェ》のふもとの北接《プクチョプ》軍は昨日も今日も戦闘らしい戦闘ができませんでした。はじめは官軍を攻撃していましたが、官軍が機関銃と洋銃をぶっ放すと、そのまま後退してしまいました。北接《プクチョプ》軍は武器といえば火縄銃が２００~３００丁あるだけで、大部分が竹槍なので再攻撃する気にもなれず、畔と土手に隠れて、官軍が攻撃してくるのを待ちました。しかし官軍は攻撃してきませんでした。官軍は熊峙峠《ウンチジェ》の尾根に長い塹壕を掘ってそのなかにひっこんで農民軍を見下ろすだけで、動く気配がありません。

夕食のあと全琫準《チョンボンジュン》将軍は深刻な表情で頭領《トウリョン》たちのまえに立ちました。

「さっき北接《プクチョプ》軍の孫秉熙《ソンビョンヒ》将軍から連絡がありました。あっちの官軍は今日も熊峙峠《ウンチジェ》の尾根にひっこんで、北接《プクチョプ》軍を見下ろしているだけで、攻撃を仕かけてこなかったということです。ところでこっちの官軍たちは20余里もでてきてわれわれと戦ったし、死傷者もたくさん出ました。こっちの官軍たちも牛金峙《ウグムチ》のある尾根にそって長い塹壕を掘っていたのに、やつらはここまで出てきて戦いました。熊峙峠《ウンチジェ》のほうの官軍は火縄銃200〜300丁と竹槍しかない北接軍《プクチョプ》は攻撃しなかったのに、こっちの官軍はここまで出てきて戦いました。そのわけはいったいなんでしょうか？」

全琫準《チョンボンジュン》将軍のことばに、頭領《トウリョン》たちはきょとんとした表情です。

「現在日本軍と官軍を指揮している南というやつは、われわれ農民軍の弱点がなにかをよく知っていますし、その弱点をつくようにつくように作戦を立てているようです。われわれ農民軍の弱点はひとつやふたつではありませんが、もっとも大きな弱点は武器ですし、そして決定的な弱点は弾薬です。昨日と今日われわれと戦った官軍の作戦は、われわれが砲弾と機関銃の弾薬をできるだけたくさん消耗させようという作戦です。やつらはわれわれに、大砲と機関銃だけ撃ってきて、われわれも大砲と機関銃を撃たざるをえなくさせています。われわれはやつらの作戦にまんまとひっかかって、弾薬を使いすぎました」

頭領《トウリョン》たちはこう聞くとやっと合点がいって、目ん玉をひんむきました。

「やつらは明日もこんな作戦をくり広げながら後退すると思います。そして牛金峙《ウグムチ》まで後退したら、やつらも熊峙峠《ウンチジェ》の官軍のように、そこの塹壕にひっこんで守り一辺倒になることでしょう。やつらはわれわれが実弾がなくなるまであの塹壕で守りに徹するはずです。われわれやつらが塹壕から出てきて攻撃する時点は、われわれの弾薬が切れたそのときです。われわれには弾薬を補給するすべがどこにもないということを、知り抜いているのです」

頭領《トウリョン》たちはだれも沈痛な表情でうなずきました。官軍側は砲弾や実弾がなくなれば、いくらでも補給してもらえますが、農民軍側は補給の当てがありません。農民軍は黄土峴《ファントジェ》の戦闘や黄龍江《ファンニョンガン》の戦闘でうばった実弾は、全州《チョンジュ》の戦闘で半分以上使ってしまい、威鳳山城《ウィボンサンソン》から持ってきたものもたいした数ではありません。

「明日からの戦いが問題です。巡視したのでよくご存知でしょうが、公州《コンジュ》に通じる牛金《ウグム》峙《チ》の両側の斜面には、あっちの熊峙峠《ウンチジェ》よりもさらに長くて深い塹壕を掘っています」

頭領《トウリョン》たちは敬天店《キョンチョンチョム》を通ってきて、公州《コンジュ》のあちこちを歩き回って、遠目にやつらの掘った塹壕を見たことがあります。牛金峙《ウグムチ》の下の塹壕はそのまえがぐんとひらけていますから、農民軍にとってはとても不利です。頭領《トウリョン》たちの頭には、せんだっての全州《チョンジュ》の完山《ワンサン》で塹壕のなかにひっこんで守りに専念した洪啓薫《ホンゲフン》軍のことが浮かびました。

頭領《トウリョン》たちはいつまでも攻撃方法を議論しましたが、これといったうまい策は浮かびませんでした。全琫準《チョンボンジュン》将軍は明日ぶち当たってみて方法を考えようといって、会議を終わりました。

11月21日

翌朝（11月21日）、南接《ナムチョプ》軍は再度官軍を攻撃しました。官軍はまた大砲を撃ちまくります。農民軍はきょうは大砲を撃たないで、小銃部隊をまえに配置して進撃します。農民軍は官軍の砲弾にそなえて兵士と兵士の間隔を広くとって、ゆっくりと進撃します。官軍は大砲を撃ちまくりながら後退します。砲弾が炸裂しても農民軍はひとり負傷するか、全然負傷しないこともありました。農民軍は追撃をつづけました。

「これはなんだ?」
畔を過ぎようとしたイルトンがびっくりしました。洋銃の実弾が数十箱うず高くつんであります。20箱以上ありそうです。実弾のうえには紙切れがあって、そのうえに小石がおいてあります。なにか書いてあります。

「農民軍のみなさん、どうぞ使ってください。わが国の将来は農民軍の双肩にかかっています。涙を流しながら、できそこないの官軍より」

紙切れを読んだイルトンとマンスは、しばらく黙ってお互いを見つめました。それから実弾と紙切れを持って金炳《キムビョン》泰《テ》頭領《トウリョン》のところにかけだしました。頭領《トウリョン》も紙切れを読んで全琫準《チョンボンジュン》将軍のところに行きました。

牛金峙《ウグムチ》ちかくにせまっていくと、官軍はあんのじょう塹壕にひっこんでいました。農民軍は進撃をやめて戦列を整えました。戦闘隊形を新たにくみました。

「塹壕を掘ったあの尾根あたりが官軍の主防衛線です。われわれはなんとしてもあの塹壕を突破しなければ公州《コンジュ》に攻め込むことができません。進撃しましょう」

全琫準《チョンボンジュン》将軍が頭領《トウリョン》たちに進撃命令をくだしました。

――ドカーン。

――バリバリバリ。

官軍は塹壕のなかから大砲と機関銃を撃ちまくります。大砲の砲弾に、農民軍が3、4

人吹っ飛ばされて宙に舞い上がります。機関銃が1回バリバリバリというまに4、5人倒されました。しかし農民軍はひるまず進撃します。農民軍はかぞえきれないほど倒されます。官軍の塹壕のまえは険しい斜面ですから、体を敵にさらにして突進するしかありません。砲弾はたえまなく炸裂し、機関銃は狂ったように火をはきます。

「こりゃいかん。後退！　後退だ！」

全琫準《チョンボンジュン》将軍が命令をくだしました。官軍どもが塹壕のなかから1歩もでないで撃ちまくるのに、どうにも対抗のしようがありません。まえに全州《チョンジュ》の完山《ワンサン》で洪啓薫《ホンゲフン》軍を攻撃したときよりも難しい戦いです。頭領《トウリョン》たちは1カ所に集まって作戦会議をひらきました。戦場は負傷者を運ぶのにもう必死です。さいわい礼洞《イエドン》の村人に死傷者はでていません。

「あっちに烽火《のろし》が上がっているど。北接《プクチョプ》軍がなにか知らせているみたいだのう」

イルトンのそばにいた若い者がはるかな山頂から立ちのぼる煙を見て言いました。

「そうらしい。烽火《のろし》台はあのむこうの山のてっぺんにあるけど、ぜんぜんちがった方角から上がっているのを見ると、孫秉熙《ソンビョンヒ》将軍がこっちに何か知らせる烽火《のろし》みたいだ。官軍や日本軍は電信機をつかって、まるでそばで話しているように、あっというまに伝えあうというのに、おれらは数千年の昔からあった烽火《のろし》だ……」

と、そばにいる年輩がため息をつきました。

「でも、おれたちにゃ人間が官軍の10倍もいるじゃないか？」

「猫が10匹いようが20匹いようが、虎1頭にはかなわんだろうが。あの機関銃を見てみろや。バリバリッというまに、わしらは10人も倒されるじゃないか」

年輩は首をふりました。

イルトンは烽火台《のろし》を見ていると、突飛な考えが頭に浮かびました。馬項《マルモク》の友だちのお姉さんのことを好きだったという若者を思い出しました。おたがいに好きなのに、両親にひとことも打ち明けられず、お姉さんがいやいや嫁にいかされたとき、若者は家を飛び出して忠清道《チュンチョンド》のどこかの烽火《のろし》守りになったという、あの若者を思い出したのです。ここは忠《チュン》清道《チョンド》だから、もしかしてあの若者はあの烽火台《のろし》にいるのではないだろうか。

イルトンはしばらく烽火台《のろし》の方角をながめました。

「みなさん、あっちのあの裏手に集まってください」

頭領《トウリョン》たちが声を上げます。日はまだ沈んでいませんが、もう攻撃をしないことにしたようです。昨日のように野原で飯を食って、近隣の村に移動しました。

真夜中になって農民軍の斥候がふたり都所《トソ》にかけこんできました。

「日本軍の1部隊が錦江《クムガン》の渡しをわたって、公州《コンジュ》に入りました」

「人数はどれくらいか?」

「ざっと300~400人以上はいるようです。大砲、機関銃、物資もそうとうなもんです」

日本軍1個大隊がきたようです。これまで日本軍は官軍よりまえに出ることはなかったのですが、かれらは武器からして官軍とはちがいます。小銃も官軍の洋銃よりもさらに新式の小銃です。それは軽いうえに、官軍の洋銃の性能よりずばぬけて良いそうです。

南接《ナムチョプ》農民軍は翌日また攻撃の準備をしました。戦闘態勢を昨日とちがって広げました。

2キロメートルくらいある塹壕を見わたしてそれくらい長くしました。一挙に塹壕を突破することにしました。

山の尾根づたいに長く掘られた官軍の塹壕は、そのはしっこが両方の山頂にまで続いています。農民軍はその塹壕にあわせて隊形を広げました。

頭領《トウリョン》たちが作戦指示をだしました。

「今度こそ塹壕にとびこんで官軍をせん滅しなければなりません。小銃手たちは最初にかけていき畔にふせ官軍の小銃手と機関銃射手たちを仕留めます。つぎに、そのすきに竹槍隊がとびだして、その前方の畔にふせます。そのつぎに、また小銃手たちがかけていき畔にふせ銃を撃てば、竹槍部隊がとびだしてと、こう順番に攻撃して塹壕に飛びこみます。今度はわれわれも大砲と機関銃を撃ちまくります」

「攻撃準備ができました」

南の山すそで金徳明《キムドンミョン》将軍が全琫準《チョンボンジュン》将軍をふりかえりました。全琫準《チョンボンジュン》将軍は手をさっと上げました。将軍をみていたふたりの旗手が青旗をふりまわしました。農民軍が野原にむかってゆっくりと前進します。しばらくして官軍の砲弾がとんできました。農民軍が畔と山すそにふせました。全琫準《チョンボンジュン》将軍がまた手を上げました。旗手が赤い旗をふりました。

「やっつけろ、せん滅するんだ！」

畔にうつぶせた小銃手が飛び出します。官軍の攻撃をかいくぐってしばらく走って塹壕にむかって銃を撃ちまくります。竹槍部隊が飛び出します。

——ドカーン。

——バリバリバリ。

塹壕から大砲と機関銃が火をふきました。官軍の大砲数十門と機関銃50丁です。砲弾が炸裂するたびに3、4人の農民兵が宙にはねあげられます。機関銃がバリバリと火をふけば、根元をきられた葦のようにバタバタ倒れて行きます。農民軍の大砲と機関銃も火をふきます。野原と山すそに農民軍の死体が山のように重なります。官軍の塹壕に農民軍の大砲がはじけて、官軍兵士が宙に舞い上がりました。近くでふせていた農民軍兵士が塹壕に飛びこみました。

「1カ所突破しました」

鄭伯賢《チョンペクヒョン》秘書がさけびました。塹壕のなかで農民軍と官軍が取っ組み合いました。もう1カ所飛びこみました。3、4カ所になりました。

「なんと、砲弾がきれてしまった」

金徳明《キムドンミョン》将軍です。農民軍の大砲は筒先の口をぽかんとあけたままです。機関銃も火をふいているのは2丁だけです。農民軍は塹壕のまんまえまで来ていながら、官軍の機関銃と小銃になぎ倒されてしまいました。塹壕に飛びこもうと、塹壕の下にぶらさがりはしました。そして何カ所か塹壕に飛びこんだ兵士も、塹壕のなかで倒されてしまいました。農民軍はもうこれ以上飛びこめませんでした。

「もうだめです」

金徳明《キムドンミョン》将軍が何度も頭をふります。全琫準《チョンボンジュン》将軍は沈痛な表情でながめました。つづけて旗手に手で合図をしました。

旗手が黄色い旗を振りました。

「後退！　後退だ！」

農民軍たちは後ろをふりむいて、潮が引くようにかけ出しました。しばらくして官軍も攻撃をやめました。戦場には農民軍の白いパジチョゴリ姿の死体が広がっていました。まるで秋の畑に引きぬいた大根が転がっているような姿です。看護兵たちがかけつけて、負傷兵をおぶったり肩を貸したりして、あわてて逃げました。マンスとイルトンも礼洞《イェドン》の村人のひとりに肩をかして逃げました。銃弾が足を貫通しています。

「ああ、あの機関銃め！」

鄭伯賢《チョンペクヒョン》秘書がため息をつきました。

「朝廷の大臣ども！　きさまらはいったい、ひとが作る、まともな武器も作らんと何をしとったのじゃ！」

金徳明《キムドンミョン》将軍が両の拳を握りしめてぶるぶる震わせ大声でわめきました。ふだん感情をあらわにしないひとですから、このありさまがなにかの獣の悲鳴のように聞こえました。そばにいる頭領《トウリョン》たちの目から涙がぽたぽたこぼれています。鄭伯賢《チョンペクヒョン》秘書も涙を流し、握り拳をブルブルふるわせています。全琫準《チョンボンジュン》将軍はいわおのような硬い表情で戦場をながめています。

あっちの熊峙峠《ウンチジェ》の官軍たちは今日も塹壕のなかにじっと身を隠したまま北接《プクチョプ》軍を見下ろしています。北接《プクチョプ》軍も下から見上げるだけです。官軍が塹壕のなかから動き出さないので、今日も北接《プクチョプ》軍はどうにも手のうちようがありません。

19　総攻撃

翌日、農民軍は敬天店《キョンチョンチョム》にもどりました。農民軍は4日間の戦闘でねぎキムチのようにくたくたになってしまいました。表情はだれもが重病患者のようです。

「おお、さむっ！」

みんなたき火の近くに群らがりました。わら草履をぬいで巻足袋《カムゲ》をほどき、濡れ雑巾をしぼるようにぎゅぎゅっとしぼりました。真っ黒い泥水があふれます。凍っていた道がとけて、わら草履がぐちゃぐちゃです。イルトンの巻足袋《カムゲ》はあちこちに穴があいています。オクプニがくれた巻足袋《カムゲ》です。

「見ろよ、牛を引いてくるぞ。牛を食うってたけど、ほんとに食うんだな」

黄牛を2頭引いてきました。しょげかえっていた農民たちの顔が明るくなりました。

「おい、おまるパジ*さん、あちらでお呼びだよ」

火にあたっていた農民軍のひとりがぱっと起き上がってかけだしました。その男の尻を見て、だれもがわあーと笑いころげました。パジの尻に綿がたくさん集まって、まるでおまるを当てたかっこうに見えます。走ると綿のかたまりの動きがなかなかの見物です。パ

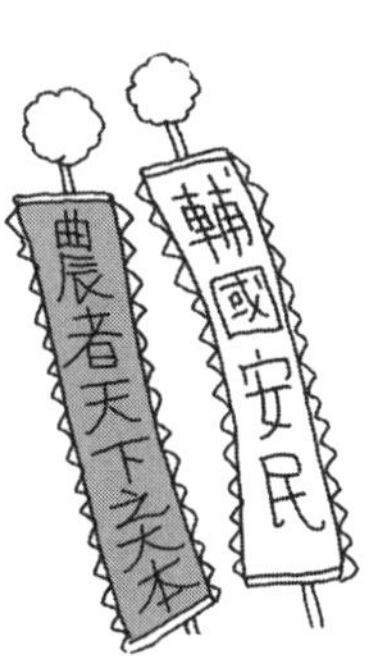

パジ　男女ともに下半身をおおうものの総称。秋冬には二重の綿入れにする。

ジに綿を入れて差し縫いをしておいた糸が切れて、綿が尻に集まったのです。たまに糸と針を持っている者もいますが、あれほどかたまりになった綿をならすには、パジをぜんぶ解いて綿を平らにしてから、差し縫いしなければなりません。戦のさなかにそんな余裕があるわけもありません。

「あいつは溲瓶《しびん》をぶら下げてはいても、竹槍の腕前だけは天下一品だ。利仁《イイン》の戦いのとき、逃げる敵の背中に1発で命中させたよ」

名前の科挙に出場した南《ナム》トングリです。かれは腕に包帯を巻いています。

「怪我は大丈夫なんですか?」

「はい。機関銃の弾がちょっとあいさつして通りすぎました。わたしが木切れのようにごろっと転んだからよかったものの、あやうくあの世の見物をするところでした」

あたりからわっと笑いがおこりました。

ひさしぶりにカルビタンと飯を腹いっぱい食べた兵士たちは寝床に移動しました。ここでもやはり年配は村の民家で寝て、若い者は天幕のなかにわらをあつく敷きつめ、外ではたき火をして寝る準備をしました。

倡義所《チャンイソ》に集まった頭領《トウリョン》たちはため息をつきました。

「今回の戦闘はことごとく失敗しました。得たものがあるとしたら、南というやつの作戦が確実にわかったことです。前回申し上げたように、南の作戦は官軍を弾除けにして、われわれ農民軍の弾薬をぜんぶ使わせようとするものです。これまでの戦闘に日本軍はぜんぜん出てきませんでした。南はわれわれ朝鮮人どおし殺し合いをさせ、われわれの弾薬が底をつくのを高見の見物するはずです」

頭領《トウリョン》たちは悲痛な表情で聞いています。

「われわれは武器以外にも不利な点がいろいろあります。まずひとつ目に、日本軍と官軍は服や靴が雪の上で転んでもかまわないようにできていますが、われわれは綿入れのパジチョゴリにわら草履です。つぎに、官軍たちは温かいところで寝ますが、われわれはたいてい土間や台所のような扉のないところで寝ます。この寒い季節にこんなところでひと晩でも寝ると、ふだんの力をいかんなく発揮できるわけがありません。現在半数くらいが風邪をひいており、半数が凍傷にかかっています」

農民軍は綿入れのパジチョゴリを着てはいますが、下着や内着をきて、そのうえにパジチョゴリを着ているわけではありません。綿は分厚く入れていますが、上下は綿入れパジチョゴリだけです。日本軍や官軍は皮の軍靴をはいていますから、ぬかるんだ道でも平気です。ですが、農民軍はみんなわら草履ですから、ちょっとでもぬかるんだら水がしみこみます。

「ふたつ目は冬ですから葉のしげった林がなくて、わがほうには大変不利です。やつらは山の斜面に塹壕を掘りそのなかに隠れて体を守りますが、われわれは体をさらして、野原をかけまわって攻撃しなければなりませんから、葉のしげった林がないので体を隠せません」

黄龍江《ファンニョンガン》の戦闘では林に身をひそめ、副隊長級の李学承《イハクスン》も竹槍で仕留めました。農民たちは百姓をして食っていますので、温かい季節には農作業をしなければなりません。ですから冬に決起したのですが、こんな結果になりました。

「みっつ目は時間がやつらに味方していることです。やつらはいくら時間がかかったにしても、急ぐこともないし、苦しくもないし、損もしません。しかしわれわれはこの極寒を1日しのぐのも大変です。さらに漢城《ハンソン》までの各地方で待っている、忠清道《チュンチョンド》や京畿道《キョンギド》の農民軍たちは耐えがたい寒さに逃げ出すひとも多いことでしょう」

頭領《トウリョン》たちはため息をつきました。そのとき金徳明《キムドンミョン》将軍が身を乗りだしました。

「黄土峴《ファントジェ》や黄龍江《ファンニョンガン》の戦闘では武器ではなく作戦で勝ったように、今回もそんな作戦はないもんでしょうか？」

全琫準《チョンボンジュン》将軍が頭をよこにふりました。

「虎も虎穴からでて外をうろついたら捕まえる算段もできます。ところが、やつらはあの安全なところにすっこんで、防御ばかりしていますから、どんな作戦がたてられますか？　われわれはやつらの作戦にまんまとひっかかってしまったのです。やつらは、われわれの弾薬がつきるまで攻撃をしかけてこないでしょう。そしてそれが長引けば長引くほどわれわれには苦痛になります」

「現在京畿道《キョンギド》や忠清道《チュンチョンド》だけでなく、とおく黄海道《ファンヘド》の農民たちまで、われわれが漢城《ハンソン》に進撃するのを、首を長くして待っています。もし万が一われわれがここでくずれたら、全国の農民軍がことごとくくずれるでしょう。結局やつらをけちらすか、戦ってここで討ち死にするか、道はふたつにひとつしかありません」

金徳明《キムドンミョン》将軍です。そのとき孫秉熙《ソンビョンヒ》将軍が口を開きました。

「わしらは武器では劣っていますが、人数は10倍近くおります。農民軍全員が公州《コンジュ》のまわりの山《やま》やまにのぼって包囲し、いっせいにつっこむというのはどうですか？」

頭領《トウリョン》たちがみんな全琫準《チョンボンジュン》将軍を見つめました。

「やつらは夜は公山城《コンサンソン》で寝ているので、形勢不利となれば城に逃げ込むでしょう。それで守りだけやって、われわれが漢城《ハンソン》に向かいそうになれば、飛び出してきて背後をつくでしょう。しかし、そんな策略も使ってみる値打ちがあります。みなさん、どうですか？」

将軍が頭領《トウリョン》たちの顔を見わたします。

「われわれに有利な点というのは数しかありませんから、いちかばちかいっぺんやってみましょう」

別の頭領《トウリョン》がいいました。

「では、まあここで何日か休み、おのおの考えてみてまた議論いたしましょう」

将軍はこう会議をまとめて終了しました。

農民軍は毎日腹いっぱい食べゆっくり休養しました。そのあいだ都所《トソ》には昼となく夜となくひっきりなしに斥候兵が出入りしました。公州《コンジュ》にいる日本軍と官軍は予想どおり天下泰平でのんびりしているといいます。

――チンチンチン。

――カカンカンカン、カカンカンカン。

敬天店《キョンチョンチョム》にきてから7日目、11月29日の朝です。農民軍たちが野原に集まりました。今日も雪が舞っています。全琫準《チョンボンジュン》将軍が壇に上がりました。

「では、ただいまから再度日本軍を討ちに行きましょう。今度こそ日本軍にうち勝って漢城《ハンソン》に上らねばなりません。国が亡びるか、国を救うか、国の興亡が今ここに集まったみなさんの双肩にかかっています。われわれがここで日本軍を倒せなければ、日本はわが国をそっくり呑んでしまうでしょう。そのとき、われわれと子孫たちは全員日本人の下僕になります。戦って死ぬことはできてもやつらの下僕になることはできません。最後まで戦って、われわれの子孫に対して、国を救うために戦って死んだと手本を見せましょう。戦いますか？　それとも敵に背中をみせて帰りますか？」

全琫準《チョンボンジュン》将軍が拳をうちふりました。

「戦おう！　日本人野郎を追い出せなかったら、わしらみんな公州《コンジュ》に骨を埋めよう」

農民軍のひとりがぱっと銃を持ち上げてさけびました。つぎに全員が銃と竹槍をかかげて雄叫《おたけ》びをあげました。しかし前回とは違います。みんなの顔には恐怖の色がにじんでいます。これまでこっそり抜けていったひとも少なくないようです。

——カカンカンカン、カカンカンカンカン。

ケンガリが鳴りだして、みんなは力づけられたようです。農楽の音色はいつ聞いても心が浮きたちます。郡ごとに出発しました。南接軍《ナムチョプ》はもう1度牛金峙《ウグムチ》に、北接軍《プクチョプ》は熊峙峠《ウンチジェ》に向かいました。暗い空からは雪が舞い落ちてきます。

——カカンカン、カカンカンカン。

農楽隊はこれまでになく力強く楽器をたたきます。

農民軍のすがたがあの山影に消えるころ、反対方向の平地にむけてひた走るグループがありました。

「戦いはもう勝負がついたぞ。体が鉄板でないかぎり、あのおっとろしい機関銃や大砲にかないっこねえ。罪もないヒキガエルが餅つき石につぶされる、のことわざどおりだわ。こんなところにこれ以上いたら犬死だ！」

以前イルトンに自分の下で働かないかとさそいにきた金敬天《キムギョンチョン》です。かれらは雪のなかを疾風のようにかけ去りました。

農民軍は牛金峙《ウグムチ》の官軍の塹壕の下5里くらいのところで停止しました。官軍は前回のように塹壕のなかから銃身だけ突きだしています。農民軍は攻撃をしないで、4日間というもの公州《コンジュ》に斥候兵を送りつづけました。

12月5日

5日目、12月5日の朝です。官軍の斥候が隊長のもとにかけつけました。

「隊長、数万人の賊軍が山の斜面にとりつき公州《コンジュ》を包囲しています。アイゴー、もう尾根に着きました」

「なに、そやつら、みんな賊軍か？」

官軍と日本軍の隊長は真っ青になりました。農民軍たちは尾根に垣根のようにならんで、幟《のぼり》旗を数百個立てて、手には小さな旗を持って打ち振り合図にしました。北接《プクチョプ》軍も熊峙《ウンチジェ》峠を中心に尾根に真っ白にならびました。官軍の将校はこの日の光景を日記にこう書いていています。

「ああ、数万人におよぶ賊軍が40～50里にわたって公州《コンジュ》を包囲したのち、道路をすべて遮断し、高い峰という峰はことごとく占領してしまった。東で声があがれば西で答え、左で旗がはためけば、それに答えて右ではためく。幟《のぼり》旗をひるがえし太鼓をたたきながら、死をものともせず攻め寄せてくるので、いったいどうやってやつらを防げようか。やつらのことを考えるだけで骨がしびれ肝が冷える。われわれは尾根から賊軍にむかって一斉に銃弾を浴びせかけた。やつらは尾根のうらに身を隠した。やつらがまた尾根を越えようとすると、尾根にのぼって銃弾を浴びせかけた。こんなことを4、5回くりかえすと、死体がうず高くつもった」

農民軍は公州《コンジュ》市内に突進します。日本軍と官軍は公山城《コンサンソン》からでてきて対抗しました。かれらにはすでにその準備ができているようです。あちこちに砂嚢《さのう》を積み上げてトーチカ*をつくり、そのなかで小さな穴から銃身だけだして射撃します。農民軍はそれを壊そうと突進しましたが、たやすくありませんでした。道路には農民軍の死体がふえだしました。血なまぐさい戦闘は翌日もつづきました。官軍は山の中腹や高台に機関銃や大砲をすえつけて撃ちまくりました。農民軍の死体の上に死体が折り重なり、血が川をつくって流れました。その翌日も、またその翌日も戦闘はつづきました。こんな戦闘が6日間もつづきました。

12月10日

12月10日、とうとう農民軍の弾薬が底をつきました。それまで農民軍はあまりにもたく

トーチカ　銃火器を装備した小型陣地。

さん命を落とし、命を取り留めた者もあまりにも疲れました。農民軍はくずれだしました。

「退却！　退却せよ！」

全琫準《チョンボンジュン》将軍が命令をくだしました。

「退却だ！」

「退却だ！」

頭領《トウリョン》たちが大声をあげました。公州《コンジュ》の南や東で戦っていたひとびとは、すぐに牛金峙《ウグムチ》や熊峙峠《ウンチジェ》に退却できました。しかし市街深く入りこんで、公州《コンジュ》の東北を流れる錦江《クムガン》河畔に退却したひとびとは、機関銃の餌食にされました。官軍はまえもってそのあたりに機関銃を何丁かすえつけていて撃ちまくりました。それは猛烈な射撃でした。田畑に死体がつもりました。道路のすぐ下の田んぼには40～50体の遺体が折り重なりました。その田んぼはのちに「死体の田んぼ」と呼ばれました。

「やつらの種を断ってしまえ！」

官軍は大声をあげて追撃します。弾薬の切れた農民軍は逃げるしか手がありません。

「アイゴー、ちょっと肩をかしてくれ」

片足をひどく引きずりながら走っていたひとは、マンスとイルトンに声をかけます。幸い、官軍は追ってきません。

「血がたくさん出ています。すぐにきつく結わえましょう」

その後ろをゆっくりついてきていた農民軍が、いきなりわあっと走り出しました。官軍です。イルトンがかれらめがけて銃の引き金を引きました。

――バーン。
追ってきていた官軍がびっくりして逃げました。大切にしていた2発の弾のうち1発を撃ちました。かれらは負傷者を両側からかかえて走りました。官軍はもう追ってきませんでした。ゆっくり歩きました。負傷した若者をふと見ると、どこかで見かけた気がしました。

「張《チャン》テガリじゃないか？」

「おう、わたしのことを知っていますか？　弾が足にあたったから幸いでした。頭《テガリ》にあたってたら骸骨テガリになるところだったさ」

かれはこんな時にも冗談をとばしました。日が暮れかけました。負傷者を支えて歩く姿もあちこち見かけます。溲瓶《しびん》パジもほかの人に肩を貸しています。片手にはいまも竹槍をもっています。利仁《イイン》に到着すると、魯城《ノソン》に集まるので、そっちに向かうようにいわれました。魯城《ノソン》までは20余里の道のりです。かれらは張《チャン》テガリに肩をかして歩きつづけ、真夜中になって魯城《ノソン》に到着しました。

翌朝までに魯城《ノソン》には3000人集まりました。負傷者たちはみじめです。歩ける人間は簡単な治療をして故郷に帰しました。イルトンの村でもふたり死に3人負傷しました。北《プク》接《チョプ》軍はみな熊峙峠《ウンチジェ》でばらばらになってしまいました。

「ん？　あれはだれだ。金開南《キムゲナム》将軍じゃないか？」

向こうから金開南《キムゲナム》将軍がやってきます。あとに6、7人がしたがっています。将軍も部下もみすぼらしいすがたです。全羅道《チョルラド》の郡としてはいちばん多い1万人あまりの南原《ナモン》農民軍をひきいて全州《チョンジュ》に留まったのち錦山《クムサン》に移動した将軍は、さらに清州《チョンジュ》に移動し清州城《チョンジュソン》を包囲して戦いましたが、かれらも日本軍の火力のまえには1日ももちこたえられないで散り散りばらばらになりました。将軍は全州《チョンジュ》和約のさい亀裂が生じて、単独で行動していました。

20　日本軍の殺戮作戦

そのとき日本軍と官軍は利仁《イイン》に到着しました。日本軍が公州《コンジュ》から出たのは初めてのことです。大隊長である南少佐が日本軍将校だけを別のところに集めました。

「今回蜂起した暴徒どもは、朝鮮人のなかでもっとも戦意が高く根性のあるやつらだ。こいつらだけせん滅したら、あとには屑のような連中しか残らん。そうなったらわが日本が朝鮮を支配できるのだ。まず全琫準《チョンボンジュン》一党から片づけねばならん。われわれはいまからやつらと戦うのではない。やつらを追い立てていくのだ。朝鮮半島の南端の海南《ヘナム》まで追いつめるのだ。そこの沖合にはわがほうの軍艦が待機しておる。そこまで追い立ててやつらをひとり残らず海の藻屑にしてしまうのだ。追い立てるということばを頭にたたきこんでおけ。これが今作戦の要諦である」

南少佐は満面に残忍な笑みを浮かべました。かれは大きな紙を1枚広げて、具体的な作戦を指示しました。日本軍司令部から送られてきた作戦指針のようです。

「いま日本軍が初めて戦いに出てきました。ここで1戦交えましょう。日本軍の野郎をひとりでもやっつけなければなりません」

農民軍の頭領《トウリョン》たちです。全琫準《チョンボンジュン》将軍はかたい表情で黙ったままです。

「火縄銃にはまだ弾と火薬が残っています」

たくさんの頭領《トウリョン》らがせきたてると、全琫準《チョンボンジュン》将軍はうなずきました。火縄銃をもった者から順番に田んぼの畦に配置していきました。竹槍隊はそのうしろの畦に腹ばいになりました。

――ドーン。

大砲が炸裂します。巨大な穴ぼこができ、農民軍兵士は宙にボンと吹っ飛ばされました。大砲はどこにすえてあるのか姿も見えません。ドーン、ドーン、ドーン、……、巨大な穴ぼこがまたたくまに数十個できました。あちこちで兵士が手もなく宙に吹っ飛ばされます。全琫準《チョンボンジュン》将軍が退却命令をくだしました。農民軍は無我夢中でふもとへふもとへとかけ出しました。

「おい見ろ、あの連中、いったいどうしたんじゃ？」

ふもとのほうから農民軍の1部隊が幟《のぼり》旗を先頭にやってきます。２０００人以上はいるようです。

「先頭の方は孫化中《ソンファジュン》将軍じゃないか？」

日本軍の西海《ソヘ》（黄海《ファンヘ》）侵攻にそなえていた孫化中《ソンファジュン》部隊です。

「さぞご苦労なさったことでしょう」

孫化中《ソンファジュン》将軍は全琫準《チョンボンジュン》将軍の手をとって涙をぽたぽた落としました。全琫準《チョンボンジュン》将軍は手をにぎりかえしたまま言葉がありません。

「官軍が追ってきています。このふもとの黄華台《ファンファデ》に陣地をしきましょう」

金徳明《キムドンミョン》将軍です。全琫準《チョンボンジュン》将軍がうなずきました。増援部隊が洋銃を温存しているので、1戦しかけられると考えたようです。

「固まったら砲撃の目標になります。兵士どおしの間隔をできるだけあけて配置してください。それと、砲弾をよけるときは、穴ぼこに入ってください。1度落ちたら砲弾はその場所には2度と落ちません」

全琫準《チョンボンジュン》将軍がいいました。これまでの戦闘経験から学んだ方法のようです。

「来たぞ」

こんども官軍が先頭になってやってきました。日本軍はちょっとうしろがわに大砲をすえました。

――ドーン、ドーン。

――バリバリバリ。

大砲10余門と機関銃10余丁が火をふきます。地面がぼんぼんえぐられ、農民軍兵士が土くれになって宙に吹っ飛ばされます。農民軍は息をつく間もありません。日本軍と官軍は目のまえに姿を見せないで、大砲と機関銃を撃ちまくります。洋銃を持った増援部隊がきたのを知っているようすです。

「とうていだめだ。退却しよう。全州《チョンジュ》に行きましょう」

全琫準《チョンボンジュン》将軍がまた命令をくだしました。

官軍と日本軍はその時から農民軍を追いかけないで、思いがけないことをはじめました。

黄華台　むかし烽火台があったところで、とうぜん高台にある。現在は論山市登華洞。陸軍訓練所がある。

軍です。

村という村をくまなく探索して、農民軍として出ていた百姓たちを捕まえました。そして捕まえた農民軍を村の大樹の下に引っぱっていきました。負傷して家にもどっていた農民軍です。

「なんで人間をあんなふうにぐるぐる巻くんだろう？」

やつらは牛にかけてやっていた筵《むしろ》をはがし、捕まえてきた農民軍たちの体をぐるぐる巻き、水で濡らした縄でしばりあげました。牛の筵《むしろ》というのは、わらで粗くあみ牛の背中にかけて冬の寒さを避けてやる、いわば牛の外套です。やつらは牛の筵《むしろ》で巻いたひとびとをずらりと並べました。

「火をかけろ！」

隊長がさけびました。筵《むしろ》に火がつけられます。

「アイゴー、焼け死ぬじゃないか！」

ぶるぶる震えていた家族たちが、さけびながらかけ寄ろうとします。

——ババーン。

かけ寄ろうとした家族たちが、びっくりして引き下がります。筵《むしろ》に巻かれたひとびとは、のども裂けんばかりに悲鳴を上げます。悲鳴と家族たちの絶叫が天をついて、人の焼けこげる臭いが鼻をつきます。

また、ほかの官軍たちは農民軍を30人捕まえ、牛市のひらかれる広場に連れて行きました。鉄のくいを背にしてひざまずかせ、後ろ手にしばった手を鉄くいの根っこにしっかりと結わえつけました。つぎに、稲むらをくずしてわら束をあごまで積み上げます。わらに火をつけます。煙が天にのぼり悲鳴と絶叫が天をつきます。

こんなやり方で人間を殺すことは、わが国ではこれまで見たことも聞いたこともありませんでした。こんな残虐行為をするとき、日本軍はだれも顔を出しませんでした。しかし、こうして殺すやり方はやつらが教え、命じたことだったというわさがあとあとまで流れました。

官軍は農民軍を追撃しないで、村という村に分け入り、農民軍にでたひとびとを捕まえては、ありとある残忍な方法で殺しました。捕まえられないときは、その家に火をかけて焼き払ってしまいました。逃げたひとびとは山奥に隠れたり、全州《チョンジュ》をめざしたりしました。

全州《チョンジュ》には9日間で8000人もの農民軍が駆けつけました。官軍と日本軍が全州《チョンジュ》に攻め込むといううわさがしきりに流れました。

「洋銃の弾もけっこうありますし、人間もたくさん集まりました。もう1度戦いましょう。戦場は泰仁《テイン》の三峰山《サンボンサン》、どうですか？」

孫化中《ソンファジュン》将軍です。

「やつらの機関銃と大砲が見えませんでしたか？　戦うのではなくて殺してくれといわんばかりに身をさらしているようなもんです」

金徳明《キムドンミョン》将軍がちょっと首をかしげました。

「われわれは最初から命を投げ出しています。最後の1兵まで戦って、国中のひとびとの模範にならなければなりません」

孫化中《ソンファジュン》将軍が声をかぎりに主張します。ほかの頭領《トウリョン》たちも「戦おう」という人数が上回っています。いっせいに全琫準《チョンボンジュン》将軍に目がそそがれました。斥候兵たちは何回も官軍と日本軍が近づいていると、息せき切って訴えました。これまで黙っていた全琫準《チョンボンジュン》将軍が口をひらきました。

「われわれ農民たちは土地をたがやし百姓をして家族をやしない、税金をおさめ、国を支えてきました。それなのに、役人どもに搾取され両班《ヤンバン》どもに馬鹿にされ、つらい思いをしながら生きてきました。しかし、国に危機がせまったとき、こうして立ち上がっては命がけで戦ってきました。壬辰倭乱《イムジンワラン》のときも丙子《へいし》の乱*のときも自分たちが国の主人公だと大口をたたいていた役人や両班《ヤンバン》や金持ちどもは、昔も今もひたすらわが身の安全をもとめて逃げ道ばかりさがしました。冬になってやっと松の青さがわかるように、こんなとき国の本当の主人がだれかわかるものです。戦いましょう。戦ってわれらの血を、われらが耕してきた野辺の土にまいて国の本当の主人がだれなのか、後世に伝えましょう」

全琫準《チョンボンジュン》将軍はひとことひとことかみしめるように力をこめて訴えました。みんなも戦おうと声をあげました。

12月20日

12月20日、農民軍は全州《チョンジュ》をでて泰仁《テイン》に向かいました。泰仁《テイン》に到着した農民軍は城隍山《ソンファンサン》、閒加山《タンガサン》、道理山《トリサン》という峰の低い三峰山《サンボンサン》に陣をしきました。洋銃を持った者はみんな山すそと田んぼの畔に腹ばいになりました。官軍と日本軍が押し寄せました。全州城《チョンジュソン》に立ち寄らないで直接きたようです。

丙子の乱　満州族である清が明に侵攻した関係で朝鮮との緊張も高まり、1636年ついに清が朝鮮に侵攻した。王の仁祖は土下座させられ忠誠を誓わせられるという屈辱を受けた。朝鮮では「丙子胡乱」とよばれる。1636～37年。

「おれはただでは家に帰れん。日本人野郎をひとりでもうちのめしてやる」

名前の科挙にでて2等になった長城《チャンソン》の全《チョン》チュイブルが、そばのイルトンとマンスにむかって拳を握りしめて見せました。

「おれが行こうと誘っていっしょに出てきた、おれの村の友だちが3人とも死んじまいやがった。日本人野郎をひとりも殺せずに村に帰ったら、友だちの親に顔向けできんじゃないか」

——ドーン。

かなたで大砲が発射しました。大きな穴ぼこができ、土くれといっしょに人間が宙に吹っ飛ばされました。これまで何十回も見た光景です。

——ドーン、ドーン、ドーン。

畔に銃をすえた農民軍たちはその場にじっとへばりついています。砲弾がどんどん飛んできます。

——バリバリバリバリッ。

機関銃が火をふきました。農民軍が銃を撃ってみても機関銃まで届きません。

「機関銃の射手をやらねばならん」

全《チョン》チュイブルがひょいっと畔を飛び出して、腰を深くかがめてまえの畔にかけだしました。

——バリバリバリバリッ。

走っていた全《チョン》チュイブルの体が銃を持ったまままくるっと1回転しました。そしてどさっと倒れこみました。

――ドーン。

マンスとイルトンのそばで砲弾が炸裂しました。兵士の体が宙に吹っ飛ばされました。ふとわき見をしていたマンスは、落ちてくる兵士をだいて後ろにひっくり返りました。マンスはぱっと起き上がってふもとめざしてかけだします。顔も服も血だらけです。砲弾は目の前や背中であいかわらず炸裂しています。農民軍たちはふもとへふもとへと急ぎました。

「アイゴー、わしにちょっと肩を貸してくれんかね」

ひとりの老人が走っていくイルトンの足を捕まえました。機関銃に足を撃ち抜かれたようです。イルトンとマンスは老人をささえて丘のふもとまでかけました。丘をくだったところでイルトンが自分の巻足袋《カムゲ》をほどいて老人の足首をしっかりしばりました。逆さになったビンから水が落ちるように流れていた血が止まりました。ふたりは老人の肩を支えてまたかけだしました。銃は反対の肩にぶら下げました。実弾はマンスに2発、イルトンに1発のこっているだけです。

「さいわいわしの家はここから遠くない。むこうに見える下村だよ」

還暦が近いらしい老人がぐったりしていいました。野原一面にあふれていた農民軍は引き潮のように消えていきました。砲声がやみました。農民軍はふもとへふもとへとかけていきます。かなたに葛峠《カルチェ》が見えてきました。黄龍江《ファンニョンガン》で洪啓薫《ホンゲフン》軍をうちやぶりあの峠を越えてきた日のことが、つい先日のような気がしました。

3人は日暮れどきに老人の家にたどり着きました。その家の家族たちはもう歓喜に舞い上がりました。マンスは服を1着もらって着替えました。

「では、おじいさん、しっかり治してください」

「おい、ちょっと待ちなさい」

老人はいそいでこういって、奥さんになにか早口で話しかけました。

奥さんは部屋に入ったとおもったら、黒くあかじみた文箱をひとつ持ってきました。老人はそのなかからなにか取り出しました。

「ふたりはわしの命の恩人だ。これはほんのお礼の気持ちだよ」

イルトンには硬玉を、マンスには2枚の銀子*を渡しました。ふたりとも断りましたが、手首をぎゅっとつかまれて受け取らされました。手首をつかんだ力が並みの力でなくて、やむをえずふたりは受け取りました。

「こんどいい世の中になったら、かならず1度遊びにきてくれ」

ふたりはぺこりとおじぎをしてから背中を向けました。ふたりはかなたの万石洑《マンソクポ》のその先にある故郷の村を望みながら、退却していく農民軍の流れに押し流されました。イルトンは家族やオクプニの家族がどうしているか、気がかりでなりません。しかし、農民軍の波のなかからなかなか抜け出せませんでした。

銀子　銀の貨幣。

21 智異山《チリサン》へ

「将軍、あちらに参りましょう」

全琫準《チョンボンジュン》将軍を護衛していた部下のひとりが、葛峠《カルチェ》の左手の笠岩山城《イバムサンソン》を指さしました。将軍がうなずきます。山城の尾根に堂々とそびえた笠岩《イバム》が、湖南《ホナム》平野を見下ろしています。将軍たち6人の一行は、笠岩《イバム》を見上げながら登っていきました。峠道があんまりきついので鼻が道にくっつきそうです。

「おや、将軍様。これはまた、どうしてこんなところまで?」

峠道を登りきると、ひとりの将校が将軍を見つけて喜びました。30人くらいの兵をしたがえて、この山城を守っている李鍾禄《イジョンノク》という武官でした。李鍾禄《イジョンノク》は将軍とは旧知の仲でした。かれはこの高台からさっきの泰仁《テイン》戦闘を見下ろしていたようです。将軍一行はそこで1泊して翌日また先を急ぎました。

「漢城《ハンソン》へ行きましょう。漢城《ハンソン》に行って今後のことを考えましょう」

一行は白羊寺《ペギャンサ》を通りすぎ淳昌《スンチャン》郡内に入りました。かれらが通り過ぎている村の土塀には、なにか貼り紙がしてあります。貼りたてなのかまだ糊がよくかわいていません。

全琫準《チョンボンジュン》を逮捕せよ。
全琫準《チョンボンジュン》は愚昧な民をあおり乱をおこした逆賊である。朝廷の命令にしたがって全琫準《チョンボンジュン》を捕え官衙に引き渡すか、逆賊の隠れ家を知らしめて逮捕に協力した者には、1000両の賞金を与え郡守《クンス》に任命する。朝廷の意志に従うべし。

甲午年12月28日　両湖招討使《ヤンホチョトサ》

将軍一行はこんな貼り紙があるのにも気づかず、急いで通り過ぎました。両湖招討使《ヤンホチョトサ》というのは農民軍討伐隊の司令官です。かれは朝廷の指示にしたがって、ただちに各郡府県の守令《スリョン》たちに貼り紙をせよと命じたようです。

将軍一行が淳昌《スンチャン》の福興面《ポックンミョン》に着くと、あたりは暗くなりました。かれらの行く先には、かつて農民軍の倡義所《チャンイソ》で経理の仕事をしていた金敬天《キムギョンチョン》がいます。

「アイゴー、将軍。どちらからおいでですか?」

金敬天《キムギョンチョン》は将軍一行を喜んで迎えてくれました。しかし、かれの顔にはいっしゅんただならぬ表情が浮かんで消えました。将軍も部下たちもそれに気づきませんでした。

「わが家には何の準備もありませんので、あっちにあります酒幕《チュマク》で夕食をとって、夜はこっちでお休みください」

金敬天《キムギョンチョン》は将軍一行を街の酒幕《チュマク》に案内しました。

「のどが渇いたでしょうから、どうぞマッコリからやってください」

金敬天《キムギョンチョン》はにこにこと将軍一行をもてなしました。

「召し上がっていてください。わたしは家にもどって部屋のしたくをしてきます」

かれはさりげなく酒幕《チュマク》を出ました。そして、急いで村にもどって自分の家には寄らないで、妙な家にはいって主人を呼びます。ちょっとまえまで全州《チョンジュ》の監営《カミョン》で将校として働いていて、今は退役している韓信賢《ハンシンヒョン》という男です。

「いま全将軍があの酒幕《チュマク》に来てますよ」

金敬天《キムギョンチョン》は韓信賢《ハンシンヒョン》に耳打ちしました。

「なに？　農民軍大将の全琫準《チョンボンジュン》が？」

韓信賢《ハンシンヒョン》の眼がぎらぎら輝きました。

「あんたは酒幕《チュマク》にもどっていろ。わしがすぐに村の男たちを集めてかけつけるからな」

韓信賢《ハンシンヒョン》は村の男たちを集めました。金敬天《キムギョンチョン》は酒幕《チュマク》にもどって遠まきに見張っています。

「まえに村に押し入った強盗どもがまた来たぞ。今度は６人組だ。容赦なくぶちのめしてやろう。その場で殺してもかまわん」

「ふん。あの殺しても足りんやつらめ。どいつもこいつもひどい目に会わせてやるぞ」

10人以上の男たちが手に手にこん棒をもってかけ出すと、真っ暗闇のなかで酒幕《チュマク》をぐるっと取り囲みました。

「将軍、妙なやつらが酒幕《チュマク》をとりまいています」

見張りに立っていた部下が声をはりあげます。みんな部屋から飛び出しました。

「どいつもこいつもやっつけてしまえ！」

韓信賢《ハンシンヒョン》がさけびました。男たちは声をあげてめったやたらにこん棒をふり下ろします。

乱闘の真っ最中にも将軍は部下に護衛されながら、家の裏手に走って行きました。そして、石塀をとびこえました。

「アイゴー!」

将軍が足首をこん棒で思いっきり殴られて、ふらつきました。

「こやつ、全琫準《チョンボンジュン》将軍にこんなまねができるのか!」

将軍の部下が大声をあげます。男たちが動きを止めます。

「真っ赤なうそだ。全員、ぶったたけ!」

韓信賢《ハンシンヒョン》がさけびました。暗くてだれの顔かもわかりません。しばらく動きを止めていた男たちが、さらに力をこめてこん棒をふり回しました。将軍の部下たちはこん棒で激しく打たれ、みんな地面にのびてしまいました。

「金敬天《キムギョンチョン》め、おまえが世話になった将軍にこんな真似ができるのか!」

倒れこんだ部下がののしりました。

「やめろ!　本物の全琫準《チョンボンジュン》将軍みたいだ」

韓信賢《ハンシンヒョン》がさけびました。

「おそれいります。わたしどもは強盗だとばかり思っておりました。こんなことになってどうしたものでしょう?」

韓信賢《ハンシンヒョン》は白をきってハアハアと息を切らします。村の男たちは晴天の霹靂《へきれき》にあったようなものです。将軍の部下たちはこん棒で頭は割られ腕は折られ、地べたでもがいています。

「早く輿《こし》を用意しろ。一刻の猶予もならん。すぐに町に行って治療をしてさし上げなきゃならん」
韓信賢《ハンシンヒョン》が大声を上げると、男たちは町にとんで行って輿を持ってきました。

「このたわけ者どもめ、民を救うために命を投げ出した将軍にそむくとは。金敬天《キムギョンチョン》はいったいどこに行ったのだ！」

将軍の部下たちは去っていく輿を見てさけびます。

「どうも怪しいぞ。金敬天《キムギョンチョン》はいったいどこにいるんだ？」

男がひとりこん棒をふりまわしながら息巻きました。

「金敬天《キムギョンチョン》は関係ない。まず将軍の怪我を治さなきゃならん。緊急だ。さあ、早く行こう」

韓信賢《ハンシンヒョン》が大声をはり上げます。輿はまた動きだし、将軍の部下たちは地べたをはいながら大声を上げます。輿は闇のなかに消えて行きます。１８９４年12月28日のことでした。

「将軍様！」

寝ていたイルトンが声を上げて目を覚ましました。部屋のなかは真っ暗で、そばではゴーゴーといびきの音がにぎやかでした。

「おかしいな。どうして将軍さまがおれを呼んだのかなあ？」

イルトンは闇のなかで目をしっかりあけて独りつぶやきました。将軍がどこか高いところから、「イルトン！　イルトン！」とイルトンを呼び、「早くこっちに来い！」と手をふったのでした。それでなくても将軍を捕えよという貼り紙をみるたびに肝を冷やしていたのでした。

「おまえは将軍様にかわいがられていたから、そんな夢を見たんだろうよ」

翌日夢の話をしたところ、マンスはなんでもないよというふうに笑いました。しかし、イルトンは歩きながらも、夢に見た将軍の姿が、何度も何度も脳裏に浮かびました。

かれらはいま長興《チャンフン》にむかう途中です。農民軍はまたそこに集結するといいます。長興《チャンフン》は鶏かご将軍の本拠地でもあり、李容泰《イヨンテ》が駅卒《ヨクチョル》たちをひきいてやってきた町でもあります。鶏かご将軍は民堡軍《ミンボグン》を制圧しています。民堡軍《ミンボグン》というのはやくざな連中を集めて農民軍をつぶす機会をねらっていた部隊です。

イルトンとマンスが長興《チャンフン》にむかって4日目のことです。

「ええい、金敬天《キムギョンチョン》め。ぶっ殺しても足りないやつめ。自分が仕えていた将軍様を裏切るとは！　まったく」

まえを歩いているひとたちが激高しています。イルトンはなんのことかと聞きました。

「将軍様の下で経理を見ていた金敬天《キムギョンチョン》がいたじゃないか。あいつが……」

イルトンとマンスはその場にへたりこみそうになりました。

「将軍様を羅州《ナジュ》に送ったそうだけれど、農民軍が救出するためにあっちに押しかけるというわさだよ」

救出ということばにふたりは息をつめて見交わしました。

「行こう！　将軍様を救出するか、護送中に襲撃するか、どっちかわからんけど、とにかくおれらも行って戦おう！」

ふたりはすぐにきびすをかえし、かけだしました。

翌日、長興《チャンフン》では鶏かご将軍が農民軍のまえに立ちました。このときまでに長興《チャンフン》には3万人の農民軍が押し寄せています。

「みなさんご存知のように、全琫準《チョンボンジュン》将軍が捕まりました。そしてわれわれはここ長興《チャンフン》の海辺まできました。戦って死のうが、海に落ちて死のうがおんなじことです。死んだ気になって戦いましょう」

鶏かご将軍はこうさけび、拳をふりました。

「戦おう！」

農民軍はのどもさけんばかりにさけびました。全琫準《チョンボンジュン》将軍が捕まったという話を聞いたため、もう死にもの狂いでした。農民軍は長興城《チャンフンソン》に攻め込みました。農民軍の背後をつこうと機会をねらっていた府使《プサ》と役人たちは、農民軍がやってくるという知らせに城門を固く閉ざしました。ところが農民軍たちはあっという間に城内に攻め入り、府使《プサ》の朴憲陽《パクホンヤン》をはじめ役人や将校たち95人の首を切り捨てました。その余勢をかって隣の康津府《カンジンブ》の役所もずたずたにしました。怒りくるった農民軍は、民堡軍《ミンボグン》たちも400〜500人引っ捕えて殺してしまいました。

そのころ官軍が押し寄せて来ました。小銃部隊だけ来ています。

「あいつら、機関銃は持っていないぞ。小銃の射手だけ来てるんだ。やっちまえ！」

農民軍はソクテ平野で戦いました。農民軍たちは1、2発持っていた最後の弾を撃ってしまうと、竹槍だけで戦うわけにはいきません。農民軍は隣の郡の康津《カンジン》をへて海南《ヘナム》に押しやられました。海南《ヘナム》は言葉どおり陸地の最果てです。

イルトンとマンスが羅州《ナジュ》にたどりつくと、将軍の輿はきのうまた全州《チョンジュ》に向かったと聞きました。ふたりはすぐさま北をめざして走りました。

「銃をすてろよ。官軍と日本軍部隊がこっちに下ってきている。あっちこっちの道で厳しい検問があるからな」

長興《チャンフン》にむかっていた農民軍たちがさけびました。ふたりは最後の弾をぬいてしばらくなでましたが、また装填して銃を道べりの岩の後ろに隠しました。

「どうやって検問を抜けようか?」

マンスがおびえた目つきでイルトンを見ます。マンスを見返していたイルトンが「うん、いい手がある」と、近くの酒幕《チュマク》に入りました。紙と筆と硯をかりて偽物の訃告《プゴ》*を書きました。マンスが「うん、これならうまくいきそうだな」と笑いました。しばらく行くと本当に官軍と羅卒が検問をしています。

「おれらは羅州《ナジュ》の郷庁《ヒャンチョン》の使用人です。座首《ザス》様のお父さんが亡くなられて、広州《クァンジュ》郷校《ヒャンギョ》の掌儀*旦那様に訃告《プゴ》を持っていくところです」

訃告《プゴ》を見せるとすぐに道を通してくれました。ふたりはしばらく行ってからくっくっくっと笑いました。

郷庁《ヒャンチョン》の座首《ザス》と郷校《ヒャンギョ》の掌儀《チャンイ》といえば、その郡きっての両班《ヤンバン》ですから、郡の役人や羅卒たちもへいこらします。

「おい、見ろよ。火事だぞ」

歩きつづけていたふたりはびっくりして立ち止まりました。むらむらで家が燃えていま

訃告　訃報。

掌儀　郷校の運営責任者。

す。みっつ、よっつの村であわせて10軒ほど燃えています。長興《チャンフン》で農民軍と戦ったのは第1部隊で、第2部隊はそのあとを追いながら、農民軍に加わった連中を捕まえては殺し、家に火をかけているのでした。ふたりは訃告《プゴ》をつかって検問をかいくぐりながら、風のようにかけて行きました。

「うちの家族がどうなっているか、家に寄ってみよう」

ふたりは夜中にこっそり故郷の村にもどりました。村はほぼ半分の家が焼かれています。イルトンの家もマンスの家もオクプニの家もみんな焼かれていました。醤油がめや味噌がめもめちゃくちゃに割られています。ふたりはマンスのおばさんの家に寄ってみました。

「アイゴー、生きてたんじゃのう。どこからもどってきたのじゃ？」

「おばさん、うちの親たち、どこに行ったの？」

マンス一家は金堤《キムジエ》にあるお母さんの姉妹の家に行き、イルトン一家は扶安《プアン》のお母さんの実家に行っているとのことでした。話し声を聞きつけたのか、だれかが枝折戸《しおりど》を入ってきます。

「アイゴー、生きてたんだね」

オクプニとお母さんでした。オクプニの家も焼かれてしまい避難していましたが、父親の消息が知りたくてしばらく本家のおじさんの家に来ているのだそうです。オクプニのお父さんは泰仁《テイン》の戦闘のあと自分たちの留守のときに、ちらりと顔を出したということです。

オクプニのおじさんの家で1晩泊めてもらったイルトンは、翌朝オクプニの声がしたような気がして、ぱっとはね起きました。便所に行くふりをして部屋を出ました。オクプニは台所にいたのですが、ちょっと顔を出しました。

「これ、とっておいてくれ！」

イルトンはあたりをうかがってから、オクプニに宝石を渡します。

「負傷した農民軍のおじいさんを家まで送っていってあげたらね、お礼だといってさ。そのおじいさんの足をおまえのくれた巻足袋《カムゲ》でしばってあげたよ」

「そうだったの。宝石、とってもきれいね」

オクプニは宝石を握りしめて、あたりをきょろきょろ見ると、すぐに台所にひっこみました。

朝ごはんが終わると、オクプニのおじさんが奇妙なふご*をふたつ持ってきました。ひとつには子豚、もうひとつには雄鶏が入っています。

「今日は院坪《ウォンピョン》で市のたつ日だ。これを売って路銀《ろぎん》*にあてろ」

ふたりはふごを肩にかけて出発しました。オクプニも大人たちについて路地に出ました。イルトンはわが家の跡にしばし足を止めました。家の焼け跡を見ると、いまさらながら胸がつまりました。甕などもみんな割られ、そのわきには焼け残った愛用の背負子《しょいこ》が転がっていました。

「世の中がおちついたら、きっともどってきます」

路地を出たところで、みんなに深々と頭をさげました。オクプニの眼からは涙がこぼれています。女たちはだれもが鼻声になってすすり泣きました。イルトンとマンスは何度もふりかえりながら野道を行きます。万石洑《マンソクポ》をすぎるときイルトンが手をふりました。オク

ふご　わら縄で丸くあんでひもをつけた運搬用具。土木作業に用いるもっこに似る。

路銀　旅費。

プニがピョンピョンはねながら手をふりました。

ふたりは院坪《ウォンピョン》の市場で豚と鶏を売って旅費をつくり全州《チョンジュ》に急ぎました。

「全琫準《チョンボンジュン》将軍がどうなったか、知りませんか？」

全州《チョンジュ》に近い酒幕《チュマク》で昼飯を食べたとき、そっと聞いてみました。

「将軍を乗せた輿が公州《コンジュ》さして昨日ここを通りすぎたよ。農民軍たちが奪還するかもしれんで急いで送ったそうよ。三国志の張飛《ちょうひ》もつる草に足を取られてこけたというけれど、天下の将軍もあんなやくざな連中に捕まるなんて……」

酒母《チュモ》は地面もへこむようなため息をつきました。将軍は足を負傷したので輿にのせられて行ったようです。ふたりは急いで飯を食って立ち去りました。ふだんでも厳重な検問で有名な参礼《サムネ》の渡しもかんたんに通過しました。

公州《コンジュ》が近づくと、道のあちこちで検問をしています。夕暮れ時に敬天店《キョンチョンチョム》にたどり着きました。ここからは将校が検問をします。

「なに、論山《ノンサン》の郷庁《ヒャンチョン》の使用人だと？　それなのにどうして全羅道《チョルラド》のなまりなんじゃ？」

「論山《ノンサン》は全羅道《チョルラド》に近いからですよ。おらたちの親は全羅道《チョルラド》です」

「わしは論山《ノンサン》の生まれじゃ、論山《ノンサン》のな。全羅道《チョルラド》のなまりちゅうても、そうとう田舎のほうじゃのう」

ふたりは気が抜けてしまいました。こんどこそ間違いなくやられると思いました。

「そのひとたち、論山郷庁《ノンサンヒャンチョン》の人間に間違いないですよ。おれは論山《ノンサン》の南の望城《マンソン》にすんでる者ですが、おれのおじさんが論山郷庁《ノンサンヒャンチョン》の書士なんでよく行きます。だからふたりをよく知っています」

「アイゴー、南《ナム》トングリさんでしょう?」

マンスが後ろをふりむいてぺこりとおじぎをしました。名前の科挙に出ていた人です。

「おまえはだれじゃ?」

「怪我をした肩の痛みが何度もぶりかえすもんで、うまく治してくださるお医者様のところに行くところです」

包帯でしばって、首にひもでつっている腕を指さします。将校は訃告《プゴ》を見直して「よし、行け」とあごをしゃくりました。イルトンとマンスは南《ナム》トングリの手をとって、ありがとうと2度も3度もおじぎをしました。

「おれたちは全琫準《チョンボンジュン》将軍の輿を襲撃するといううわさを聞いて、後を追っているところです」

「おれは今まで寺に隠れていたんだけど、そのうわさを聞いて飛び出してきたよ。熊崎峠《ウンチジェ》の南のヒョゲに集まるそうだ」

「肩がそんなに悪いのに、どうするの?」

かれはにっこり笑いながら、その肩を上下にはでに動かしてみせました。先だってたき火に当たっていたときのひょうきんさと同じでした。

「それはそうと、ヒョゲは危険な感じだぞ。あそこに集まるといううわさが広まりすぎたからね。襲撃するとすれば渡し場のはずだが、おれは渡し場の近くの酒幕《チュマク》に泊まるつもりだ」

ふたりが「だったら、いっしょに行こう」というと、かれは「よし、そうしよう」といいました。渡しに着いたのはもう日暮れでした。晩飯を食べると、みんなはすぐに寝入りました。ぐっすり寝ているとき、主人が臨検《りんけん》*だといって起こしにきました。羅卒たちが臨検をしていきます。かれらはこれまで通りのやり方でやり過ごしました。夜明けまでに3度も臨検《りんけん》に会いました。

「おい、早く起きろよ。早く」

南《ナム》トングリが頭に雪をかぶって、ふたりを起こしました。

「まずいことになったぞ。どこから捕まえてきたのか農民軍風の男たちを15人も引っぱってきた。渡し場には羅卒たちが数百人もいるしな」

通りに出てみると、数珠つなぎにされた男たちが頭に雪をかぶって連行されていきます。足を引きずる男、服が血だらけの男、なんとも見ていられない悲惨な姿です。渡し場には三叉槍をかざした羅卒たちが数百人もいて目を光らせています。隣の郡の羅卒まで全員動員したようです。

くくられていく男たちが城門のなかに消えると、羅卒たちが渡し場にいるひとびとを荒っぽく追い立てました。ひとびとがおおぜい集まりましたが、輿《こし》を襲撃しそうな男たちはとくに目につきません。警戒があんまり厳しくて奪還できるような状況ではありません。雪が降りしきっています。

そのとき城門から輿《こし》が1台でてきました。数十人の兵士たちが輿《こし》の前後を護衛し、渡し場に向かいました。輿《こし》は白い雪をかぶっています。輿《こし》の横窓が開いていますが、将軍の顔

臨検　立ち入り検査。

は見えません。渡し船がゆっくり岸を離れていきます。渡し船が去っていくと、羅卒たちはもう自分の任務は終わったとばかりに警帽を脱いでどっと酒幕《チュマク》にくりだしました。

「将軍様ー、マンスとイルトンです！」

イルトンが川岸に近づいて、口に手をあてて大声でさけびました。船に乗った兵士たちがこっちを見ます。

「将軍様ー、イルトンとマンスです！　おたっしゃで。おれらが絶対仇を取りまーす！」

そのとき将軍が横窓からこっちを見ているような気がしました。しかし、降りしきる雪で顔がまともに見えるわけもありません。船から兵士たちがにらんでいるようです。

「将軍様ー、おたっしゃで！　おれらも日本人どもをやっつけます」

その若者たちは3人組です。

「そいつらを捕まえろ！」

羅卒たちが大声をだして追いかけました。20～30人が三叉槍をかざして追いかけました。イルトンとマンスはあわてて逃げました。3人の若者たちも逃げました。羅卒たちがいぜんとして大声をだして追いかけてきます。雪の中で追いかけっこがはじまりました。羅卒たちは三叉槍を持っているだけなので捕まりさえしなければ、大丈夫です。坂道になると、羅卒たちがおくれだしました。5里くらいかけると追いかけてくるのは5、6人だけで、その5、6人も立ち止まってしまいました。雪に降られてしばらく様子を見ていましたが、とうとう帰って行きました。

「あなたは名前の科挙にでた李《イ》シットリさんじゃないですか？」

マンスが3人組のなかの背のひょろ高い男に聞くと、「そうだ」と答え、喜んで握手してくれました。3人ともこの近くに住んでいるそうです。かれらは泰仁《ティン》の戦闘に敗れたのち、山すそをつたって故郷にもどってきたのですが、全琫準《チョンボンジュン》将軍の輿《こし》を奪還するというわさを聞いて、こうしてやってきたのだといいます。やってくるうちに仲間が10人以上に増えましたが、昨日おとといの臨検にひっかかって捕まったり逃げたりしたので、3人だけになったそうです。

一行は昼時に敬天里《キョンチョンニ》に着きました。きのう検問していた羅卒たちは見当たりませんでした。

むこうのほうに人だかりができていてなにかを見ています。

「ほう、農民軍たちが3万6000人も死んだとはのう」

ひとりの老人が高札に背をむけてつぶやきました。かれらもひとびとを押しのけて、高札を見ました。日本軍と官軍は農民軍をみんな海南《ヘナム》に追いつめ3万余人を完全にせん滅しました。それまでいろんな戦闘で殺した農民軍まで含めると3万6000人になるというわけです。かれらは口をあけてしばらく顔を見合せました。

「ということは、つまり農民軍たちをわざと海南《ヘナム》に追いつめたんだな。家を焼き払い、ひどい殺し方をしながらくだっていったのも、追いつめようという魂胆《こんたん》だったのか」

マンスが消え入るような声でいいます。

「そうよ。地の果ての海まで追いつめて皆殺しにするということだったのさ。おれらもあっちに行ってたら殺されてたかもしれん……」

李《イ》シットリが頭を牡丹雪で真っ白におおわれたまま、ぼうぜんとした顔つきでつぶやきました。

「ふーん、3万6000人もなあ！」

だれもが放心したように、お互いを見つめ合っています。ひと月前農民軍でおおいつくされていた野辺は、牡丹雪で真っ白におおわれ、5人は雪に降られながらぼんやりと見つめ合いました。

「頭領《トウリョン》たちもみんな海南《ヘナム》にいったんだろうか？」

「いいや。みんな行ったんじゃないようだ」

イルトンのことばにマンスがうなずきました。

「ほかはほとんど智異山《チリサン》に入ったようだ。もし破れたら智異山《チリサン》に入って時を待とうというのを聞いたことがあるよ」

「えっ、智異山《チリサン》？」

李《イ》シットリが目をむきました。

「おれたちだって智異山《チリサン》以外に行くところはないさ」

「そうだ。おれらも智異山《チリサン》へ行こう！」

マンスのことばに李《イ》シットリが相づちを打ちました。かれの仲間も「行こう！」といいました。

5人は牡丹雪に降られながら大道に出ました。雪はさらに降りしきり、まえを歩く人の足跡もすぐに隠しました。新しく降った雪の上に5人の足跡がつきました。雪は降りしきります。かれらの足跡は智異山《チリサン》まで続くことでしょう。

本書を手にとったあなたに

ユーラシア大陸の東の岸に連なる小さな島国であった日本は、19世紀末から20世紀のはじめ、日清戦争（1894～95、明治27～28）・日露戦争（1904～05、明治37～38）をたたかって、世界の大国のひとつになりました。東アジアの小国が、大国中国やヨーロッパの強国ロシアを打ちやぶり、イギリスやフランス、ドイツ、アメリカなど強国に肩をならべるようになったのです。世界の人たちを驚かせるめざましい変貌でした。いま日本人の多くはこれを「明治の栄光」と見ています。

しかし、この「栄光」が日本の隣の国、朝鮮を犠牲にして実現したものであることをはっきりと認識している日本人はごくわずかです。

いま朝鮮半島には、南に大韓民国、北に朝鮮民主主義人民共和国、ふたつの国家があります。これは第2次世界大戦の結果、アメリカやソ連（いまのロシア）など、大国の思惑で分断された結果で、ひとつの国、ひとつの民族がもともとの姿です。

韓国・北朝鮮を合わせて英語で「コリア」（Korea）ということがありますが、その

Korea は高麗王朝（918〜1392）の名称に由来しています。そして高麗のあとに続くのが朝鮮王朝（1392〜1910）です。朝鮮半島にあった王朝で、「朝鮮」という地名を王朝の名前にしたのはこの朝鮮王朝だけです。この朝鮮王朝は、1897年、王制を皇帝の統治する制度に変え、国の名前も「大韓帝国」になりました。

この大韓帝国を日本が征圧し自国の領土にしたのが、日露戦争のあと、1910（明治43）年、日本でいう「韓国併合」です。日清戦争・日露戦争をへて、朝鮮半島にずっとあった朝鮮人の国家を日本は滅ぼして、植民地にしてしまったのです。

一方、日本が江戸時代の終りに欧米諸国から押しつけられていた不平等条約を最終的になくし「条約改正」に成功したのが、1911（明治44）年の関税自主権の回復でした。隣の国＝「大韓帝国」を滅ぼして自国の領土にしたのと、日本が不平等条約から解放されたのがほぼ同じ時期だったのです。

日本では、日清戦争、日露戦争は「日本の防衛戦争だった」という主張がいまでも有力です。隣の国、朝鮮を支配する目的の戦争であるのに、なぜそれを「防衛戦争だ」というのでしょうか。

そのとき、かならずつきまとうのが、つぎのような朝鮮についての見方です。

朝鮮は自分の国を自分の力で守れない。

経済的にも停滞し落伍した国である。

自力で国を守れないから、絶えず大国にたよる自主性のない国である。

――だから、日本は自国の安全のために中国やロシアに対抗して「朝鮮を支配するのは当然だ」という見方です。

しかし、朝鮮は長い歴史と伝統を持つ国・民族です。その歴史を無視して、朝鮮をこのようにいうのは、日清戦争や日露戦争で日本が朝鮮になにをしたのか、朝鮮人は日本軍の侵入にどう立ち向かったのか、そういう大切なことをいっさい押し隠してしまうために日本がまき散らしている、朝鮮に対する偏見ではないでしょうか。

本書は、日清戦争のとき、朝鮮の農民が、自分たちの生活を守るために朝鮮の世の中を変えようと、侵入してきた日本軍とどうたたかったのか、というその物語です。

皆さんが中学校や高等学校で学んだ日本の歴史教科書では、「東学党の乱が起こり日清両軍が出兵して来て日清戦争になった」と書かれているだけです。朝鮮の農民がなぜ蜂起したのか、日本軍に対して南に北に何十万人もの農民がなぜ決起したのか、そして日本軍はその抗日のたたかいをどうつぶしたのか、そんなことはなにひとつ書いてありません。

韓国でも、日本の植民地時代はもちろん、日本の支配から解放されたあとも、長らく東学農民戦争に参加した農民は「乱民」とされてきました。しかし、1980年代の韓国民主化運動のなかで東学農民軍の歴史は見直され、2004年には「東学農民革命軍の名誉回復に関する特別法」が制定されました。110年ぶりに東学農民軍の名誉が回復されたのです。

本書は、そうした現代韓国の空気のなかで、東学農民の動きを現代の若い世代に伝えたいという試みのひとつです。ただし、東学農民革命・東学農民戦争の研究はこれからです。

わからないことがたくさんあります。たとえば、国王や王妃を含めて当時の人たちをどう見るのか、その人物評価やはたした歴史的役割はどうかなどが、いまさまざまに議論されているところです。

この本を読んで、韓国の歴史や日本との関係、日韓のひとびとの交流の歴史などに興味を持ち、歴史の研究に向うきっかけになれば大変嬉しいことです。

あなたがそんな日本の若者のひとりとして成長されることを心から願っています。

中塚　明・奈良女子大学名誉教授・日本近代史専攻

訳者あとがきにかえて——古阜から童謡「パンダル（半月）」まで

1995年6月のこと、北海道大学の研究室でダンボール箱に入れられた「東学党首魁」の頭骨が見つかりました。この発見は衝撃的な話題を巻き起こしました。その事情のいきさつの調査、韓国への誠実な遺骨返還事業をとおして日韓の専門家たちは、かえって深い友情で結ばれたようにわたしには思われました。

そして、その後日韓の専門家らがさらに努力するようになって、東学農民戦争において日本軍がせん滅作戦を残虐執拗に行った実態と本質が、よりはっきりわかるようになりました。

さて、ここでわたしはその後の天道教を少し紹介して、その「戦後」の目から東学農民戦争の栄光と屈辱と犠牲を天道教のみなさんがどう評価し乗り越えていこうとしたか、垣間見たいと思います。

民衆と祖国に殉じた全琫準《チョンボンジュン》を悼んだ有名な民謡に「鳥よ鳥よ」があります。

鳥よ鳥よ青い鳥よ／緑豆の畠に下り立つな／緑豆の花がほろほろ散れば／青舗《チョンポ》売り

ばあさん泣いて行く。（金素雲《キムソウン》訳）

という民謡です。農民軍敗退後、民衆は全琫準《チョンボンジュン》をおおっぴらに悼むことはできませんでした。そこでその気持ちを緑豆畠の鳥追いの歌という労働歌にしのばせてうたったのです。そのとき、当然ながら、名もなく散った家族や村の若者たちのことも哀悼したことでしょう。

青餔売りばあさんというのは、緑豆を原料にした、ムック（青餔）いうトコロテンのような食べ物をつくって市場で売って暮らしをたてるおばあさんです。ムックが作れなくなって泣くおばあさんは民衆の象徴です。

この民謡には元歌があります。「月よ月よ」です。「月よ月よ」は朝鮮時代に全国でうたわれていました。民衆の願いをうたった美しい民謡です。

月よ月よ明るい月よ／李太白の遊んだ月よ／あのあの月の中ほどに／桂が植えてあるそうな／玉の手斧で切り出して／金の手斧で仕上げをし／草ぶき三間の家たてて／父さん母さん呼びむかえ／千万年も暮らしたい／千万年も暮らしたい。（金素雲訳）

「草ぶき三間」というのは台所・オンドル部屋・板敷き部屋の3部屋だけの、丸いわらぶき屋根の家です。民衆のすむ質素な家です。東学民衆はこの有名な民謡の旋律を借りて自分たちの哀惜の思いを表現したわけです。

わたしは戦の顛末やイルトンやマンスやオクプニのその後が大いに気になりました。しかしもうひとり、北接大将の孫秉熙《ソンビョンヒ》のその後のことが気にかかりました。というのは、かれもまた朝鮮の近代化のうえで大きな役割をはたした人物で、わたしの関心分野である少年運動や童謡運動にとって、いわばその舞台をつくった人物だからです。

北接農民軍は第２次農民戦争にしか参加できませんでしたが、日本軍の圧倒的な火力のもとで惨憺たる敗北に終わったことは、この本を読まれたみなさんもご存知のとおりです。その大将であったかれは、第２代教主崔時亨の逮捕処刑後の１８９７年に第３代教主になりました。そのとき以来かれの胸に去来したのは約３６０００人もの犠牲者のことだったように思われます。仲間の尊い死を無駄にしない、東学教徒としての追悼のしかたを探し求めたのではないでしょうか。

かれは追っ手をのがれ、商人に身をやつして、日本の横浜で亡命生活をおくりました。そして日本の近代化の進展を目のあたりにして、自国の近代化の重要性に気づいたのでした。そこで政治軍事的路線を放棄し、ジャーナリズム・教育・出版という文化面で国の近代化に寄与すべく実践しました。

かれは教団をあげて小中学校に財政援助し、経営難におちいった現在の同徳女子大学や高麗大学を一時引き受けて経営しました。また、教徒の若者たちを東京に留学させました。ジャーナリズム分野では『万歳報』という新聞を創刊しました。社長は独立運動家で書家の呉世昌《オセチャン》、主筆は文学者の李人稙《イインジク》でした。また、買い入れた印刷機で自前の印刷所もおこしました。

何よりもかれの名前を不滅にしたのが１９１９年３月１日におこした３・１独立運動で

す。韓国併合後に集会結社の自由を奪われた朝鮮では、警察への届出なしに自由に集えるのは宗教分野だけとなっていました。天道教・仏教・キリスト教など33人の宗教人が民族代表となり、かれはさらにその代表に推されました。

3月1日は独立宣言文の朗読と「朝鮮独立万歳！」と叫ぶ万歳デモ、宣言文の配布という形で全国の主要都市で一斉に立ち上がりました。いまの高校生や大学生にあたる若者たちも立ち上がり、運動を全国的に拡散させました。韓国併合後の土地調査事業によって自分の土地を奪われた農民の怒りにはすさまじいものがありました。25年前の農民戦争では竹槍と火縄銃とわずかの洋銃・大砲がありましたが、今回は素手でした。それでも約7500人ものひとびとが殺されたということはその弾圧のすさまじさが想像できます。多くの犠牲をだして運動は収束させられました。巡査に危害を加えたとして村全体が焼かれたりしました。その惨状は25年前の農民戦争を彷彿とさせたことでしょう。

朝鮮総督府は想像をこえる朝鮮民族の立ち上がりに慌てふためき、武断統治の長谷川好道総督を解任し、斉藤実総督に文化統治スタイルの政策をとらせました。朝鮮日報・東亜日報・朝鮮中央日報というハングル国漢文表記の民族新聞や各種雑誌の創刊を許可したのもこの時です。しかし、他方で警察官・軍人を増やしましたから、日本がその統治・支配体制を緩めたわけではみじんもありませんでした。

この独立運動の失敗から朝鮮民族は大切な教訓を学びました。独立の力をつけるためにはまず若者たちをしっかり育てなければならない、「学ぶことは力だ」ということです。農村啓蒙運動（ブナロード運動）、識字運動、女性の覚醒に学生たちもすすんで参加しました。この当時、識字率はほぼ10パーセントだったといわれています。

東京留学生たちは休暇のたびに帰省して啓蒙のために全国巡回講演をしました。また京城の学生たちも休暇のたびに地方へ入って農村啓蒙活動をしました。天道教でも教理部（青年部）がそうした活動をおこないました。また『開闢』という啓蒙的な総合雑誌も創刊しました。掲載された文学作品が大人気になり雑誌は全国的に高い注目をあつめました。

この青年会運動から少年会運動が生まれました。孫秉熙《ソンビョンヒ》の3女と結婚した天道教徒の方定煥《パンジョンファン》と、天道教きっての若い理論家の金起田《キムギジョン》が、「少年たちよ 強くたくましく！」というスローガンのもとに子どもたちを指導しました。1922年5月1日には天道教オリニナル（子どもの日）をつくりました。1923年には『オリニ（子ども）』という児童雑誌を創刊しました。方定煥は東京の東洋大学に留学し同胞学生によびかけて児童文化研究団体「セクトン会」をつくりました。日本でさかんになっていた童話口演の研究もしました。

かれは日本の童謡しかうたう歌のなかった子どもたちに民族自前の童謡を歌わせてやりたいと思いました。そこで、第2代教主崔時亨の孫にあたる鄭淳哲《チョンスンチョル》の紹介で、尹克栄《ユンクギョン》によびかけました。尹克栄は現在の東京音楽大学で声楽を勉強していましたが、方定煥の強い勧めに共鳴して、童謡の作詞作曲を決意しセクトン会の会員になりました。こうして生まれたのが童謡「パンダル（半月）」（『オリニ』1924年11月号に発表）です。

青い夜空の／白い船／かつらとうさぎをのせてゆく／帆柱もなくさおもなく／すいすいゆくよ／西の国／／銀河をわたり／雲の国／雲の国こえ／どこへゆく／かなたであかるく光るのは／明けの明星／かじをとれ（仲村修訳）

朝鮮時代最後の下級貴族の息子だったかれは、嫁ぎ先の没落によって急死した姉のことを想いながら作曲したといいます。この曲はインターネットでも簡単に聞けますので、一度聞いてみてください。しみじみとした美しい曲です。3世代にわたって歌われ愛されてきた、生命力あふれる「古典」童謡です。

方定煥《パンジョンファン》はその後月刊雑誌『新女性』『学生』の編集長もひきうけ、全国の天道教少年会等をまわって童話口演もし、できたての京城放送局にも100回以上出演して童話口演を行いました。こうして大活躍をしたのですが、過労に倒れ1931年に満31歳で早世してしまいました。

「パンダル」は日本の教科書（教育出版・4年生）にも載っています。中国には1950年代に北朝鮮から入ったようで、現在も「小白船」という題名で音楽教科書に載っています。台湾でも歌われることがあるようです。こうなると、「パンダル」は南北朝鮮をはじめ東アジア全域をつなぐ力と資格をもった、数少ない東アジア名曲童謡のひとつだといえそうです。

古阜の蜂起と童謡「パンダル」には一見なんら関連がないように見えます。しかし、1894年の古阜の雄叫びがなければ、名曲「パンダル」はこの世に生まれませんでした。つまり「パンダル」のなかには東学（天道教）の血が流れていることに気づくのではないでしょうか。

各時代を生きる弱い民衆（女性や少年少女もふくめて）のもっとも深い痛みに命がけで、あるいは体をはって向き合おうとした全琫準《チョンボンジュン》、孫秉熙《ソンビョンヒ》、方定煥《パンジョンファン》たち——かれらの血と精神は啓蒙運動や3・1独立運動や少年運動などに、そしてその成果は現代にまで受け継がれているといえます。

＊　　＊

最後に、出版にあたっては作家の宋基淑先生と出版元の「チャンビ」は契約上格別の配慮をしてくださいました。梨の木舎は、若い人たちに少しでも読みやすい作品になるようにと編集上のさまざまな工夫をしてくださいました。また、中塚明先生からは推薦の言葉をいただきました。

初めてのコラボをした漫画家の大越京子さんにも感謝です。写真は『東学農民革命100年』の訳者の信長正義さんが提供してくださいました。ありがとうございました。

また数年前のこと、全州出身の絵本編集者である趙銀淑さんは、オリニほんやく会有志による東学戦跡地探訪に車を用意して案内してくださいましたし、訳出にあたって方言なども教えてくださいました。これもまたとてもありがたいことでした。むろん、最初にこの作品の勉強をともにしたオリニほんやく会の仲間にも感謝を捧げます。

こうして多くのひとびとに支えられてようやく日本語版が陽の目をみました。近代日本の冒した最初のアジア侵略を、事実に基づいたおはなしとしてお伝えできたことに少しほっとしています。日韓間の解くべき課題について、歴史的な議論はせいぜい植民地期までです。激突と激動のその前史をあつかったこうした作品の紹介が、議論をより深めるために役立ったらと願います。

2015年6月　　訳者　仲村　修

‖参考図書‖次の1歩を進める人に

『東学史──朝鮮民衆運動の記録』呉知泳著、梶村秀樹訳注、平凡社東洋文庫、1975年
『これだけは知っておきたい──日本と韓国・朝鮮の歴史』中塚明著、高文研、2002年
『異端の民衆反乱──東学と甲午農民戦争』趙景達著、岩波書店、1998年
（映画）「開闢《かいびゃく》」（第二代教主崔時亨一代記）林権澤監督、1991年
『東学農民革命100年──革命の野火、その黄土の道の歴史を尋ねて』金恩正著・文炅敏・金元容著、朴猛洙監修、信長正義訳、つぶて書房、2007年
『実録東学農民革命史』申淳鉄・李真栄著、安宇植訳、社団法人東学農民革命記念事業会、2008年
『東学農民戦争と日本　もう一つの日清戦争』中塚明・井上勝生・朴猛洙、高文研、2013年
『明治日本の植民地支配─北海道から朝鮮へ』井上勝生、岩波現代全書、2013年

10月	三浦梧楼日本公使の指揮で王妃閔妃を殺害	
96年10月	閔妃殺害や断髪令で初期反日義兵闘争おきる	
97年10月	国号を大韓帝国に改める	
12月	孫秉熙、第3代教主になる	
1900年		義和団事件(6月〜)日本参戦
04年2月		日露戦争勃発(日本軍、仁川港沖と旅順港のロシア艦艇を奇襲)
05年12月	日本、統監府を設置	
06年6月	孫秉熙、東学を天道教として改革、翌年1月亡命先の横浜から帰国 天道教、新聞社「万歳報」創設。社長は呉世昌、主幹は作家李人稙(約1年継続)	
07年	孫秉熙、教主をしりぞき教育出版分野など啓蒙文化活動に専念	
09年10月		伊藤博文、安重根に射殺される
10年8月	韓国併合条約調印(22日)	
12月	日本、朝鮮総督府を設置	大逆事件
11年10月	『天道教月報』創刊(自前の印刷所普成社から)	辛亥革命(武昌蜂起10日)
12年1月		中華民国建国宣言
2月	天道教、普成専門学校(現高麗大学)を買収、約5年間経営	宣統帝退位。清朝滅亡(12日)
15年1月		日本、対華21カ条の要求
17年5月	同徳女学校(現同徳女子大学)を経営	
18年7月		富山で米騒動発生(23日)
19年2月	天道教徒方定煥、孫秉熙の3女と結婚。 普成社、2万1000枚の独立宣言文を印刷。	第2代朝鮮総督長谷川好道、更迭
3月	孫秉熙ら提唱して3・1独立運動おこす(1日)	
4月	金九、上海に亡命し大韓民国臨時政府創建に参加	
9月	天道教教理講究部(天道教青年会)設立	
20年6月	天道教青年部、『開闢』創刊	日本による産米増殖計画
21年4月	方定煥・金起田ら天道教少年会設立	
22年6月	孫秉熙、病気保釈ほどなく死去	
23年3月	開闢社『オリニ』(児童雑誌・少年会誌)を創刊(編集長は方定煥)	
23年5月	方定煥、児童文化研究団体セクトン会を東京留学生の曺在浩・高漢承・尹克栄・鄭淳哲・孫晋泰らと結成。☆鄭は崔時亨の孫	
9月	関東大震災により方定煥・尹克栄帰国	
10月	開闢社『新女性』を創刊(編集長は方定煥)	
26年8月	『開闢』総督府警務局により廃刊	
29年11月	光州学生独立運動勃発	
45年8月	民族解放(15日)	日本の敗戦(15日)
45年11月	『開闢』『オリニ』復刊	
50年6月	朝鮮戦争勃発(25日)	
51年9月		日本、サンフランシスコ講和会議で対日本平和条約等に調印、日本独立
2004年3月	東学農民革命参与者らの名誉回復に関する特別法成立	

東学農民戦争関係略年表 （＊太陽暦による）

（仲村修作成・巻末参考図書等参考）

年月	朝　鮮	日本・清国
1860年	崔済愚、慶州で東学を創始	
62年２月	壬戌民乱	
63年	崔済愚、逮捕される。崔時亨が第2代教主に 大院君の第2子載晃が12歳で即位(26代高宗)	
64年	崔済愚、処刑される。東学は禁止	
75年９月		日本、雲揚号事件(江華島事件)(20日)
76年２月		日朝修好条規(江華島条約)調印(27日)
８月	釜山開港	
83年１月	仁川開港	
84年12月	甲申政変。金玉均ら開化派(親日派)のクーデタ(4日)。３日間で鎮圧される	
85年４月		天津条約調印。その後、袁世凱が清国の漢城駐在代表になる
５月	イギリス艦隊巨文島占拠(15日)(～87年2月)	
92年10月	崔済愚の無罪と東学公認を求める公州集会	
11月	崔済愚の無罪と東学徒への収奪中止をもとめる参礼集会	『最暗黒の東京』刊
93年４月	東学教徒２万人余報恩に集結、「斥倭洋倡義」旗を掲げ籠城 金九ら海州の天道教徒15人、報恩で崔時亨に面会	
94年２月	古阜蜂起・郡守趙秉甲逃亡(15日) 東学教徒に蜂起を知らせる倡義文を茂長で宣布(26日) 農民軍、白山に陣地を移動(30日)	
４月	農民軍、院平に進軍(5日)	
５月	農民軍、黄土峴で監営軍との戦いに勝利(10日)。農民軍、咸平にむけ南下(20日)。日本にかつがれた大院君、金弘集改革派内閣をつくる、甲午改革をすすめる(25日)。→太陽暦採用・科挙廃止・身分制廃止等。農民軍、黄龍村の戦いで勝利、鶏かご戦法(27日)	朝鮮、清国に派兵要請(2日) 清国兵約2500人忠清道牙山に上陸(2日～)。日本兵、約6300人仁川に上陸(6日～)
６月	農民軍、全州城に無血入城・占領(1日)。全州和約、農民軍が全州城明渡し(10・11日)。☆全州は李王家の本貫地	平壌城、大同江、鴨緑江で日・清軍戦闘。月末までに清国、朝鮮から撤退
７月	農民軍、第2次蜂起し論山に布陣(11日)	日英通商航海条約調印(16日)。日本軍、景福宮に攻め入り占拠(23日)。日本軍、清国軍を豊島で攻撃(27日)輸送船高陞号撃沈。日本軍、成歓で清国軍を破る
８月		日・清ともに宣戦布告(1日)
10月		日本の第１軍鴨緑江を渡る(下旬)
11月	農民軍、第１次公州牛金峙の戦(20日～)	
12月	農民軍、第２次公州牛金峙の戦いで官軍・日本軍と激戦、惨敗敗走(8日～)。全琫準、淳昌避老里で逮捕される(28日)	日本軍、公州南の連山や報恩の鍾谷でせん滅作戦開始(10日～)
95年３月	全琫準ら東学指導者処刑される(23日)	
４月		日清講和条約調印(17日)

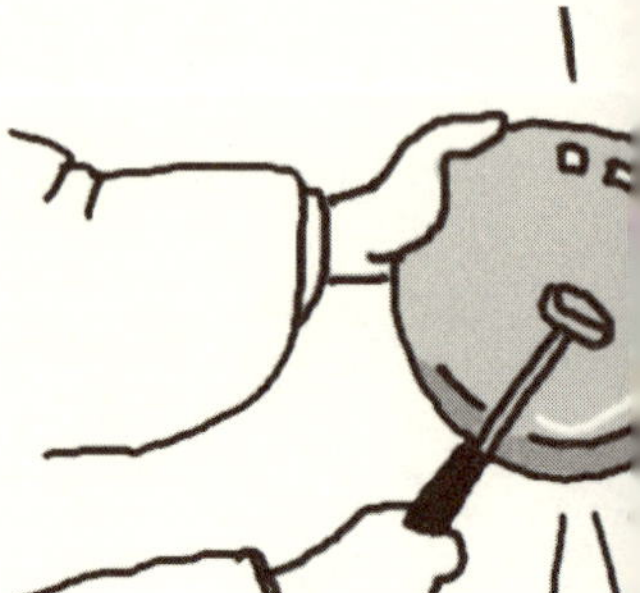

【著者紹介】
宋基淑（ソン・ギスク）
1935年全羅道長興で生まれ、全南大学校国文学科と同大学院を卒業。1965年『現代文学』誌の推薦を受けて評論家としてデビュー。翌1966年からは小説家として再デビュー。作品に長編小説『チャリッ峠の悲歌』、『岩泰島』、『緑豆将軍』全12巻、『ウンネ地方紀行』、民譚集『ポッサム』などがある。全南大学校名誉教授。日本に紹介された作品に『光州の五月』（原題は『五月の微笑』）（金松伊訳、藤原書店、2008年）がある。民族作家会議提唱者の１人。

【訳者紹介】
仲村　修（なかむら・おさむ）
1949年岡山県生まれ。岡山大学と大阪外国語大学（現大阪大学）朝鮮語科専攻科を卒業。神戸市で16年間中学教師。1990年に韓国仁荷大学大学院に留学後は韓国児童文学の翻訳と研究に従事。
訳書『わら屋根のある家』（権正生作・てらいんく）、『韓国昔ばなし』上下（徐正五作、白水社）、編訳書『韓国・朝鮮児童文学評論集』（明石書店）など多数。オリニほんやく会主宰。「オリニブログⅡ」あり。

■教科書に書かれなかった戦争 Part 63

朝鮮東学農民戦争を知っていますか?
――立ちあがった人びとの物語

2015年8月10日　初版発行

著　者：宋 基 淑
訳　者：仲村　修
装　幀：宮部浩司
漫　画：大越京子
発行者：羽田ゆみ子
発行所：梨の木舎
〒101－0051　東京都千代田区神田神保町1－42
Tel.03-3291-8229　fax. 03-3291-8090

eメール　nashinoki-sha@jca.apc.org
http://jca.apc.org/nashinoki-sha/

印刷所：株式会社 厚徳社

教科書に書かれなかった戦争

㉒文玉珠《ムンオクチュ》 ビルマ戦線　楯師団の「慰安婦」だった私［新装増補版］

語り・文玉珠／構成と解説・増補版解説　森川万智子
A5判／266頁／定価2000円＋税

◉目次　1大邱に生まれて／2「満州」東安省へ／3南の国へ／4マンダレーの日々／5最前線へ／6地獄に近い島・アキャブ／7退却ープローム、そしてラングーン／8軍法会議／9解放、母のもとへ　解説・増補版に寄せて・増補版解説

増補版は、森川さんの3回のビルマ取材と新資料「朴氏の日記」によって、文さんの足跡をさらに裏付ける。——日本軍は、「戦争遂行のために、もっとも蔑んだ形で女性を軍人にあてがった」(著者)
第16回山川菊栄賞受賞

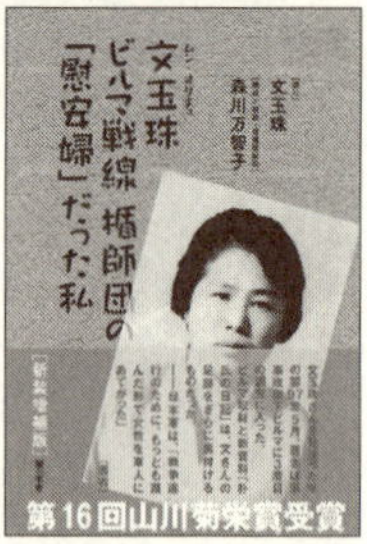

978-4-8166-1501-6

⑹⓪花に水をやってくれないかい？
——日本軍「慰安婦」にされたファン・クムジュの物語

イ・ギュヒ 著／保田千世 訳
四六判／164頁／定価1500円＋税

◉目次　507号室はなんだかヘンだ　鬼神ハルモニ　うっかりだまされていた「イアンフ」って何？ 変わってしまったキム・ウンピ　留守の家で　わたしの故ガソンペンイ　成興のお母さん　汽車に乗って　生きのびなくては　お母さんになる　もう1度慰安婦ハルモニになって　他

植民地化の朝鮮で日本軍の慰安婦にされたファン・クムジュハルモニの半生を、10代の少女に向けて描いた物語。

978-4-8166-1204-6

⑹①犠牲の死を問う——日本・韓国・インドネシア

高橋哲哉・李泳采・村井吉敬　コーディネーター・内海愛子
A5判／160頁／本体1600円＋税

◉目次　1 佐久で語りあう——「靖国と光州5・18基地は、構造として似ているところがあるについて●犠牲の死を称えるの　高橋哲也●死の意味を付与されなければ残された人々は生きていけないイ・ヨンチェ●国家というのはフィクションです　村井吉敬　2 東京で語りあう——追悼施設につきまとう政治性、棺桶を担いで歩く抵抗等々について。

「犠牲の死」、あなたは称えますか？　靖国問題から犠牲の論理を問い続けてきた高橋哲哉さん、民主化運動の犠牲の意味を考えてきた季泳采さん、インドネシアを歩いて、国家も追悼もフィクションだと実感している村井吉敬さん、3人が語る。

978-4-8166-1308-1

⑹②ビデオ・メッセージでむすぶアジアと日本
——わたしがやってきた戦争のつたえ方

神　直子 著
A5判／191頁／定価1700円＋税

◉目次　1章 日本兵に夫を連れ去られた女性と出会って／2章 ブリッジ・フォー・ピースの誕生／3章 ビデオ・メッセージへの思いがけない反響／4章 ブリッジ・フォー・ピースのコンセプトの成り立ち／5章 過去の戦争を知り、未来のかたちを考えるきっかけをつくる／6章 今の時代に大切なこと

著者は戦争体験者のビデオ・メッセージをもって、日本とフィリピンを行き来している。過去の戦争を知り、未来のかたちを考えるきっかけにしたいからだ。ワークショップや高校・大学への出張授業も行っている。

978-4-8166-1502-3